拜德雅
Paideia
人文丛书

非政治的范畴

[意] 罗伯托 · 埃斯波西托（Roberto Esposito）| 著

张 凯 | 译

长江出版传媒 | 长江文艺出版社

本书——及其付出的辛劳——献给我的父亲

目 录

-总 序-

重拾拜德雅之学

1

中国古代，士之教育的主要内容是德与雅。《礼记》云："乐正崇四术，立四教，顺先王《诗》《书》《礼》《乐》以造士。春秋教以《礼》《乐》，冬夏教以《诗》《书》。"这些便是针对士之潜在人选所开展的文化、政治教育的内容，其目的在于使之在品质、学识、洞见、政论上均能符合士的标准，以成为真正有德的博雅之士。

实际上，不仅是中国，古希腊也存在着类似的德雅兼蓄之学，即 paideia（παιδεία）。paideia 是古希腊城邦用于教化和培育城邦公民的教学内容，亦即古希腊学园中所传授的治理城邦的学问。古希腊的学园多招收贵族子弟，他们所维护的也是城邦贵族统治的秩序。在古希腊学园中，一般教授修辞学、语法学、音乐、诗歌、哲学，当然也会讲授今天被视为自然科学的某些学问，如算术和医学。不过在古希腊，这些学科之间的区分没有那么明显，更不会存在今天的文理之分。相反，这些在学园里被讲授的学问被统一称为 paideia。经过 paideia 之学的培育，这些贵族身份的公民会变得“καλὸς κἀγαθός”（雅而有德），这个古希腊语单词形容理想的人的行为，而古希腊历史学家希罗多德（Ἡρόδοτος）常在他的《历史》中用这个词来描绘古典时代的英雄形象。

在古希腊，对 paideia 之学呼声最高的，莫过于智者学派的演说家和教育家伊索克拉底（Ἰσοκράτης），他大力主张对全体城邦公民开展 paideia 的教育。在伊索克拉底看来，paideia 已然不再是某个特权阶层让其后嗣垄断统治权力的教育，相反，真正的 paideia 教育在于给人们以心灵的启迪，开启人们的心智，与此同时，paideia 教育也让雅典人真正具有了人的美德。在伊索克拉底那里，paideia 赋予了雅典公民淳美的品德、高雅的性情，这正是雅典公民获得独一无二的人之美德的唯一途径。在这个意义上，paideia 之学，经过伊索克拉底的改造，成为一种让人成长的学问，让人从 paideia 之中寻找到属于人的德性和智慧。或许，这就是中世纪基督教教育中，及文艺复兴时期，paideia 被等同于人文学的原因。

2

在《词与物》最后，福柯提出了一个“人文科学”的问题。福柯认为，人文科学是一门关于人的科学，而这门科学，绝不是像某些生物学家和进化论者所认为的那样，从简单的生物学范畴来思考人的存在。相反，福柯认为，人是“这样一个生物，即他从他所完全属于的并且他的整个存在据以被贯穿的生命内部构成了他赖以生活的种种表象，并且在这些表象的基础上，他拥有了能去恰好表象生命这个奇特力量”[1]。尽管福柯这段话十分绕口，但他的意思是很明确的，人在这个世界上的存在是一个相当复杂的现象，它所涉及的是我们在这个世界上的方方面面，包括哲学、语言、诗歌等。这样，人文科学绝不是从某个孤立的角度（如单独从哲学的角度，单独从文学的角度，单独从艺术的角度）去审视我们作为人在这个世界上的存在，相反，它有助于我们思考自己在面对

1　米歇尔·福柯，《词与物》，莫伟民译，上海：上海三联书店，2001 年，第 459–460 页。

这个世界的综合复杂性时的构成性存在。

其实早在福柯之前，德国古典学家魏尔纳·贾格尔（Werner Jaeger）就将 paideia 看成是一个超越所有学科之上的人文学总体之学。正如贾格尔所说，“paideia，不仅仅是一个符号名称，更是代表着这个词所展现出来的历史主题。事实上，和其他非常广泛的概念一样，这个主题非常难以界定，它拒绝被限定在一个抽象的表达之下。唯有当我们阅读其历史，并跟随其脚步孜孜不倦地观察它如何实现自身，我们才能理解这个词的完整内容和含义。……我们很难避免用诸如文明、文化、传统、文学或教育之类的词汇来表达它。但这些词没有一个可以覆盖 paideia 这个词在古希腊时期的意义。上述那些词都只涉及 paideia 的某个侧面：除非把那些表达综合在一起，我们才能看到这个古希腊概念的范阈”[1]。贾格尔强调的正是后来福柯所主张的“人文科学”所涉及的内涵，也就是说，paideia 代表着一种先于现代人文科学分科之前的总体性对人文科学的综合性探讨研究，它所涉及的，就是人之所以为人的诸多方面的总和，那些使人具有人之心智、人之德性、人之美感的全部领域的汇集。这也

---

1 Werner Jaeger, *Paideia: The Ideals of Greek Culture. Vol. 1*, Oxford：Blackwell, 1946, p. i.

正是福柯所说的人文科学就是人的实证性（positivité）之所是，在这个意义上，福柯与贾格尔对 paideia 的界定是高度统一的，他们共同关心的是，究竟是什么，让我们在这个大地上具有了诸如此类的人的秉性，又是什么塑造了全体人类的秉性。paideia，一门综合性的人文科学，正如伊索克拉底所说的那样，一方面给予我们智慧的启迪；另一方面又赋予我们人之所以为人的生命形式。对这门科学的探索，必然同时涉及两个不同侧面：一方面是对经典的探索，寻求那些已经被确认为人的秉性的美德，在这个基础上，去探索人之所以为人的种种学问；另一方面，也更为重要的是，我们需要依循着福柯的足迹，在探索了我们在这个世界上的生命形式之后，最终还要对这种作为实质性的生命形式进行反思、批判和超越，即让我们的生命在其形式的极限处颤动。

这样，paideia 同时包括的两个侧面，也意味着人们对自己的生命和存在进行探索的两个方向：一方面它有着古典学的厚重，代表着人文科学悠久历史发展中形成的良好传统，孜孜不倦地寻找人生的真谛；另一方面，也代表着人文科学努力在生命的边缘处，寻找向着生命形式的外部空间拓展，以延伸我们内在生命的可能。

3

这就是我们出版这套丛书的初衷。不过，我们并没有将 paideia 一词直接翻译为常用译法“人文学”，因为这个“人文学”在中文语境中使用起来，会偏离这个词原本的特有含义，所以，我们将 paideia 音译为“拜德雅”。此译首先是在发音上十分近似于其古希腊词汇，更重要的是，这门学问诞生之初，便是德雅兼蓄之学。和我们中国古代德雅之学强调“六艺”一样，古希腊的拜德雅之学也有相对固定的分目，或称为“八艺”，即体操、语法、修辞、音乐、数学、地理、自然史与哲学。这八门学科，体现出拜德雅之学从来就不是孤立地在某一个门类下的专门之学，而是统摄了古代的科学、哲学、艺术、语言学甚至体育等门类的综合性之学，其中既强调了亚里士多德所谓勇敢、节制、正义、智慧这四种美德（ἀρετή），也追求诸如音乐之类的雅学。同时，在古希腊人看来，“雅而有德”是一个崇高的理想。我们的教育，我们的人文学，最终是要面向一个高雅而有德的品质，因而我们在音译中选用了“拜”这个字。这样，“拜德雅”既从音译上翻译了这个古希腊词汇，也很好地从意译上表达了它的含义，避免了单纯叫作“人文学”所可能引生的不必要的歧义。本丛书的logo，由黑白八点构成，以玄为德，以白为雅，黑白双色正好体现德雅兼蓄之意。同时，这八个点既对应于拜德雅之学的“八艺”，也对应于柏拉图在《蒂迈欧篇》中谈到的正六面体（五种柏拉图体之一）的八个顶点。它既是智慧美德的象征，也体现了审美的典雅。

不过，对于今天的我们来说，更重要的是，跟随福柯的脚步，向着一种新型的人文科学，即一种新的拜德雅前进。在我们的系列中，既包括那些作为人类思想精华的**经典作品**，也包括那些试图冲破人文学既有之藩篱，去探寻我们生命形式的可能性的**前沿著作**。

既然是新人文科学，既然是新拜德雅之学，那么现代人文科学分科的体系在我们的系列中或许就显得不那么重要了。这个拜德雅系列，已经将历史学、艺术学、文学或诗学、哲学、政治学、法学，乃至社会学、经济学等多门学科涵括在内，其中的作品，或许就是各个学科共同的精神财富。对这样一些作品的译介，正是要达到这样一个目的：在一个大的人文学的背景下，在一个大的拜德雅之下，来自不同学科的我们，可以在同样的文字中，去呼吸这些伟大著作为我们带来的新鲜空气。

-1999 年版前言 -

10 年前，《非政治的范畴》交付出版社时，我并不期待它会有多大的反响。我觉得编辑更是不会抱什么希望，不过随后他却坚定了对本书的信心（十分感谢卡洛·加利 [Carlo Galli] 等朋友和尼古拉·马泰乌奇 [Nicola Matteucci]、埃齐奥·雷蒙迪 [Ezio Raimondi] 老师）。“政治科学”绝对的确定性，各种公共伦理形式坚定的规范化立场，都让政治哲学只能俯首称臣，那么，想在这里进行一种“非政治”思想研究，我们该如何理解？学术论争几乎全部都在拔高政治科学、政治理论和政治哲学之间的方法论壁垒，面对这种情况，我们该如何论述那些不受制于学科规范的学者？他们实际上正打算如此，如本书中讨论的那几位。这些学者不仅坚决“拒绝受制于”政治、哲学、神学和文学等学科之间；他们原则上也明确表示厌恶所有描述性的或规范性的模式。确实，一些更加成熟的研究视角已经产生了影响，特别是对政治概念史（原本袭自德语的概念史 [*Begriffsgeschichte*]）的全新关注。不过，尽管这些方法推进了传统的“思想史”研究，但它们仍停留在一种直接而正面的政治范畴的诠释学中。基于此，它们无法从侧面进入这些范畴，更不可能返归既有成见之前。政治哲学貌似并没有卷入解构主义的旋涡，或者没有给予其足够的重视，而20世纪其他各类知识的对象，其“肯定的”可言说性（sayability），早已遭到了解构主义的尖锐质疑。从批评理论到人类学，从心理分析到美学，20世纪的诸思想在其“非”（non）的阐述中被悬置了——不管是新涌现的模糊地带，还是划着叉号，作为不可化约的他异性（alterity）的差异空隙（the margin of difference）。

我们可以不再将政治哲学词典中的各种长词和大概念视为自足的实体，而是“术语”、界标，一个各种各样语言重叠甚至冲突的场所，这样的探索更有启发性，但政治哲学似乎并没有充分意识到这一点。或者，我们也可以跨越时代的地层，对每个概念的根本含义进行探索，每个词都以二律背反的方式与其反面联系在一起，这种张力也同样需要包含在内，但此项工作似乎也被忽视了。当然，并非所有的意大利政治哲学研究都在复杂程度上有所欠缺。同一时期也出现了各种颇具重要性和创新性的关于权力、现代性和主权的研究著作，除此之外，在政治语义学领域，谱系学重构和拓扑学探索也开始萌芽。不过，这些更加是个别学者的偏爱，而非整体研究水平的飞跃。自不待言，在这种稍显萧条的环境下，“冒险”创作一部关于非政治的作品，可能有些鲁莽。

各种意想不到的情形交织在一起，但也以另一种态势有所展开。1980 年代末达到顶峰的“大西洋浪潮”（Atlantic wave）开始退潮——部分是因为他们苦心建立起的各种模型、参数、困境都明显不具操作性。与此同时，最为激进的大陆思想卷土重来。1970 年代，卡尔 · 施密特（Carl Schmitt）成功巩固了他已有的地位，尽管有一些右派意识形态上的误读，当然左派在此也不遑多让。海德格尔（Heidegger）在最终的政治审判中幸存了下来（尽管颇费周折），而这种极端的考验也确立了他在 20 世纪不容置疑的核心地位。维特根斯坦（Wittgenstein）曾受到新实证主义方法论的迫切接纳，却发现自己与其完全格格不入。处在争论焦点上的他，重申了语言的边界问题，或者说语言基础无法被坚实奠定的问题。同时，列奥 · 斯特劳斯（Leo Strauss）初次译介便迅速广为传播，不过却很快在侧面受到了其他人的攻击，结果就是他被怀疑为彻底的反进步主义者——这一本土历史主义捍卫者们强加给他的身份。更为迅猛而广泛的影响则属于汉娜·阿伦特（Hannah Arendt），正是因为其作品难以归于传统的政治-哲学类别。与此同时，另一个更为尖锐的窗口被打开，并吸引了人们的注意，这就是两次世界大战之间法国哲学著作中的激进内容，其中最极致的当属西蒙娜·薇依（Simone Weil）和乔治·巴塔耶（Georges Bataille）的思想——称之为体验可能更为恰切。我并没有低估其他因素的推波助澜，它们具有同样程度的决定性作用——例如，右派和左派意识形态分歧而产生的决裂（或者至少是困境），女性主义的差异哲学掀起的滚滚浪潮，德里达（Derrida）跨过大西洋抵达未开化之地（*in parte infedelium*）[1]——此种旨趣上的大范围转变，我在这本再版的书中却只言片语地加以评价，希望不至于太过冒昧。可能这样说更加准确，本书提前预感到了一种细微的转变：在过去的十年，本书中涉及的所有学者，都已巩固甚至提升了他们在文化层面独特的影响，不管是在意大利还是其他地方。

本书有幸能够再版，一个关键的因素就是本书并没有局限在所提及的各位学者，而是延伸到了那个将他们囊括

1 in parte infidelium，拉丁文，指不知道基督教信仰的地区，异教徒或异教国家，象征性的、不文明的或没有文化的国家，因此试译为“未开化之地”。——译者注

在同一屋檐下的“范畴”：非政治。这一概念出自马西莫·卡奇亚里（Massimo Cacciari）评论尼采（Nietzsche）的文章，[1] 并在本书所涉及的一系列关切中渐渐显出轮廓，指涉着一个宽泛且多样的范畴。本书行将出版之际，随着语义的大大扩充（Adelphi 出版社恰好下定决心不再浪费时间重印托马斯·曼 [Thomas Mann] 的《反思》[*Reflections*][2]），“非政治”这一形容词已不再仅囿于出版业界（感谢不断增加的哲学家和作者[3]），同样也在报纸编辑部那里流行开来，在著名专栏作家的评论甚至政治头条中都可见到。当然，这一切对本书的传播影响甚小，它仍然仅局限在一个很小的读者群中。但是，本书确实能够回应当前历史事件所衬托出的社会文化动态，尤其是危机——可能更应称之为风暴——空前的加剧，已经震撼到了国家所有的政治机构：不仅是政党，也包括所谓的政治运动，更不必说诸如此类

---

1 马西莫·卡奇亚里，《尼采的非政治》，载于《哲学家之书》(Massimo Cacciari, “L’impolitico nietzscheano” , *Il libro del filosofo*, ed. Marina Beer and Maurizio Ciampa, Rome: Savelli, 1978, 104-120)。

2 对曼“非政治”(unpolitical)的研究，可参见洛雷塔·蒙蒂，《托马斯·曼与罗伯托·埃斯波西托“非政治的范畴”》，载于《政治哲学》(Loretta Monti, “Thomas Mann e le ‘Categorie dell’ impolitico’ di Roberto Esposito” , *Filosofia Politic*a 13, no. 1,1999: 143-158)。

3 有位作者实际也涉及了非政治，但明显在惯用语义上有些不同，参见西尔瓦娜·伯瑞替，《维特根斯坦的非政治？》，载于《维特根斯坦的政治》(Silvana Borutit, “Wittgenstein impolitico?” , *Wittgenstein politico*, Milan: Feltrinelli, 2000, 127-152)。

的政治意识形态。在此，我们难以穷尽事态的所有潜能和歧义，但至少可以说，得益于政治在社会、文化和集体语言中普遍的失势，“非政治”这一术语的含义的丰富程度始终都保持着开放性。有一点是清楚的，这一强大外部因素（它并不与本书所提出的问题彻底无关）导致了关于一个范畴的大量难题和困惑，此范畴的含义仍难以界定。[1] 甚至其最恰切的科学解释（更不用说本书这些年来自身所引发的大量讨论、争执和思考），都存有一系列误解、分析的障碍以及保护性的偏见。如果将这些混乱与关于那个范畴的诸多困惑结合在一起,那么显然我们就需要对“非政治”有一个初步的，也必然是临时性的定位。

本书引发了（与我所描绘的总体状况并非毫无瓜葛）一些学者的异议，或者至少也是质询，我们可以顺着这些脉络探寻其方向。我认为，这些异议（或者至少是其中最为相关的）可被分为四种不同的（若不是彼此毫无相关的）论点：（1）非政治是当前主流的“反政治”（antipolitical）的相对理论，即便非政治其实由来已久；（2）非政治是一种诺斯替式的否定政治神学，本身以一种二元论为前提，

1　在我看来，尽管朱利安·弗伦德的《政治与非政治》(Julien Freund, *Politique et impo-litique*, Paris: Sirey, 1987)确实在尝试理清这一概念，但却将非政治的含义搞得更混乱了。

这种前提严重限制了其阐释的潜力；（3）非政治是内在于现代性的一个范畴,更确切地说,它内在于其极度危机之时,现代性危机将非政治局限为只能以一种相反的形式来反思危机；（4）正是由于从政治中抽离，并通过宣称自身垄断着评判政治的权利，非政治继承了至高的政治权力意志。

在试着回应这些论点之前，我需要最后再提醒一下。针对这些及其他批评，我本想仅对这些或其他批评进行整理，从而展示其相互之间并不兼容，由此使其相互力量中立化——但我更想简单地讨论下其各自的特点。再多说一点，后文的研究并不会改变这些批评至少在一定程度上的合理性（legitimacy）（如果不称之为“真理”），我无意于否定这一点，而且自这些异议出现后，我便启动了工作并对它们做出了解释——它们深化、重塑甚至改变了本书的原初框架。任何希望其自身以及其研究对象都能够得到公平对待的想法，必须并且首要地要为聆听它所招来的异议做好准备：以便不仅会坚定其最初的信念，同时也可以重塑其脉络。

将非政治与反政治归为一类的第一种批评，并没有被公开地架构出来，而更多地是被各式各样的文章当作了一个前提——并且不仅是在学术圈内。[1]作为回应，我不会重复本书导言中的相关论点；不会重申各章节中多次出现的观念，以及那些放在一起来看，划清了非政治视角与所有可界定为无政治（apolitical）[2]（或者更加是反政治）立场在方向性上的根本区别的观点。非政治并不意味着弱化或放弃对政治的关注，恰恰相反，它的焦点甚至更为激进和剧烈——所有同它相关的作者的著作（以及生活）都可清楚地证明：从汉娜·阿伦特到西蒙娜·薇依，从赫尔曼·布洛赫（Hermann Broch）到乔治·巴塔耶，最后再到勒内·夏尔（René Char）。[3]但是，如此断言其意向无疑总会存有风险：主观意图在其话语的客观表述中不能得到支持。尽管非政治的范式在程式上与反政治相异、相反，但它实际却会把我们引向同样的结局，搁浅在同样的窘境中。

为了回应这一异议——这项工作相当吹毛求疵，因为反驳一个理论，除了从其前提出发之外没有其他的方法——

1　在诸多实例中，我指的是欧金尼奥·斯卡尔法里的社论《强大的力量，虚弱的想法》，载于《共和国报》(Eugenio Scalfari, "Poteri forti, idee deboli", in *La Repubblica*, July 21, 1996)。在 1997 年 4 月 23 日的《共和国报》上，斯卡尔法里又从一个完全不同的角度发表了一篇关于曼《一个非政治者的反思》(Adelphi 版)的长篇评论。

2　"apolitical" 意为对政治事务毫无兴趣，不愿投身于其中，也指没有政治意义，故译为"无政治"，与"antipolitical"相区别。——译者注

3　参见罗伯托·埃斯波西托，《勒内·夏尔的诗与共同体》，载于《米格》(Roberto Esposito, "Poesia e comunità in René Char", *Micromega* 2, 1998: 13-27)。

我要颠倒一下顺序，从反政治而不是非政治的定义出发，以此表明后者与前者毫无瓜葛，且是对前者的彻底否定。实际上，我会更进一步，先行清晰地勾勒出这一论证的结论：反政治与非政治完全不同，因为反政治与政治完全是一回事。它发端于政治，以否定姿态重新提出政治。反政治并非与政治相反的事物，而仅仅是其镜像：以将其自身对立于政治的方式来做政治（*doing politics*）。也就是说，反政治通过使用政治特有的敌意来运作，这正是体现政治本质形式的方式。历史已经很好地证实了这一点，我们无需多加论述。每次一个反政治的观点、辞藻或符号得到采纳时都会如此——无一例外。反政治所使用的前提、工具和结局，都与其声称所反对的政治一致（尽管很明显，它们自身也会基于其他利益的考虑，反过来被政治化或适用于政治化）。不管是新近抑或之前的反政治拥护者，或早或晚最终还是会被“套进圈子”（getting in the ring），这绝非偶然。正如这一不幸的表述所言，反政治宣称与政治世界相反，却最终证明其完全有着一种政治性。

那些无心而成的（或者可能是太过刻意的）反政治性形式尤其如此，它尝试减少或消除所有的冲突——因此自然且不可避免会与之发生冲突，[1]但即使是最坚定的和平主义者也会明白，如果不对战争宣战，不总是一次次地通过战争的手段来对付战争，和平，其自身的和平是无法保护的。简而言之，每一种反政治立场的政治性建构中，重要的不是奋起保卫的内容、价值或理想——因此会激怒那些看上去会反对它们的政治观点或政治家——甚至也不是其自身前缀“anti”所蕴含的言辞激烈的（以及使言辞激烈化的）形态。此前缀一开始就有强烈的“反对”（against）之意。那位最著名的“非政治”学者非常清楚这一预设，他在其成名作《一个非政治者的反思》（*Reflections of a Nonpolitical Man*）中写道，“反政治同样也是政治，因为政治是一种可怕的力量：仅仅当我们得知它时，便已然屈服于它，我们就失去了纯真。”[2]但一些学者还是完全罔顾这一事实，强加给反政治一种价值论评判。这一评判自身是无意中从同政治价值的差异中推断出来的，[3]由此，当政

1 参见道尔夫·施特恩贝格，《政治的三大根源》(Dolf Sternberger, *Drei Wurzeln der Politik*, Frankfurt: Insel Verlag, 1978, particularlyat 310)。施特恩贝格梳理了非政治的谱系，但并没有明确将之与反政治区别开来。

2 托马斯·曼，《一个非政治者的反思》(Thomas Mann, *Reflections of a Nonpolitical Man,* trans. Walter D. Morris, New York: F. Ungar, 1983, 303)。

3 参见皮埃尔·保罗·波提纳洛的相关重释，《反政治抑或政治的终结？》，载于《政治理论》(Pier Paolo Portinaro, “Antipolitica o fine della politica?” , *Teoria Politica* 4, no. 1 (1998): 121-137)。

治意味着控制和暴力时，反政治就获得了一种肯定的意义，[1]或者当政治被认为具有民主和解放的潜能时，反政治则有了一种否定的意义。[2]不管哪种情况，缺少的都正是一种结构性的关联——作为其冲突的意向。这种结构在形态上将政治同其孪生物（double）——反政治——一起绑在一个无法解开的死结中。

反政治头上的政治命运逃不过非政治的注意。恰恰相反，可以说，我们只能透过特定的非政治视角才可窥见这一命运的全貌。因为只有非政治才会从政治层面界定现实的全貌。本书会借助书中的学者之口来阐明，对非政治而言，任何实体、力量和权力都无法从政治自身的语言中挑战政治。也无法从这种语言的外部——因为这种"外部"只能作为同一种政治学在意识形态、神话、自我合法化的投射而存在，而这种政治学则早已落入与反政治这一"双胞胎兄弟"的"内战"中了。就"anti"这一前缀所含有的反面含义，这明显只是一套反面认同（identification-by-opposition）的辩证法。这也适用于那些自称为"无政

1 如海拉·曼特，《反政治》，载于《政治杂志》（Hella Mandt, "Antipolitik", in *Zeitschrift für Politik* 34, no. 4, 1987: 383-395）。

2 如捷尔吉·康拉德，《反政治：中欧的沉思》（György Konrád, *Antipolitik: Mitteleurop-äische Meditationen*, Frankfurt: Suhrkamp, 1985）。

治”的群体。这个“a-”同样表示外部、漠视或对政治的冷淡，它认为只有与现实拉开距离才有意义；一个仍然，并永远都是政治性的现实。这一现实可能会是去政治化的（depoliticized），就像现代化几十年来（或者可以说几个世纪）一直在通过各种共同体形式的免疫，从而生产的那个现实——借助强加于关系的基本事实之上的社会、经济和技术。但这种距离总是基于一种逻辑，即政治归根结底在某种程度上取决于（或至少是服务于）既得利益者。这是一个可以被历史地、绝对地（categorically）进行说明的既定事实。说这是“历史地”，因为发端于霍布斯（Hobbes）的现代的去政治化，在某种意义上只会诞生于一种“绝对政治”（absolute politics）[1]和主权义务（sovereign obligation）的卵壳中。而称其为“绝对地”，是在于正如每种规范秩序的“失范”（anormative）、例外性以及决断论（decisionist）的源头所展示出的一样，政治冲突的平衡（neutralization of political conflict）也都可被解释为冲突的政治平衡（political neutralization of conflict）：一种中立的政治。现代政治难道不正是为了平衡冲突而诞生的吗？在

1　引自亚历山德罗·皮佐诺，《绝对政治与其他政治的根源》(Alessandro Pizzorno, *Le radici della politica assoluta e altri saggi*, Milan: Feltrinelli, 1993)。

此意义上它难道不总是“反政治”吗？从这一视角出发，反政治只是一种现代政治的极端的、后人类式的、完成了的形式，在此，现代政治可被视为某种不可避免的冲突性手段，由此来平衡一场更加得不到辩护的冲突。

非政治绝对不会尝试此种中立。它避免与政治斗争发生冲突，也不会否定作为冲突的政治，非政治认为政治是*唯一的*（*the only*）现实，是现实的整体，然而我也要再加一句，它也*只是现实*（it is *only reality*）。这并不意味着此种现实之外还存在着另一个空间、时间或可能，更不是指有一种能够反对它的“anti”（因此也难以避免地会对其加以肯定和强化），而是意味着其非对抗（nonopposition）就是一种“非”（non）：既不是一种政治的辩护性假设，亦非一种无法实现的从政治中的抽身。[1] 这种“非”是界限，它界定政治，将政治框定在其特定的、有限的用语中。政治用语的有限，并非是与另外一种无限事物对立，而更加是意味着自我完备，因此，它不会轻易被带向终结，而是会走向其原初就固有的一（the one），它始终规定着政

1　这一点可参见朱塞佩·坎塔拉诺（Giuseppe Cantarano）的观察，他详细勾勒了意大利哲学界非政治思想的谱系和发展。朱塞佩·坎塔拉诺，《空虚的图像：当代意大利哲学》（Giuseppe Cantarano, *Immagini del nulla: La filosofia italiana contemporanea*, Milan: Mondadori, 1998, in particular 159）。

治用语的特性。政治有时不会意识到其构成上的有限——相反，它在构成上就倾向于将它忘记。所以，非政治仅仅是“提醒”政治其有限性，将有限性交还到政治的中心，进而，它不仅驻足在政治的边缘，同时也会进入政治的核心。在政治的核心，非政治就是其心脏，因为它既不是政治的产物也不能生产政治。要成为政治的——或提出各种政治策略——它需要置身事外，在同那个被预设在它自身，作为其唯一向度的元素的他异性关系中，非政治由此认识自身。那么，从这个视角出发，正如我们之前审视的反政治，非政治无疑也可以被说成是符合着政治。不过，这种说法只能基于一个前提，即我们必须认识到，非政治与反政治之间这一巧合的根本差异。反政治符合政治，是因为它摒弃政治，但又生产和重申政治，而非政治与政治的符合，则是因为它不摒弃政治。清楚这一区分后，非政治吊诡的、肯定性的“否定”特质便完全展露了出来。非政治肯定什么？政治之外再无政治。同时也由于这个原因，政治也被这种自我认同封闭——或者，说“被决定”更为确切。政治只是它自身。它的潜能（potential; *potenza*）不过如其所是。它不会超越自身，不会指向任何超出自己纯粹所是（being-such）的任何目标或完成。非政治是所有“政治终结”[1] 的终结。

这就意味着，非政治不可能被视为一种末世论，不管是肯定的还是否定的，不管是基督教式的还是诺斯替教式的。这是第二种对非政治的反对意见：它反对任何形式的政治神学，但最终看来，作为非政治（nonpolitical），它又自相矛盾地呈现出一种神学化的变形（尽管是否定的）。[2] 让我们按照逻辑顺序梳理一下这个观点。在我看来，毫无疑问非政治有着反 – 政治 – 神学（anti-political-theological）的倾向。在诸多“非政治”学者中，至少从本雅明（Benjamin）开始，如果说他们之间存在着一种鲜明的共性，那就是他们都拒绝任何一种至善和权力的结合——不管是直接的、间接的，还是神意的。在这些学者看来，权力既非至善的代表也非其流溢（emanation），更非一种可以将至善从邪恶中挽回的辩证机制，由此将后者转化为前者。[3] 这两个术

1 关于这一点，参见让・吕克 - 南希，《有限的思考》(Jean-Luc Nancy, *A Finite Thinking*, ed. Simon Sparks, Stanford: Stanford University Press, 2003)。以及罗伯托・埃斯波西托，《政治的终结》，载于《米格》(Roberto Esposito, “La ‘fine della Politica’” , *Micromega* 1, 1994: 147-164)。

2 从“诺斯替主义”角度将非政治解读为“否定政治神学”，可参见佛朗哥・卡萨诺，《非政治的规则》，载于《新生》(Franco Cassano, “Le regole dell’impolitico” , *Rinascita*, May 27,1989,16-17)；另外还有一种不同的解读，参见亚历山德罗・达・拉哥，《非政治的力量》，载于《整体》(Alessandro Dal Lago, “La forza dell’impolitico” , *L’Unità*, January 7, 1989, 17)。

3 关于非政治的反 - 政治 - 神学特质，也可参见弗朗切斯科・加里塔诺，《非政治》，载于《法律问题：皮埃尔・克罗索夫斯基的价值与伦理》(Francesco Garritano, “L’impolitico” , *Questioni di legge: Valore ed etica in Pierre Klossowski*, Milan: Jaca Book, 1996)。

语之间相去甚远，足可割断非政治与政治神学视角之间的任何可能联系。这种视角在古代的“政治宗教”中就有了，埃里克·沃格林（Eric Voegelin）曾批判性地回顾过，[1] 埃里克·佩特森（Eric Peterson）认为罗马帝国一神论是通过一种自我合法化（self-legitimating），将宗教词汇叠加在了政治用语上，[2] 同时，它尤其适合天主教，即恢复政治决断（political decision）和先验秩序（transcendental order）之间的代表性联系（representative connection），一个被现代性之刃割断的联系（雅克·马利坦 [Jacques Maritain]、罗马诺·瓜尔蒂尼 [Romano Guardini]、汉斯·乌尔斯·冯·巴尔塔萨 [Hans Urs von Balthasar] 都讨论过，方法均大同小异）。但是，非政治同样也异于任何一种被视为主权理论谱系的政治神学（以上可参见施密特）。这种政治神学最后都相当于一种神学语言在司法 – 政治层面的世俗化。[3] 之所以认为非政治异于此种政治神学，不是因为其拒绝认同那个物质的

1　参见埃里克·沃格林，《政治宗教》，载于《无拘无束的现代性》(Eric Voegelin, “The Political Religions”, in *Modernity without Restraint*, Columbia: University of Missouri Press, 2000, 19-74)。

2　我指的是佩特森的《作为政治问题的一神论》(*Monotheism as a Political Problem*)，收于埃里克·佩特森，《神学论集》(Erik Peterson, *Theological Tractates*, trans. Michael J. Hollerich, Stanford: Stanford University Press, 2011)。

3　对施密特政治神学的解读，参见卡洛·加利的重要著作《政治的谱系：面对现代政治思想危机的卡尔·施密特》(Carlo Galli, *Genealogia della politica: Carl Schmitt a la crisi del pensiero politico moderno*, Bologna: Il Mulino, 1996, in particular at 333)。

原初是虚无、空缺、缺失的概念：相反，它自身其实就秉持此种看法。原因其实是，非政治不会像施密特一样提出将虚无转化成一种新的律令（order），不论这是如何危险且偶然。非政治认为并不存在一种强制性的命令，能够将那种物质的缺失转换为另一种更有力的代表形式。

如果非政治打算自身担起这种任务（或将自身归属于这种命运），即赋予这种原初的缺失以“形式”，那么它必会陷入其原本要抽身而出的政治 - 神学立场中——同时也会更强烈地意识到自身的世俗化本质。然而，非政治不会宣称自身能够掌控这种神学和世俗化、神话和技术、代表和决断的交叉。它不仅不能借助古老的合法化实践来帮助权力神圣化，同时也拒绝承认，在其自身现代的去神圣化中存在着任何新的规范机制（这不可避免地会让其充斥着各种圣礼元素）。总之，它不会维护权力的法律（the law of power），也不会支持法之权力（the power of Law），正是这样一种二律背反（antinomy）——字面意义上就是一种对法（*nomos*）的背离——保证了非政治不会变成一种肯定的政治神学。但是，我们还是会问，如此以来，这种二律背反也不会将非政治化约为一种否定的政治神学吗？我们就从这里开始分析第二种反对意见。雅各布 · 陶伯斯（Jacob Taubes）正是这样来解释圣保罗（Saint Paul）的反律法论（antinomianism）[1]——依据的就是一种否定的政治神学。保罗无意于用另一种权力（*potere*）对罗马的法（*nomos*）：他仅仅拒绝承认法律能够命令政治。而且，保罗将法律与原罪等同在一起，在这一点上，他让法律最大可能地丧失了合法性。然而，吊诡的是，陶伯斯却认为，恰恰是这种合法性的丧失，其中蕴含着保罗拯救教义的政治潜能（*Potenza*），这种丧失也正确地被《罗马书》认为是比任何一种替代性权力的反命题都更加危险。这使得陶伯斯坚信，保罗持有一种政治神学，尽管是否定性的。确实，经过异教徒有意的“玷污”，保罗所对话的“犹太人民”错过了每一个民族主义的转折点，并倾向于假定一种世界性的意义。但除了这种世界主义（universalism），没有什么在政治上对罗马秩序更具颠覆性。

在这里，我无法去评价陶伯斯对保罗的阐释——与卡尔·巴特（Karl Barth）的解读完全不同，我个人更欣赏后者——我想关注的是否定政治神学与非政治视野的不同。可以说，它们的异质性来自非政治指定给否定政治哲学的

1　雅各布·陶伯斯，《保罗的政治神学》（Jacob Taubes, *The Political Theology of Paul*, trans. Dana Hollander, Stanford: Stanford University Press, 2004）。

“地位”（place）。何以言之？为何一种政治神学的非政治批判不能等同于一种否定政治神学？因为尽管后者在政治与神学之间放置了一根“非”（non）的横栏，认为神学不可以成为政治，政治也不能成为神学，但非政治仍然是将“非”分别置于两个概念自身之中。因此，区别——或矛盾——不仅位于神学与政治之间，同时也在两者内部。我们已经看到，当政治限定在自身有限的术语中时，它是如何无法被“神学化”。这同样也适用于神学，从“非政治”的角度来看，神学也不再能完全是：一种神－学（theo-logy）。它同样也注定会感受到自身逻辑的匮乏，早期的巴特十分清楚这一点；或者是感受到它自身内部的空洞，迪特里希·朋霍费尔（Dietrich Bonhoeffer）曾更加尖锐地指出过。[1] 西蒙娜·薇依的工作不就是这样吗？她将缺席放置在了神创论的核心，将其倒置而变成了“去－创造”（decreation），与此同时也将这一去本有化（depropriating）的路线带向某种完整，从而将“神学”和政治都去本有化。另外，如果我们不是从神学解构的层面，将神学翻转，彻底将其变成对立面，那么我们该如何理解乔治·巴塔耶鲜明的“无神学”

1 与巴特和朋霍费尔相同的理解，参见罗伯托·埃斯波西托《政治的九种思考》（Roberto Esposito, ed., *Nove pensieri sulla politica*, Bologna: Il Mulino, 1993, 78-83 and 137-157）。

(atheological) 作品？

确实，将薇依和巴塔耶（本书在一定程度上将两者分配在非政治不同的内容中加以区别分析，分别为苦修和迷狂的角度）[1]放在一起讨论，已经有不止一个批评家对此展开了激烈地抨击。[2]我还提及了诺斯替主义（Gnosticism）的责难，根据他们的推论，可能会有吞没掉整个非政治观点的危险。我必须承认这种可能性真的存在，尤其是薇依和巴塔耶确实都受到过诺斯替教作品的影响（至少还包括赫尔曼·布洛赫）。而且，他们整体的思想容易摇摆不定，时常看起来像是走向了诺斯替教的方向。实际情况并非总是如此，本书和我后面的作品都会有所论述。但是，薇依的创造观念回避了至善,其中真的不含有诺斯替教的倾向？或者，可能更显而易见的是，在巴塔耶的结论中（这同样也属于薇依，尽管采用了不同的方式），邪恶伪装成至善，要想摆脱这种有所歪曲的偶像崇拜，唯一确定的途径只能是坚持作恶的必要性？同一种对现实的否定性定义——不管是被创造的还是“去 – 创造”的——却带来了二元论式

---

1 关于各种非政治的不同，参见我的一篇序言《超越政治：“非政治”思想选集 》(Roberto Esposito, ed., *Oltre la politica: Antologia del pensiero "impolitico"*, Milan: Mondadori, 1996, 1-26)。

2 参见马西莫·卡奇亚里和罗伯托·埃斯波西托《政治与思想》，载于《阅读》。(Massimo Cacciari and Roberto Esposito, "Politica e pensiero" , *Leggere* 7, 1988, 14-19)。

的结论或预设，我们怎能视而不见？

当然，诺斯替主义的危险确实存在。在过去的十年中，本书引发的所有思考都旗帜鲜明地力图摆脱这种关联。进而言之，在此所展开的论述，其打开的话语路径本质上反对一切二元论倾向。全书通篇都流露着这种意图，比如，它始终否认任何现实的存在，不管其被视为次要的还是更为首要的，抑或是可被体验的（experienced; *sperimentabile*）。正如我所说，非政治就是政治，但只是一种“对照”视角下的政治，对照的是它所非（neither *is*）以及永不能（nor can *ever be*）：政治的不可能性。就此而言，这里没有二元论，有的只是差异。而且，这种差异只涉及审视的角度问题，而非审视的对象——更非其主体。但是，本书最后一章有些特殊，在此，非政治“自检”时突出了另一个层面的内容，即非政治会达到它所否定的东西的肯定性援引。就是说，对政治范畴进行非政治式的解构，同时所指向的仍是非政治自身。貌似非政治的范畴只是在内部挖掘，直到它失掉任何一种身份——甚至包括否定的身份。貌似只有通过在单纯的政治的“发生”（taking place; *aver luogo*）、其简单的“居所”（dwelling）中将自身消解掉，非政治才能显现。然而，这并非一种对差异化体系“至高无上的中立”——如一种权威观点所指出的那样。[1]若是如此,非政治不仅会失去所有解构之力,同时也会被彻底消解。在此，我们换一种方式，即突出其相异的界限，但同时也会强调分裂所蕴含的向另一种它物的转化: 这是一种分裂，但同时又是对其所分裂之物的整合。只有当我们完全停留在界限的第一层意义——分隔（separation）——时，才会出现诺斯替式二元论假设（gnostic-dualistic hypothesis）。如果认识到，界限中仅有一种“分隔的力量”，那我们就难免会制造出两个相互分隔并彼此对立的领域。然而，如果我们专注于界限的另一面，即对其第一层意义有所补充和解构的一面, 情况便不同了: 它的连通性（connectivity），不亚于其分隔的整合力（确切而言，是连接了其所分隔的事物）。在此，非政治不仅成了政治的界限，同时也是其自身作为界限（being-limit）的界限。有一个概念能够完美地呈现界限的含义，能够同时展现出其分隔和连接之意: “分享”（sharing, *condivisione*）(或巴塔耶所使用的法语单词，*partage*）。由此，我们可以认为，非政治并不是与政治相分隔，而是分享着政治的空间。它是对政治的分享（the sharing of the political）——或者，更准确一些，是作

1　同上，19。

为分享的政治（the political *as* sharing）。此刻，在与诺斯替主义风险极端对立的地方，我们打开了一个属于共同体思想的空间。

不过，在进入这一空间前，我们有必要探讨一下第三种反对意见。实际上，这一反对意见并没有对非政治自身构成挑战，而是想要去限制它同现代性的——特别是晚期现代性的——有限领域的一种阐释性关联。卡洛·加利对这一反对意见的阐述最为清晰。加利承认非政治是一种终极的，并且可能是唯一激进的现代性的批判视域，但也认为正是由于这个原因，它同样也内在于现代性中，绝对地（categorically）被“包含”其中。如果非政治破土而出（*sfondare*）就是为了批判现代的逻辑，那它只能是在现代的土地（*fondo*）上才可以实现。这就意味着，恰恰是非政治自己所坚信的那些它要去定义的概念，束缚住了它的“突破”：“即使在面临最为激进的批判时，现代性还是被断定为那个在积极的意义上、无法逾越的思想视域。非政治和现代同起同落（*simul stabunt, simul cadent*）。”[1]然而对加利而言，恰恰由于非政治是现代这枚硬币的另一面，它

1 卡洛·加利，《罗伯托·埃斯波西托〈政治的九种思考〉评论》，载于《政治哲学》（Carlo Galli, “Review of *Nove pensieri sulla politica* by Roberto Esposito”, *Filosofia politica* 1, 1994, 154-156）。

才可以为现代提供一种非意识形态的解构方式（即一种并非被动、复原或乌托邦式的解构），不过，即便是这样，比亚吉奥·德·乔万尼还是进一步缩减了它的使用范围。在此，非政治所受的限制，假定了一种真实而恰当的“化约”性，以及由此而来的中立性。在德·乔万尼看来，非政治并不能从整体上把握现代的思想进程（它们远比非政治所勾勒的驳杂、矛盾得多），因为它只是对某一特定、具体时刻的描绘，聚焦的是我们这个世纪：“在整个20世纪思想中……暴力、诸众（multitude）和战争让这个短暂的世纪成了极权主义的世纪，非政治是作为这些元素的对立物而存在的。”[1] 由此，一个双重界限就将非政治“框定”在两点之间，出发点（*terminus a quo*）始自1920年代，而终点（*terminus ad quem*）则结束于最后那面墙的崩溃：如果非政治哲学是在大规模“欧洲内战”层面上做出回应的，它就“仍然还是在疲于应对这个世纪的死亡。”[2] 这一反对意见认为，非政治并不是现代性的内在批判，而只是其最终危机的内在批判——对此，它仍然被固定在一种颠扑不

1　比亚吉奥·德·乔万尼，《政治与哲学》，载于《哲学评论》(Biagio de Giovanni, “Politica e filosofia”, *Rivista di Filosofia* 88, no. 1, 1997: 59-78, at 59)。德·乔万尼有一篇对非政治问题的尖锐批评，参见《绝望的颜色》，载于《米格》(“Il colore della disperazione”, *Micromega* 2, 1989: 231-237)。

2　德·乔万尼，《政治与哲学》(De Giovanni, *Politica e filosofia*, 59-78, at 66)。

破的因果关系中。如果批判不是危机以历史的和观念的形式的发生，那它还能是什么呢？

如何回应这一解读？无疑，这种观点有几分道理，观念和其历史情境是有着一种关联，尤其是当我们摒弃了历史主义转折说，而支持某种更具说服力的“划时代”（epochal）观念。甚至，现实经验也支持这一看似有理的推断：那些最具非政治色彩的作品难道不都是在“一战”前到“二战”后这期间——前后相差不过几年——创作的？这一时期，难道不正是我们称之为现代的“关键”时期吗？但是，在运用和涉足这一类“批判性”范畴中，却存在根本性的难题。问题在于，这一术语与非政治所打开的反思空间并不对称。一个空间通常都会站在某种批判立场，但非政治的反思空间却并不符合此种设定，因为非政治不会借那些非现实事物——各种理念、价值或利益——之名来“批判”现实。如果这样，非政治就会重回其所意欲批判的传统中；那个早已对诸种宗教、经济、政治等批判游刃有余的传统。[1] 不过，非政治之所以能够摆脱各种传统批判视角，还有一个更为内在的原因：其自身的视角与那种引

1 参见法布里奇奥·迪·斯特凡诺，《〈超越政治：非政治思想选集〉评论》，载于《政治哲学》(Fabrizio di Stefano, “Review of Oltre la politica: Antologia del pensiero ‘impolitico’”, *Filosofia Politica* 11, no. 1, 1997: 143-146)。

发批判的“危机”观念有所不用（不仅仅是在词源学层面）。

在此，我们无法就这一问题详细展开，但可以这样来看，“危机”作为一个参照点，是所有历史哲学的必要组成部分，它们按照年代顺序排列，贯穿各个时代内外。当然，这一历程既有进步也有衰退。它会为不连续性和矛盾性留有空间，或者也会展现断裂、中断以及反复。它不会对各个历史时期一视同仁，也不会将其放在同一个平面上。然而，它却无法设想历史的无历史（ahistorical）元素，因为这难以企及——这正是非政治在探讨与政治的边界（它发端的界限，“永远”处于自身之中的内在先验事物）时所做的工作。总之，假如说语言有着历史性地变迁（概念史便是如此），那么历史也就可以从语言学层面得到规定，由此形成了一个话语无法追溯其起源的辩证法。这并不是因为起源与各种已知时代相去久远，而是由于两者距离太近——或者说，它更加是共在（copresent）于这些时代之中。[1]恰是这种共在，将时代的历史连续性，消解在一种将它们混淆并打乱的基本统一体（fundamental unity）中：起源的“非/原初的”(un/originary) 本质问题（或源始 [*arché*] 的“非/

---

1 最早介绍概念史的是朱塞佩·杜索，《作为一种政治哲学的概念史》，载于《政治哲学》(Giuseppe Duso, “Storia concettuale come filosofia politica” , in *Filosofia Politica* 11, no. 3, 1997: 393-426)。

本源”[an/archic] 的本质）。[1]这是什么意思？我们如何理解这个将起源与其自身分隔开的栏杆？我们需要特别谨慎。危机的哲学并非不涉及起源问题——相反，恰是借助起源，它才能确定批判之处。而且，问题在于，此种哲学总是会视起源为一种开端，圆满、完整、实在，因而本质上是一种前批判（precritical）。也正是在与这种起源的关系（以及对比）中，危机才变得可能：在此，危机实际上是与起源的决裂，它通过一种分裂的方式破坏了其原初的单一性，进而背叛、扭曲、损毁了起源（但借此也总会为其重新变得完整留下了可能）。除了各种治疗策略（恢复、重组或更新）之外，这也是可以将全部欧洲的危机哲学统归为一种通用的诊断方案的预设：如有危机出现，那从逻辑上讲则必然存在一个*更为*原初的时刻，一个*真正*的原初，在那里并不存在危机。而且，肯定有某种危机之外的时刻，在此，危机可以解决，或者至少没有完全排除掉解决的可能。

非政治所异议的正是此种逻辑路线。原因并不在于其在起源中所设定的分裂——这是一种过于激进的设想——

1 这里所涉及的是雷纳·舒曼，《海德格尔论存在与行动：从原则到无政府状态》（Reiner Schürmann, *Heidegger on Being and Acting: From Principles to Anarchy*, trans. Christine-Marie Gros, Bloomington: Indiana University Press, 1987）；以及雷纳·舒曼，《破碎的霸权》（Reiner Schürmann, *Broken Hegemonies*, trans. Reginald Lilley, Bloomington: Indiana University Press, 2003）。

而是由于其认为分裂可延伸到后来的（至少非最初）一个历史发展阶段，通常将之与技术的到来联系在一起。暂且撇开诊断和预后方面巨大的差异不谈，马克斯·韦伯（Max Weber）、施密特、阿伦特（尽管不是非政治时期的阿伦特）以及许多“文明的批判者”在这一点上都有着共通之处。在某些特定的时刻，政治偏离了自身，背弃了其真谛，沦落到求助于技术。但是，这种本质主义式的退化论（essentialist-degenerative）却是一目光狭隘的产物，它将一些实际上更为原初的事物束缚在现代性中——一些与起源保持着一致的事物。这样的城邦（*polis*）从未存在过：被视为一元的整体（unitary cosmos），后来遭到摧毁——就像从未有过某种被技术的暴力亵渎、根除、破坏的自然秩序。相反，城邦的约法（*nomoi*）于诞生伊始便互相冲突，就像自然永远也是在附加的人设逻辑中被“去自然化”。这难道不是柏拉图将理想国排除在历史可能性范围之外的本意吗？再如亚里士多德，他认为实践政治的特性就是一种分离，与其“真理”相去甚远，所体现的难道不也是这种意思吗？有没有必要这样认为：政治既无明确的属性也无本质——对它而言最为适当的就是属性的缺失，正如其本质就在于一种无可修复的非本质性（irreparable inessentiality）？

这就是现代既未觉察也没提出的原初问题——起源的问题——不过，从马基雅维利开始，它就愈加有意识地被限制在概念化中：政治在构成上就有的“邪恶”性，[1]使其不可化约为某种单一的“符号”。从这个角度来看，政治思想史，尤其是它的现代时期，都无法“解释”非政治的视角。若还是有某种解释存在，那么则恰恰是后者，在阐明的同时，也解构了前者。严格说来，非政治解构的是相互对立的时期的连续性，这种连续性将政治视为一部解放或退化的历史（两者抑或相互补充）。与这种模式相反——或者说超越了这种模式——非政治认为技术和政治完全有着同等原初（co-originary）的本质；与长期以来传统教条相反，非政治也认为，并不存在一个先于技术（*techne*），且在性质上与相异的实践（*praxis*）。[2]柏拉图有个神话谈道，并不是政治最先来临，技术紧随其后：更可能的是，顺序恰恰相反（《普罗塔戈拉》[*Protagoras*] 322c）。这就意味着，技术并非政治的终点，而是其起源。如果事实如此，

1 这是格哈德·里特（Gerhard Ritter）1948 年的著作《权力的恶魔》（*Die Dämonie der Macht*）中的核心观点，英文版为《权力的恶劣影响》（*The Corrupting Influence of Power*, Hadleigh: Tower Bridge Publications, 1952）。

2 这也正是马西莫·卡奇亚里在《开端》中的观点（Massimo Cacciari, *Dell' inizio*, Milan: Adelphi, 1990, especially at 408）。

如果——尼采就很清楚——政治是与技术一起发端，并是在其之中发端，如果——西蒙娜·薇依强调过——起源并不会从“后来”（post）的悬崖处“跌落”，因为跌落和悬崖已然是原初性的；[1] 如果——海德格尔偏爱的表述中出现过——起源仅以其抽离的形式被给予；这就意味着最初的起源总是派生于它从中浮现出的那些事物，这是它原初的缺陷。或者，起源就是与其自身缺陷的同时发生。或者，它同时既是起源又是非起源——它的踪迹，雅克·德里达可能会说：这是从自身而来的差异，因此也是对发端的“非/原初”表达。如果起源是一种不断的“来临”（coming to presence）——总是与我们同在——那么，它就永远不能完全于自身在场。它确实是不可呈现的（unrepresentable）[2]。非政治就是要阐明这种不可呈现性。它是原初踪迹的“在-离”（with-drawal; *ritratto*）（在双重意义上，这既表示“抽离自身”[withdraw itself; *ritirarsi*]，也表示“重新标记”自

1 关于薇依及起源问题，我参考的是自己的著作《政治的起源：汉娜·阿伦特与西蒙娜·薇依》（Roberto Esposito, *L'origine della politica: Hannah Arendt o Simone Weil?*, Rome: Donzelli, 1996）。

2 “represent”源于拉丁文“repraesentāre”，意为“再现、呈现、描绘、展示、作为……的象征、体现或化身”，并引申为政治词汇中的“代表、代理、代言”等。埃斯波西托的研究始自施密特从罗马天主教角度对现代“代议制”的批判，后又借对阿伦特、布洛赫等人的分析阐释了政治“化约为一”、represent多样性的不可能性，故根据汉语表达习惯将“represent”及派生词“representable”分别译为“代表”“呈现”“展现”。——译者注

身 [re-mark; *rimarcare*]）。[1]

最后一种针对非政治的保留意见聚焦的正是此种撤离（*retrait*）（如两位法国人所言）[2]的性质，它借此也在某种程度上联系并概括了其他的反对观点。这种特质（此反对意见声称）——倾向从行动中抽离——使非政治在评判行动时有了极大的权力。借助这种至高无上的机能，非政治可以区别善与恶、公正与不公、真理与谬误。“非政治的工作”，在最近的一份用于控诉的总结中，我们可以看到，“在作出审判的同时，一种裁决将真与美同政治分离，它也借此将自身推上了这个分隔的监护者的位置。”[3]恰恰因为它声称自己就是某种知识的拥有者，“一种比任何历史和经验知识更为原初、根本的知识，”[4]非政治宣称可以控制现实中不可预知的事件，也可主导事件引发的“解放”实践。这真的就是非政治立场的后果——如不是其意图——吗？或者，该批评得出这样的结论，其分析是否太

---

1 意大利语中“ritratto”同时也含有“描绘”的意思，在这句话中，埃斯波西托着重强调的是可见与不可见、在场与缺席之间的悖论。——英译本注

2 我指的是菲利普·拉库－拉巴特和让－吕克·南希主编的《政治的撤离》（Philippe Lacoue-Labarthe and Jean-Luc Nancy, eds., *Le retrait du politique*, Paris: Galilée, 1983）。

3 卡奇亚里，《非政治》，载于《解放：对正常性的批判（合集 33）》（Cacciari, “L'impolitico”, in Collettivo 33, *Per l'emancipazione: Critica della normalità*, Naples: Cronopio, 1997, 23-26, at 24）。

4 同上，25。

顽固偏执地拘泥在了某种简单粗暴的辩证法图式——而实际上比这要复杂得多？这是一种首要地关于“内部”和“外部”的辩证法，而且，如果非政治就是简单的处在政治之外——或者它无法追寻政治外部的界限——这种观点当然就达成目标了。可是，事实并不如此。原因清晰可见，“外部”——更准确说来，非政治涉及的本质的空无（the void of substance）——就是直接地处在政治之内。也许可以说，这就是同一个“政治”，只是没有了其神秘的“完满”（fullness）的运作。

需要澄清一点。我不想否认，在各种非政治思想的表述中，特别是早期那些，重点都聚焦于其外在性（exteriority）。甚至更多地都落在政治无法决定的界限、边界、边缘上，这正是因为它们其实反过来决定着政治——就像沉默决定了声音。但是，沉默不是另一种声音；也不是他者的声音。它甚至都不是声音的基石或前提(尽管如此，我承认有时也会这样来解释；“不”打开了“说”的可能性，这里则是打开“做”的可能性）。不过，沉默应该渐渐被视为语言自身中的句读、衔接（articulation）：不仅可以是语言之所不说（unsaid），同时也可是语言之清晰发声。总之，近年来，整个对非政治范畴的阐述都更明确地倾向于内在化其外在性、其“在外部”（being-outside）及其界限——正如巴塔耶所宣称的，他对“外部”的热忱实际是内在体验（*inner experience*），暗示着内在与超越的完美重合。本书最后一章详细探讨了这一问题，超越并非内在的反面，而是其中断，或其于其自身“外部”的暴露。它是内在的（*of*）超越，而非出自（*from*）内在的超越。

这一非政治的自我分析过程铭刻着共同体思想的痕迹，甚至可以说，它是由共同体思想建构的。相关研究开始于本书探讨巴塔耶的章节，并在后一本书中得到了延续，结构也更加成熟（同时也更换了其语义重心）。[1] 词汇上的转换——主要是受让－吕克·南希思想的影响——意味着从一种预设的逻辑（a logic of presupposition）转向了阐述的逻辑（one of exposition），[2] 或者（实际是同一回事）从分析的层面转向了本体论层面。共同体并非将事物置于关系（relation）中；它自身就作为一种关系而存在。这是一个非常重要的说明，就此可从根本上将非政治与所有其他当

1　罗伯托·埃斯波西托，《共通体：共同体的起源和命运》（Roberto Esposito, *Communitas: The Origin and Destiny of Communitytrans*, trans. Timothy Campbell, Stanford: Stanford University Press, 2010）。

2　开始于让－吕克·南希重要的著作《无效的共同体》（Jean-Luc Nancy, *The Inoperative Community*, trans. Peter Connor, Lisa Garbus, Michael Holland, and Simona Sawhney, Minneapolis: University of Minnesota Press, 1991）。

代共同体哲学、伦理学和人类学区分开。不过，它同样也与各种“友谊的政治学”（politics of friendship）拉开了距离（借用德里达新近著作的标题）。[1]我对这一问题的印象是——德里达自己也有这种印象，尽管他的出发点同我相反——虽然友谊和共同体可能在用语上有交织、类同和指涉，但它们之间还是有着一道无法逾越的鸿沟。区别在于两点，一方面，语言法则要想负有政治意义，只能通过指涉主体（友谊的主体，或者反过来，敌对的主体）实现；另一方面，这种法则涉及如此这般处在“共同中”（in common）的状态。也就是说，此法则表达了一种被分享的存在，撕裂并分散了（decentralizes）主体性之维，从这个意义上来看，只有“抽离”其主体项，我们才能思考这种关系——处于关系中（*in*）且作为（*as*）关系而存在。

这些论述有助于避免一种可能的误解，巴塔耶的思想未能彻底地从中逃脱；特别是1930年代末，他著名的朝“死亡共同体”（community of death）的转向（这并不总是明确地区别于“共同体的死亡”[the death of community]这一更加令人不安的前景）。据说《非政治的范畴》并没

1 雅克·德里达，《友谊的政治学》（Jacques Derrida, *Politics of Friendship*, trans. George Collins, London: Verso,1997）。

有足够明确地与献祭（或自我献祭）倾向拉开距离，后者以某种特别的方式贯穿在《无头》（*Acéphale*）[1]那些惊人而可怕的冒险中。而且，在最后涉及努曼提亚（Numantia）集体自杀的内容中，本书似乎是认同了《无头》的堕落倾向，由此像是坐实了毛里齐奥·费拉里斯（Maurizio Ferraris）对非政治最尖锐的一个批评：正如不愿（*noluntas*）只是自愿（*voluntas*）的镜像，“我们也不难看到，向死而生（being-toward-death）的共同体只是简单反转了的生命共同体。”[2]毕竟，与非政治类似，《无头》借助主权的自我斩首，提供了一种从主体（不是行动）哲学解脱的路径，由此“自愿的赴死，重演了苏格拉底之死这一原型：意识明白其远比生命和肢体宝贵得多，因为它是战胜了死亡的活着的灵魂。”[3]此论点并非毫无根据，尽管我由此得出的结论与费拉里斯的非常不同。不过，由于仰仗献祭共同体

1　由巴塔耶于 1936—1939 年创办并发行的五卷本评论刊物《无头》（*Acéphale*），其意大利语版为《神圣的共谋》（*La congiura sacra*），由罗伯托·埃斯波西托为其作序，其中也收录了玛丽娜·加莱蒂（Marina Galletti）整理的一部未出版的资料汇编。乔治·巴塔耶，《神圣的共谋》（Georges Bataille, *La congiura sacra*, trans. Fabrizio Di Stefano and Riccardo Garbetta, Turin: Bollati Boringhieri, 1997）。

2　毛里齐奥·费拉里斯，《哲学家希望死？从非政治到我们中的他者》，载于《非此即彼》（Maurizio Ferraris, “Il filosofo desidera morire? Dall’ impolitico all’ altro che è in noi”, *Aut Aut* 231, 1989: 87-98, at 91）。

3　同上，92。

（the community of sacrifice）观念，它虽然确实构成了巴塔耶的经验可能得出的结果（当然不仅是这一个），但由于共通体（*communitas*）这一术语自从被规定时就具有了的含义，它完全被排除在了共通体概念的意义范围之外。实际上，在古老的词源学中，共通体并非是某种共同意志（a shared will）的产物，也不是主体参与某种献祭狂欢的死亡之路，因为它作为一种原初的义务（*munus*），先于任何意志和主体并造就了它们，而产生的方式则是一种不断的剥夺（uninterrupted expropriation）[1]。总之，空无(void; *nulla*) 不会是共同体的目的（*telos*），也非其前提。如果共同体不再被视为一种主观上的纽带（更非客观上的纽带），而是一个由其不可操作性所勾勒出的空间（space; spaziamento），那么空无就是共同体本身。在这个意义上，这种不可能性就是我们之前提及的"非 / 原初"的起源——

1 "munus"，拉丁语，意为义务、责任，同时又有礼物的意思。但是，这里的"礼物"并不代表无偿的赠与，而是要求得到交换的"特殊礼物"："一旦某人接受了mumus，他就有了以物品或服务来交换的义务"，更重要的是，这种"义务"也适用于礼物的赠与者，"某人给予礼物，因为他必须要给，且不得不给。"实际上，"munus"要塑造的是一种建立在强迫（义务）基础上的人际关系，它注重的是赠送、给予、送出，是个体的损失、缩减。因此，其中所包含的"礼物"之意，强调的是个体之间有义务"相互给出"，而不是某个个体的"独自拥有"。参见罗伯托·埃斯波西托，《共通体：共同体的起源和命运》（Roberto Esposito, *Communitas: The Origin and Destiny of Community*, tran. Timothy Campbell, Stanford: Stanford University Press, 2010, 4-5）。——译者注缺席的起源，或者，一个通过不可弥补的缺失从其自身中抽离而出的起源，因为起源与其自身的架构是一致的。所有针对在社会起源之时所犯罪行的叙述，都只能将罪行的“犯罪”（commission）——这原初的缺失——转译到人类学语域来解释。

非政治从一开始就很清楚，共同体从未与自身相一致，历史上也都是以歪曲的形式出现。这就是共同体在架构上的冲突，只有借助政治神学，这一问题才能得到解决，或相反，通过更具主导性的现代筹划路线而得以平衡。不过，我想强调，现在有必要不再仅从否定的层面、简单的解构意义上曲解这一空无（*vuoto*）。由于它是义务，也就可以认为是“慷慨”（munificent），即作为一种“没有共同之处”，除了存在冲突和暴力之维，还有捐赠（donativity）的维度。[1]空无一直都是公共实体的监护者、核心，这并非偶然。在此，捐赠与另外一个领域中的相关内容并无任何联系，那就是社会科学探讨的“礼物范式”（the paradigm of the gift），他们对此的重新主张有些天真。这些修补工作全都忘记了捐赠机制从架构上而言就隐含了的悖论性——既是给予（offer）又是威胁（threat）。而且，捐赠也会招致风险和

1 这正是《共通体：共同体的起源和命运》的主题和任务。

危险，原初的义务会将它们带给那些选择共享的人，他们的主体性身份会在这一过程中遭到撕裂。但是，我们实际也能看到仅存的某种机会，那就是意识到我们从未完全属于我们所属的现实。如果不是这种难以察觉的分裂，那非政治还能是什么？

非政治的范畴

Categorie dell'impolitico

导言：非政治初探

在为本书定名时，我犹豫不决地分别截取了20世纪两本伟大著作的一半：托马斯·曼（Thomas Mann）的《一个非政治者的反思》（*Reflections of a Nonpolitical Man*）和卡尔·施密特（Carl Schmitt）的《政治的范畴》（*Categories of the Political*），后者的翻译确立了施密特在意大利的地位。以这样的方式与这些著作及其所代表的传统联系在一起，可能会造成一些误解。以曼为例，本书完全与其“非政治”（nonpolitical）的意义相去甚远，书中多处可见。施密特也如此：他尽管在本书第一部分占着一席之地，但更加是一个起点而非我们参照的核心观点。可以说，施密特讨论的终点，恰是本书的起点，他研究“之外”的地带，恰是本书涉及的范围——尽管施密特许多重要的研究成果都让本书受益良多。其中主要来自《罗马天主教与政治形式》（*Roman Catholicism and Political Form*）的一些见解，这篇长久以来被低估的文章，在本书的某些部分是一种法语所谓的嵌套式结构（*mise en abyme*）；有着一种前文本（pre-text）或解释秘钥的作用。不过，如果一本致力于探讨非政治的书却在其自身之外的领域（*outside itself*）夸夸奇谈，也没什么需要惊讶的（居然在一些地方还会有大量对政治的辩护）。非政治是一个否定性的观念，它必然会与这种否定联系在一起，也会转向其对立面——政治的范畴。

显然，这并非意味着非政治本身无法言说。假若确实如此，则其事实上不应是一种范畴（或范畴的视域），而只证明哲学拥有一种马那（*mana*）[1]，足以在理论经常性的失效时成为救命稻草。但是，所有关于非政治的讨论，都必然从其不能代表的领域开始。或者，确切说来，非政治必须从其内在的对一切"代表"（representation）模式的排斥出发，将"代表"视为处于危机中的那种政治所特有的范畴。这就是我们阅读施密特作品的方式，这些作品的根本研究对象就是现代性中制度化的去政治（depoliticization）性，确切而言，去政治是通过对"代表"的拒绝而生发的，而作为一种机制，它能够将政治决断与"观

1 马那（mana），源自美拉尼西亚和波利尼西亚语"力量"一词，表示一种超自然的力量，它可以为人、神灵或无生命的物体所拥有。马那既可以是好的、有益的，也可以是坏的、有害的。这个词最初是19世纪西方对宗教起源问题展开辩论时使用的。最初用它来形容一种显然是非人的、非道德性的，以非凡的现象和能力显示其自身的超自然力。任何一种不同寻常的东西（如一块形状特别的石头）之所以如此，都是由于它拥有特殊的马那。（引自美国不列颠百科全书公司，《不列颠百科全书（国际中文版）》（卷10），中国大百科全书出版社不列颠百科全书编辑部编译，北京：中国大百科全书出版社，1999年，第419页。）——译者注

念”（idea）联系在一起。换言之，施密特认为代表打通了至善(the Good)[1]与权力(用陀思妥耶夫斯基[Dostoyevsky]反罗马 [anti-Roman] 立场的用语来说，是两者之间的一种“对话”[communication])。

在此，我们必须澄清两点（虽然在导言中有必要简短）。首先是现代性。我们先把几乎所有涉及新近哲学文献的争论弃之一旁，将重心放在对现代的描述上，而这些描述只有在冲突这一语域中才能得到解释。现代本质上是自相矛盾的，因为其极端状态永远处在对立中，无法从逻辑上得到解决。这是确定无疑的，而在涉及现代政治问题时，其体现可能最为真切。当我们谈及现代去政治化，甚或作为去政治化或中立化的现代性时，都采用一种政治过剩（*excess*）的形式来处理（参见施密特青年时代的作品，此外还有他的一批阐释者，甚至还有那些与其相去甚远的学者，从阿伦特到波兰尼 [Polanyi] 再到艾格尼斯·图雷纳 [Agnes Touraine] 以及杜蒙 [Dumont]）。还有种不同的解释，政治不断增长的中立化趋势，源自于政治对日常生活领域的蚕食；这里有一种程式，它将生活形式化，使其摆脱了

1 “Good”是一种与神、上帝相关的“善”，故译为“至善”，以此与“good”（善）相区别。——译者注

自然的束缚，由此也导致其丧失了“实质”（substance）。将政治视为中立化，因为其目标是消除“公民”（civil）秩序中的冲突。霍布斯在《利维坦》（*Leviathan*）中论述得非常清楚，为了主权者的利益，霍布斯仅仅以一种策略性的社会去政治化为代价，就成功地“清除”了冲突。从这个层面来审视政治，现代政治真正的奠基人，应当是霍布斯而非马基雅维利。

第二个需要澄清的问题同样与霍布斯的范式有着血缘关系。这就是“代表”（representation; *rappresentazione*）在现代政治和司法层面上的代议（*rappresentanza*）意义[1]。在施密特看来，“rappresentazione”已经在现代性中消失了，同时他也毫不否认——相反，他很明确表示——正是发端于霍布斯的现代性，开启了代议的历史，而这也正是现代的历史（福柯也持同样观点，尽管是从不同角度描述

1 施密特认为，教会与基督的“道成肉身”（位格）和被钉十字架（拯救）有着天然的联系，而正是这种联系赋予了教会一种“权威”及“代表”的能力，可以承担连接上帝和个体之间中介的作用。这是长久以来欧洲教会政治权力的来源。教会（包括教宗和司祭等相应的神职人员）正是借此才有了介入和管理人的社会生活的合理性。在此，“代表”（及其所拥有的权力）是一种“自上而下”的传导。但是，现代社会兴起的经济理性主义则将“经济—技术”视为解决一切问题、“拯救”人类的根本，而政治、法律、权力则仅是消除个体之间冲突的中立化事务。失去了天主教式外在力量的支撑，现代社会已经没有任何一个实体能够拥有“代表”的能力。现代政治中议会的“代议制”仅仅继承了一种代表的形式，毫无“代表全体人民”的可能。参见卡尔·施密特，《政治的概念》，刘宗坤等译，上海：上海人民出版社，2003 年。——译者注

的这一变化）。但与此同时，此种现代意义上的代议完全是内在的（immanent）——毫无实质内容可言，它根本上否定了“观念”上的代表。所有这种代表观的残余，被吸收入——或曰“扁平化”（flattened）——一个当下缺席（now-absent）着的根基的纯粹形象（*pure image*）中，它只是某些超越性存在的参照（reference），即政治形成中的德性（virtue）及其终极目的（*telos*）。这是一种纵向的关联，现代在此与其决断（decision）的概念分道扬镳，由此也隔断了所有与外部的联系（除非是借助类比或通过一种比喻来转换）。然而，这并不意味着现代只是在增殖各种无意被整合的相互冲突的利益。恰恰相反，它是一个独立运作的整体，是一套能够自我管理，没有任何外部目的（至善），逻辑上也与其内含（contents）（聚居于其中的“臣民”[subjects]）无任何内在关联的“体系”。确切而言，在其细分为各种亚体系之时，它既不需要任何认同，也不遵从什么“理想”。政治只是这些亚体系中的一种，因此，它能够在现代获得一种最大化的自主性，同时也拥有了一种我们之前提及的熵化的空洞性。无疑，并非所有现代政治哲学都导向这样一种自我毁灭式的结论，它们许多实际都持一种抵抗及同此相反的观点。马基雅维利的异见独具特色（但最终却被压制）；或者，简单说来，斯宾诺莎、维科以及某种程度上的黑格尔、马克思也同样如此。但是，“霍布斯式秩序范式”（Hobbesian paradigm of order）仍在沿袭，今天尚有诸多拥趸，从帕森斯（Parsons）的功能主义到卢曼（Luhmann）的“体系”（system）均如此。

天主教中的代表（*repraesentatio*）修补了至善与权力之间破碎的关联，以此通过两种途径来“应对”此种事态：认为善可以被权力代表（*represented*），并且权利可以造就（*produce*）至善（或辩证地将恶转化为善）。本书中，这两种可能性都划定为“政治神学”（political theology）的内容。由于在用法上我与施密特有着明显的不同，所以我扩大了这一术语的意义。众所周知，至少在施密特成熟的作品中，“政治神学”意为一种现代的再认识过程，一些神学概念在此引申到了对应的司法领域。这并非简单的平行位移，而实际上是一种世俗化的过程（尽管从未完全亵渎无余）。我建议改变此术语潜在的多神论含义（即一种等同于马克斯·韦伯的“丧失灵魂”[de-souling; *Entseelung*]的概念）。从某种意义上来看，这一转变同样也是一种修复，因其回归到了此术语更为原初的含义——回到安波罗修（Ambrose）和奥古斯丁（Augustine）——埃里克·佩特森（还有埃里克·沃格林）恰是在讨论施密特时采纳了这一观点。对佩特森而言，政治神学的概念本质上与一神论联系在一起。实际上，佩特森开始将一神论视为一种政治问题，这源自于亚里士多德，尤其集中在其对柏拉图二元论（dualism）的讨论中——在《形而上学》卷十二的最后，亚里士多德所引用的荷马诗句最为鲜明地展现了这一观点。他写道："世界必然拒绝混乱的管理。岂善政而出于多门，宁一王以为治"(1076al)。[1] 佩特森由此认为，亚里士多德的信条"根植于'绝对的一神论'……在神圣君主（divine monarchy）这里，终极唯一始基（*principle*）的唯一准则（μία ἀρχή），同这一准则终极唯一的掌控者 [ἄρχωυ] 的真正统治，两者是一致的。"[2]

在此，佩特森观点在历史和哲学上的谱系已无从追溯，但其核心论点却十分鲜明：政治神学是历史逻辑某种程度的短路，它将政治术语（一神论）引入了宗教词汇中，由此从神学角度判定既有秩序的合法性——简言之，即从神学角度展现权力。确切说来，这就是泛政治天主教

1　引自亚里士多德，《形而上学》，吴寿彭译，北京：商务印书馆，1995 年。——译者注

2　埃里克·佩特森，《神学论集》(Erik Peterson, *Theological Tractates*, trans. Michael J. Hollerich, Stanford: Stanford University Press, 2011, 69)。

主义（political Catholicism）[1]与现代去政治化趋势之间的对立。不过，这种对立也并非完全是反现代的；相反，如果我们以（固然并非典型）罗马诺·瓜尔蒂尼（Romano Guardini）为例，将其作为拥护这一立场的例证，甚至会认为“现代世界的终结”会造就一个“超现代”（ultramodern）。就此而言，施密特自己也意识到天主教的复合体（*complexio*）既不是技术领域的对立面，同时也不符合浪漫主义非理性的神话与乡愁。在他这里，天主教神学反而呈现出一种严密的司法逻辑。但正如上文所述，与现代范式不同，它仍是由“不成文”（unwritten; *alogo*）的决断时刻组成，因此并非完全是通过一套综合的技术程式来呈现其逻辑。而且，这一决断本质上有一种代表性：它是本质（*essence*）的代表。它只有根植于“理念的天堂”（heavens of the Idea），才能避免现代决断的无根。这样一种决断，瓜尔蒂尼认为必然是融合了两极——内在性与超越性——所有的现实由此编织在一起：历史与观念，生活与权威，强力与真理。如上，还有权力与至善。

在泛政治天主教主义这里，有一点是瓜尔蒂尼最为看

1 “泛政治天主教主义”，始于19世纪后期的普鲁士，天主教会期望借助政府的力量在公共领域推行天主教的理念和信条，对20世纪政治、社会生活有着深远的影响。——译者注

重的（尽管其边界被他扩展到了自相矛盾的境地），这就是权力肯定性（*affirmative*）的一面。因为权力是一种潜能（potential; *potenza*），同样也决定着存在。所以它必然不仅尊崇着隶属于存在秩序的两极，同样也是两极相遇的中间点——就此引出了权力的责任（*duty*）。人类为了遵从上帝就必须要施展权力，因为是上帝要求人类施展权力，而他由此才得以神圣化。这就是“权力即善”（*power is good*）的原因：至善转化为了政治。如此这般的政治就是建制于此种关联；没有它，没有其意蕴的对上帝全能意志的先验性参照，就没有真正的政治，而只是赤裸裸的技术。这就是为什么在打破了这种关联时（或者是给这些概念赋予了不同的意义时），现代会被斥责为去政治化，它让予了世俗化，也将自身交付给了世俗化的时代（“世纪”[century; *secolo*] 的时代）。掌控现代性，现在要求有某种完全由罗马天主教廷垄断的政治形式。

垄断既是教廷的任务也是其悲剧。其任务就是保卫政治，对抗资本主义和社会主义的毁灭性攻击，这些是敌对但也有所助益的势力。然而这也是场悲剧，因为这一任务现在是无法实现的，在定义上就只是乌托邦。因此，当前政治自身的根基就是乌托邦；一个现代去政治海洋中仅存的孤岛（因而瓜尔蒂尼认为基督教欧洲扮演着一种不可替代的核心和乌托邦角色）。瓜尔蒂尼的泛政治天主教主义的悲剧性命运——本书第一章通过施密特式法（*nomos*）的失败对其进行了重构——现在似乎让政治陷入了无从逃避的窘境：或是罗马式代表的孤岛（*insula*），或是现代去政治化之海。神学或世俗化，乌托邦或熵，神话或虚无主义。

实际上，在两个似乎相悖的假说中进退维谷之际，现代国家形式开始踏上了一条新的历史征程，它既是“神学化”的，也是去政治化的。施密特的批判似乎并没有抓住现代政治此种“诡秘”之面。他认为政治代表制与去政治化的中立化（depoliticizing neutralization）之间相互抵牾，但实际上这就是两者共存的方式，它们由历史的和语义上的转变所体现，天主教代表制正是借助这种转变而获得了现代政府议会的形式。这种现代的政治代表制仅可以代表基督教共同体（*res publica christiana*）在解体后所释放的各种不同（对立）的利益；这些利益不可调解，亦不能达成一致，但至少可以在“武装的和平”（armed peace）名义下有所控制。

政治就是从这些概念的角度解决了宗教战争问题。现代政治掏空了意识形态本质的宗教冲突，将其基本原则的冲突弱化为单纯的利益游戏。在这个意义上，现代就表现为一种对空无的组织，它更多地是要剥去实在，而非“修复”它，去除任何全体（totality）的伪装。因此，从过去城邦（*polis*）的角度来看，政治失去了所有的合法性。它只有通过抛弃（以及回忆）自我，变换为城（*civitas*）[1]——多元利益并存的城市——才能存续。与此种城相一致的国家，不仅不再重整城邦秩序，而且还只有通过自身的“抽离”才得以成型。准确而言，它所抽离的，就是所有政治与社会之间的象征性的关联。这一断裂，这种对整体“先天式聚合”（a priori synthesis）要求的抛弃，恰恰保证了利益的均衡。进而，此种综合体只是一种简单的调解，一种单纯的对完全由经济利益主导的团体加以协调。实际上，自由－民主传统中不可知的、中性的国家只是赋予了经济“自主权”的国家。这就是那些将个体从前现代秩序的人身枷锁和等级秩序中解放出来的东西，它们现在是在市场“绝对”的主导下——正如恰是商品绝对的可交换性，奠定了某种法律的平等性，

1　拉丁语中的“civitas”源自“civis”，有“公民权、公民身份、公民集体”之义，并由此衍生出“城、共同体、共和国”等含义，如中世纪神学家圣·奥古斯丁（Saint Augustinus）的上帝之城（civitas Dei）。而进入启蒙时代后，在霍布斯、洛克等思想家那里，“civitas”被认为等同于英语中的“commonwealths”，指的是以契约为纽带结合在一起的人群形成的国家，故亦可引申为“共和国”（参见霍布斯《利维坦》以及洛克《政府论》）。——译者注

一种旨在保证平等获取物质和象征性物品的法律。

经济特有的自主权与司法平等相互影响，既是后者的原因，也是后者的结果，而正是这种自主权，确立了去政治化的核心矛盾：它的超政治（*hyperpolitical*）本质。此悖论可以这样理解：去政治是一种经济确立了自主权的政治形式。这一自主权无法“自然地”产生；它需要一种（政治）力量，能够为其创制和保持运转所需的一般条件，并且对其现实中运转的方式也有一定的了解。在另外一个与其有所关联的层面上，这一问题也影响了司法装置的连续性。司法“实际”（de facto）卸下了追寻“真理”的义务，因为这难免会将其带回到终极价值（ultimate values）同样难以消解的冲撞中，后者已经屈从于现代多神论。因此，本质上司法已变得独断、不公且多变——但却仍然维系着与法条（*legge*）[1]的联系，后者必须将自身呈现为普遍的、一成不变的、超越性的形象，以此有效地维持自身的权威性。

同样辩证的情形也出现在对国家的理解中。国家——

1 在欧洲大陆法系中，“法”通常分为两类，一种是各种人为成文的法，如罗马语的 lex，法语的 loi，意大利语的 legge，西班牙语的 ley，德语的 gesetz；而另一类则是颇具抽象意义的法，有着原则、法则、准则、规范等意义，如罗马语的 ius，法语的 droit，意大利语的 diritto，西班牙语的 derecho，德语的 recht。为便于理解，中译根据原意大利文“legge”试译为“法条”“法则”；将“diritto”试译为“法”“法律”。——译者注我们可以看到——是在标志着现代世俗化的去神学化过程中诞生的，其构造被掏空了一切政治元素：政治统一体支离破碎成多样化的权力，保持权力在各种契约结构中的中立。然而，为了有效地协调各方（但却是人为的），这种中立需要一种政治形式——因为各方协商的权力也是要从政治层面来组织。由此，古老的代表制架构崩塌了，产生了新的代表方面的问题。尽管涉及的各种利益无法在同一个"整体"（whole）中得到体现，但整个的态势却可重新找到代表的形式。准确说来，正是这种无根性——去根化（deracination）——为自身提供了一种新的根基；正如技术"唤起"了一种新的政治形式观念，甚至可以说，它展现了权力意志无界限的（limitless）本质。

自然，这种新形式只是一个神话，因为其源起正是那个打碎共同体的统一，将其转化为单纯的社会（*societas*）的东西。这是降级的神学，因为其起源是现代的去神学化，一种世俗化的神学，具体而言，一种霍布斯-施密特式的政治神学。政治神学，其政治是一种去政治化的政治。这是一个无解的矛盾体、悖论，它要将去政治化"神学化"为一种新的政治形式。其中，相互对立的概念共存在了一起，每个都变成了其对立面伪装的影子：技术变成"伦理"，法律变成“公正”，权力变成“至善”。

非政治所要解决的，就是推翻这种去政治化与神学、技术与价值、虚无主义与合法化之间的结合。我们曾提到过，非政治是代表“之外”（“other” than representation）的事物。更准确说来，它是代表的他者（the other of representation），顽固地矗立在其外部。不过，非政治独特的不可代表性与现代去政治化所理解的非常不同，因为它绝不反对政治。在这个意义上，非政治与曼的“非政治”（nonpolitical）概念相去甚远。它不是站在政治的对立面而可供选择的另一种善。完全相反：它是为了修葺（making good）政治现有的缺陷及其相伴随的“神学式”的重估。非政治是对赋魅（enchantment）的批判，尽管这并不意味着它可化约为简单的祛魅，或漫不经心地归为“后”这样的多神论。它否认与伟大的现代去根化（deracination）有所关联，也不存有任何试图保卫一种新型根基的乌托邦式幻想——相反，它谴责这种尝试。

同样，非政治与无政治或反政治立场毫无共同之处，汉娜·阿伦特作品中所展示的非政治的重要性足以明鉴。介于阿伦特在政治范畴身处险境时还“英勇”地坚定捍卫着它（她的决心与施密特有些不同，但热情度相差无几），将非政治加诸此类学者身上似乎有些奇怪。实际上，如果我只是基于阿伦特晚期的作品，把她划到非政治立场——当然这并不完全正确也不很全面，并不是因为她采用了一种外部视角观察政治。阿伦特一直都严格保持在政治内部，仅留了一种逃逸可能的例外，即她晚期作品中的“居间”（in-between）思想。将阿伦特划为非政治思想家，是因为她渐渐压缩了可供政治利用的空间，一个政治可以被肯定性地辨认出的空间：结果就是，政治是一种根本不可代表的多样性事物（阿伦特认为其起源永远都是多样的，因而政治有着一种多样性或创生性 [natality]）。任何“逻辑–历史的”（logical-historical）、为了代表政治多样性本质的努力实际都等于是对此努力的否定，因为代表最基本的操作就是化约为一（*reductio ad unum*）。在阿伦特看来，正是当代极权主义，最终达成了这一宿命，一个发端于柏拉图式理念论超越–效应（transcendence-effect）的模式。然而，极权主义国家所做的与“资产阶级”国家并无任何不同。相反，两者尽管并不完全一致，但客观上至少却可互补，实际上，极权主义与晚期自由社会的去政治化进程（前者正是起源于后者），与现代性整体在去政治化进程方面有着共同的范畴。

因此，在《人的境况》（*The Human Condition*）中，现代性顺理成章地成为阿伦特批判的首要目标，除此之外还包括各种现代性中的复合体: 技术与决断、意志与代表、中立与神学，在此，阿伦特的态度既非补救式的也非启示录式的。我们同样也需要特别注意讨论革命的文章，围绕着这一轴心，阿伦特的文章开始呈现出更为浓厚的非政治色彩。现代经常被乐观地视为多样性政治（political-as-plurality）（不幸的是，这经常被归到阿伦特名下）的真正家园，但恰恰相反，这种多样性是最严格地被否定的，因为现代性总是要带来一种强制性的统一化（unification）。实际上，阿伦特是将其归为现代政治体制的两极——代表和革命——均有的原初（非偶然）特质。自从霍布斯那里发端以来，现代的代表制就与某种自我规范(autonormative)机制捆绑在一起，即代表者超越于被代表者之上（不是在形而上学层面，而仅仅是一种功能性的）。这产生了两个后果。第一个是主权者的“神圣化”：霍布斯早已赋予了主权者神圣的能力，如解释法律和“创造”政治主体。第二个是社会的去政治化。实际上，任何现代政治体制，主权者只是在“它代表”（*it represents*）的意义上为主权者。但不得不承认，这种代表仅具有一种至高无上（sovereign）

的形式，也就意味着它在纵向上是“神学化”的，而横向上则是去政治化的。它必须采用一种被代表实体（the represented entities）的——人民、民族、国家——化约为一的形式。

这就是为什么诸众（multitude）无法被代表：因为政治代表制只会将杂多性 (multiplicity) 固定在其“意象化”式的统一体上，它不是具体的，而是先验的。革命也是同样的情形（使得阿伦特在讨论革命时渐渐有了明显的失语症）。开始时革命借其本质上的多样性及反代表性远离着统一化的趋势。但最终它又必然会被其自我合法性的需要所背叛，回到了其前现代的词源（旋转 [*revolution*]），回到了一种复辟的范式。革命宿命般地与其“戏剧化”的代表绑定在一起：即使是美国独立战争，这一阿伦特看来对政治 - 神学短路最具抵抗力的革命，也跟其他革命一样在劫难逃。在《论革命》（*On Revolution*）中，阿伦特从历史的角度展示了这一情形，而在最后未完成的三部曲中，阿伦特又从意志悖论的角度阐释了其关键的原理。意志视自由为其形而上的根基，而它自身又是不可预测、偶然随机的，因而其永远都分裂为意愿（willing）和非意愿（not-willing），也正是这种双重性，阻止着意志向政治行动的转化。如果要达成这一目标，只有猛烈压制住界定它的内部冲突，整合在一种比代表制更具强制力的一致化中：迫使意志放下自己，并变成镇压、强迫、支配。这是一个无法解决的问题，在代表和决断的两足鼎立上完美地呈现了出来，直接导致了阿伦特晚期作品中非政治取得了压倒性胜利。两者中的每一个都以它自己的方式否定诸众，而所有不具备诸众多样性的政治形式都会倒向其反面，变成政治化的无形式（politically formless）（技术）或政治化的去形式（politically deformed）（极权主义）。

同样无法解决的情况也萦绕在赫尔曼·布洛赫（Hermann Broch）的“政治小说”中，以至到了“禁止”作出结论的程度。在政治哲学的背景下讨论布洛赫这样的小说家，只有那些完全不熟悉其作品的人才会感到惊讶，因为他有上千页内容都在讨论理论政治问题和历史哲学，尤其是他所有简短且极为政治性的《残篇》（*Kondensat*），而后者正是汉娜·阿伦特介绍并出版的。这本小册子的起点正是阿伦特作品结束的地方（当然不是从时间上来看），我们可以清晰地看到布洛赫从一个彻底的前霍布斯式分析者转向了决然的后霍布斯式人类学家。这一转变的突出特征是，布洛赫认为起源不仅是一种多样性，且首要的是冲突:

不可化约的权力的冲突。

当然，除了霍布斯，这一转变的背后还有一个思想的“铁三角”，它们由三个当代政治哲学中最为触目惊心的文本组成：本雅明的“暴力的批判”（*Critique of Violence*）、弗洛伊德的《图腾与禁忌》（*Totem and Taboo*）以及弗里德里希·尼采的全部作品。（适当的时候，我们会涉及尼采和他对非政治“传统”的独特贡献。）三者都展示了法律与正义的泾渭分明（布洛赫政治神学批判的聚焦点和理据），也都是一个时代失败的遗产（以及作为整体的大写的历史 [History]），这些都在布洛赫的讨论中有所体现。时代的失败，让所有从历史上（或末世论式的）重新整合政治和伦理的工作都失去了可能性。结果就是，政治的内部分裂成两部分（布洛赫更喜欢用“极”），一个是否定的，另一个则是肯定的。一方面，政治在实践层面的效力必须为否定，因为其境况就是在结构上同等地具有（自身的）自由和（对其他人的）奴役。另一方面，政治还有无效力的肯定的一极，它将之视为自身不可呈现性的预设。布洛赫深谙此种纯粹否定的现实与纯粹肯定的理念（Idea）之间的截然对立，这正是其“非政治”视角的立足之处。在此，他毫无逃脱政治的意向。政治自与所谓的现实结合开始，它便宣称“无从逃遁”——实际上，布洛赫认为，非政治家族全都寓于（理所当然地认同）柯塞勒克（Koselleck）的“作为命运的政治”（“politics as destiny”）。不过，对布洛赫而言，避免从伦理层面颂扬政治的企图更加重要。

确实，布洛赫的哲学研究一以贯之的目标是寻求运用一种新康德主义式的历史哲学，重新发掘政治的伦理学基础。由于政治自身内部存在冲突，这项工作失败了，但也正是此种冲突，赋予了作者的小说——从《梦游者》（*The Sleepwalkers*）到《维吉尔之死》（*Death of Virgil*）——最为迷人的色彩。后者中奥古斯都（Augustus）与维吉尔的核心冲突，就是直接质疑政治主流解释的后果，这让我们看到了布洛赫对非政治的理解，乃是一种确定无疑、充满矛盾的“体系化”（systemization）。在文本－形式层面，布洛赫的非政治不仅表现为一种有意设计的矛盾，其语言展示了字词（Word）在话语表述上的否定性（正如所有的政治实践都是其预设理念的堕落）。除此之外，它也涉及一种内在矛盾的目标。布洛赫的非政治立场自身是一种矛盾体——一种本身持唯信仰论（antinomian）的矛盾“构造”——所以其逻辑必须从本身无矛盾的法（*Nomos*）之语言中抽身而退。正是这种矛盾性的逻辑，不仅回答了维吉尔置入的挑战，也解释了最后将《埃涅阿斯纪》(*Aeneid*) 返还奥古斯都时为何会失败。作为一部政治诗，《埃涅阿斯纪》只能属于奥古斯都，因为其中维吉尔所灌注的理念是不会被采纳的。这种理念不会在某种图像中生成：它是专有（*proprium*）与世界拉开的正义距离——全世界——只有某种可化约为自身属性的事物，可从图像中辨识出来。维吉尔的正义并不能辩证地与法（law; *diritto*）相协调。这就是为什么他与奥古斯都的对话中并无任何妥协之处，没有对伦理 - 政治的整合。伦理是政治不可呈现的元素：政治听取伦理的诉求，但只是通过“寂静无声的墙”，而正是这堵墙，关闭了《梦游者》的世界。

埃利亚斯 · 卡内蒂（Elias Canetti）讨论的也正是这堵墙，但比起我们在布洛赫那里看到的，他对其内部界限有着更为强烈的意识。在卡内蒂这里，政治肯定的“一极”——布洛赫认为这是一种无法表达的他异性，但却可视为政治的外部前提 (政治的理念 [its Idea]) ——又可被毫无保留地、彻底地吸纳在其否定的、可显现的一极。卡内蒂的世界中只有权力的维度，囊括了被显现的现实的全部。也正是这种不留余地，让那“为非之物”（which is *not*）的非权力得到了展现：不是从现实的外部，而是从现实的背后，作为其反面或无限在场的阴影。对卡内蒂而言，非政治所寻求的正是这种缺席——非表达、非思考、被遗忘的。这是笼罩着权力的沉默，一道从黑暗的权力历史——或作为历史的权力（因为正是历史准许了屈从于权力的可能）——架构中渗出的光。历史将可能性转译为了现实——转译为权力。对此唯一的现实，历史毫无打断其步伐的可能。就此而言，太一（the One）保留着权力的“神学化”特质：它排除了其他一切无法转化为现实的可能性，获得了与现实有着同等广度的时空。卡内蒂坚信这一点，而乌托邦-解放式的作品对此都缺乏承认的勇气：现实的此种“唯一性”（unicity）可吞噬任何权力的可能替代物。在卡内蒂的作品中，诸如多样性、变形（metamorphosis）或大众（crowd）等术语表面上似乎并不符合太一的政治-神学语式，但恰恰相反，它们均内在于语式之中，被其囊括在内。这是卡内蒂作品中最令人不安的“秘密”：并非如人们所简单认为那样，太一战胜了多、刽子手战胜了受害者、死亡战胜了生命，而是它们在趋向于同一（unification）。不是死亡与生命的对立，而是产生死亡的生命。

至此，我们对非政治的性质可以有更深入地认识。

不管是在罗马-天主教意义的代表（*rappresentazione*）那里，还是现代-霍布斯式的代议（*rappresentanza*）那里，非政治指的都是对政治神学的批判。在后者那里，同非政治直接对立的是所有形式的去政治化，因而，它也只是一种对政治的简单的否定。但是，仅仅认为非政治的立场并非倾向于拒绝政治，这也是不充分的。我们有必要更进一步，从某种立场来看，非政治与政治相重合（正如我们在卡内蒂那里看到的那样，可以说，这种立场就站在政治背后）。我们甚至可以更斩钉截铁地说：从政治最远端的界限看来，非政治就是政治。它是政治的定标（*determination*），从字面意义上来看，它显示了政治的限界（*terms; termini*）[1]——这与整个人际关系的现实重合。

从这个角度来看，自马基雅维利以来，作为非神学化的政治思想，所有的伟大的政治现实主义均为非政治。从克罗齐（Croce）到梅尼克（Meinecke），这一庞大的阐释传统实际都将马基雅维利视为非政治思想家（尽管是无意之举）：假若人是善的，便会存在某种情况，但因为人不是，那么剩下的就只有政治的范畴，这些范畴紧紧地将人们裹

1 意大利语单词 *termini* 除了在英语中“terms”的两个相关的意思外（政治术语和协议的条款），还更加强调时空的端点。——英译本注

挟其中，它们除了政治术语之外不可能是其他东西。也就是说，人们周边环绕的，是一个他们无法成为的他者。在马基雅维利之前，修昔底德（Thucydides）在与希腊人和米洛斯岛人的对话中就昭示了法（*diritto*）（政治的“全部”）和正义（政治的“虚无”[nothing]）之间的关系。卡内蒂必然会青睐那些伟大的否定思想家（霍布斯、德·迈斯特[De Maistre]和尼采），他们用最简单的话语揭示了拉·波埃西（La Boétie）提出的“自愿为奴”（voluntary servitude）之谜，也展示了无解的权力关系问题。没有真正可替代权力的东西，没有反权力的主体，原因很简单，主体已然是由权力构建的。换言之，权力天然就属于主体之维，就此而言，主体唯一的语言就是权力语言。这就是为什么卡内蒂——与其他所有非政治思想家同道，从布洛赫到卡夫卡再到西蒙娜·薇依（薇依的清晰度令人难以置信）——会认为限制权力的唯一途径就是缩减主体。

我们需要进一步澄清两点。首先，这里的“主体”并不是指技术统治时代（准确来看是一种“无主体的进程”）已无法成为主体的个体，而是主体–个体终结后留存的一种抽象的主体性。卡内蒂（还有布洛赫）对这种转化解释得很清楚，他认为强大主体与大众有着相同的特质，而个体是被迫陷入无尽的消费中的个体，个体这种特有的消费冲动在大众这里得到了增殖和强化。第二个需要澄清的是，这些学者提出的主体特有的自我化约（self-reduction）的方式。这并非简单的权力的去权（disempowerment）（一种“弱化”）或“抽空”，而是一种对权力不同的理解。在此，权力认识的关键——后文中虽有论述，但仍需要更深入的详细阐释——不再是“积极”（active）或在“行动”中直接实现。它更是内在于激情、痛苦、忍耐（不能使用概念上更具强制意味的词语——“被动”）之中，与之有所共情。

在我看来，西蒙娜·薇依的“去－创造”（decreation）就隶属这种框架。它指涉的是神圣性，但同时也更加偏向于人，因其涉及主体的自我抹消（self-effacement）。实际上，薇依的观点非常符合极端、激进的政治现实主义，后者认为全世界“存在的只是强力”（there is no force but force）（上文中涉及马基雅维利和修昔底德的内容实际都属于薇依）。这是另一种非政治的阐述公式。问题并不在于拒绝或否定政治范畴——批评者们已多次提及——而是如何去充实。因此，薇依生硬的政治现实主义理所当然地符合其所谓的神秘主义维度（不是赶超或取代它）。薇依的神秘主义本质上就是同一种现实主义：它是一种被政治之所非、和政治之“绝不能”所包裹着的政治存在，因为害怕重新堕落到政治–神学偶像崇拜中。面对这种非存在（nonbeing），薇依借“至高权力的至高权力”（sovereignty of sovereignty）的隐喻指出，必然性就是强力（force）的内部界限。强力可以是任何事物，但其必然的界限就是，它是一切，*也仅此而已*。这种二律背反显示了薇依式非政治的矛盾性。很明显，矛盾的地方并不在于与之贴合的政治范畴，就像一副里外颠倒的手套，而更是其自身的矛盾：它坚持站在自己对立面的外部，但除此之外却又无法成为任何事物；它超越（transcending; trascendimento）事物，而事物的对立面却确立了它的本质（在薇依这里，这种关系偶尔会有滑向超验[transcendence; trascendenza]的危险）。总之，非政治自身作为一种范畴——拥有一种身份，尽管是从反面来划定的，它就是矛盾的。

这基本就是乔治·巴塔耶对薇依的批判，也是我们旅程的终点站，是对作为一种范畴的非政治的分析的最后一部分：非政治作为一种被差异化的同一（identity）的自我否定。为了彻底解决对非政治“否定性的指控”，非政治似乎必须放弃它与政治间的极端差异点，即使政治规定了其边界。薇依预设了一种界限——或类似的预设，而巴塔耶的批判正是起步于此，这也就不是偶然的了。巴塔耶隐秘地推论，界限是分隔的同一（identifies in separating），这必然是一种二元化的概念，也因此最终会趋向于超越（transcendence）。所以，界限肯定会被攻克，或者更准确说来，它会反转，会转向其语义轴的反面：分享（partage; sharing; con-*divisione*）[1]——通过区分建立联系。这产生了两种结果。第一，主体性的断裂，薇依曾自相矛盾地借助其神秘性的"自我消解"来"维护"，因为这种实践是拯救之筹划（project）的"前提"。第二，差异被打造成某种"共同"的东西，在巴塔耶沉迷其中的各种断裂关系——政治与非政治，生命与死亡，内在与超越之间的关系——中，这是最可能完成修补的一种图像。此图像就是不可能之"共同体"。

并不意外，这一"共同体"直接来源于巴塔耶读解尼采时的"共鸣"，也是巴塔耶思考非政治问题的线索——同时也是颠覆（通过回避所有"术语"）。这种对尼采的解读（在雅斯贝尔斯 [Jaspers] 的影响下）使非政治摆脱了

1 埃斯波西托在此所使用的这一标点符号，意在指出"分享"（sharing; condivisione）各要素之间内部的对立和联系，与之（*con*; with）和分（divisione; dividing or splitting）强调的是作为与之分享（sharing-*with*）的分享。——英译本注

二元对立的对称逻辑，认为其起源就鲜明地与其对立一面共在。但也正因为如此，否定现在变成了纯粹的肯定性，不仅可以拒绝超越性(在巴塔耶看来,它必然会涉及某些“被预设”的事物)，同时还可以抛弃神学根基绝对的内在性。关于后者，巴塔耶通过尼采对（科耶夫式的）黑格尔主义进行了清算，同时也批判了薇依的“神秘性”。由此，巴塔耶彻底反转了“历史终结”的含义。这个主题在科耶夫[Kojeve]的著作《黑格尔导读》（*Introduction to the Reading of Hegel*）中首次被提出，并在当时相当多的欧洲文化中被提及（尽管在方式上很少有共同之处）。“历史终结”不是黑格尔意义上的终结时间（concluding time）（至少就巴塔耶所接受的科耶夫的解读来看），而是一个打开了通向主权瞬间的时间，它是迷狂的永恒，也内在地与虚无主义式的权力意志截然对立。

在此，巴塔耶在反黑格尔主义的同时，也拉开了与另一位伟大历史终结论(*finis historiae*)思想家——恩斯特·云格尔(Ernst Jünger)——的距离,他们有着共同的灵感源泉,但两者的联系远不止这些。巴塔耶与海德格尔一样，都认为云格尔的“动员”（mobilization）和“克服”（overcoming）观仍受制于“虚无权力”(power of the void)——而巴塔耶“悲剧的”（tragic）则展示逃脱的可能。但是，巴塔耶与云格尔的分歧并不仅仅在于对作为“亏损意志”（will to lose）的牺牲（献祭，sacrifice）[1]的理解上（他的那些社会学学院[*Collège*][2]的同僚，尤其是米歇尔·莱里斯[Michel Leiris]），使他在虚无主义问题的立场上有些古怪）。同时，他对现代的整体认识，让他——又是非对称性地——站在了拒绝超越一边，但他也绝没有向世俗或一种对世俗化的“中立”（indifferent）认识低头。巴塔耶认为，神圣性的缺失导致了“社会的终结”，也使所有的政治神学都在努力强行重建一种神圣性，首当其冲的便是法西斯主义。

为了回应这种戏剧化的代表形式，巴塔耶提出了某种“不可呈现”之物：极端且确实不可能的“共同体”经验。与另一位社会学学院的组织者（其中也包括巴塔耶和莱里斯）罗杰·凯约瓦（Roger Caillois）不同，巴塔耶的共同体是“不可能的”，因为它离弃了自身的效用（work; *opera*）（共同体因此是“效用的缺席”[absence of work]）。在另一个层面上，它同样也是不可能，即共同体的建构不是通过联

1　“sacrifice”有“牺牲”与“献祭”之义，为表示云格尔和巴塔耶之间理解的不同，在涉及前者时均译为“牺牲”，后者则为“献祭”。——译者注

2　全称为“Collège de Sociologie”，1937—1939年由巴塔耶、莱里斯、克罗索夫斯基等知识分子建立的研究组织。——译者注

结不同的主体，而是将他们一一区分开来，首要的是他们与他们自我的区分：死亡。在巴塔耶看来，共同体无法与死亡相分离。不是因为共同体集体性的本质（hypostasis）可以以某种不死的整体战胜个体的死亡，就像乌托邦式的礼俗社会（*Gemeinschaft*）和康德的“目的王国”（kingdom of ends）那样。相反，因为共同体自身就是朝向死亡的。共同体为其成员们展示的，是他们必死的真相、他们的有限性，尽管他们将永远无法与之认同：另一个人的死亡，我们可能无法产生共鸣。甚至是个体自身的死亡也同样如此，从死亡个体眼中“被剥夺的”目光中就能看到（可以想到，同个体自身死亡的意识共生的不可能）。不过，他们自身无法认识这一真相还有一个更深层的原因，因为“认识”（recognition）辩证法属于主体间性的（交流）领域，而非“分享的”存在，后者正是共同体那种不可能的体验。除此之外，共同体体验的不可能还体现于其彻底的非政治性，它不仅远离着过去共产主义的残垣断壁，也回避着新近个人主义的艰难困苦。这一非政治的共同体已是某种纯粹、绝对的否定，政治（这个词）——共同体——为其作证，同时还高高在上地不断肯定着。

1 政治的界限

历史与决断

在《圣主》(*The Lord*) 的第三章“决断”(“The Decision”)中，罗马诺·瓜尔蒂尼认为基督决断了自身的死亡。死亡临近时，“决断的时刻”也到了——面对诸种危险的信号，耶稣“已经接受了他即将到来的命运。”[1]布尔特曼（Bultmann）与瓜尔蒂尼文章中观点相去甚远，他不仅认为我们不可能“知道耶稣如何理解自己将要死去”（为完整保留宣道 [*Kérygma*] 的特质，使其不会在历史上遭受玷污 [*contaminatio*]），同时也假设存在一种“斗志崩溃”的可能。“他会彻底崩溃”，布尔特曼坚称，“我们不能对这种可能性视而不见。”[2]瓜尔蒂尼决断论式的描述完全与此相反，在此，他（He）既是“被牺牲的”（《罗马书》[Romans

---

1 罗马诺·瓜尔蒂尼，《圣主》(Romano Guardini, *The Lord*, trans. Elinor Castendyk Briefs, South Bend, Ind.: Gateway Editions, 1954, 175, 206)。

2 鲁道夫·布尔特曼，《早期基督教与耶稣历史之间的关系》(Rudolf Bultmann, *Das Verhältnis der Urchristlichen Christusbotschaft zum Historischen Jesus*, Heidelberg: C. Winter, 1960.)，重印于鲁道夫·布尔特曼，《释经》(Rudolf Bultmann, *Exegetica*, Tübingen: Mohr, 1967, 445-469, 452-453)。

8:32]）也是决定“牺牲”的（《加拉太书》[Galatians 1:4]）。[1] 瓜尔蒂尼的基督论（Christology）通篇表露着一种观点：基督不仅仅是决断的发出者；他*就是*决断——决断自身的纯粹原则。

在基督这里，他所要决定的，让他作出决断的，并不是他的教义或工作，而是他的人格（persona）。因此，基督的思考具有前理论性（pretheoretical），即先于任何理论化。正是他的思考产生并建构了理论。他*是*“开端”，而这也是为什么我们无法借助人类心理学的判断从历史语境中“揣测”基督。他决定了他自身的历史，而且本质上是通过其意志来决定的：“他的意志有着强大的力量。它完美地与其自身合二为一，毫无畏惧，时刻准备着应对一切变故，知晓这是一件至关重要的事——为存在之整体作出决断的时刻。它同样也知道，在绝对的意义上，‘时间’到了。”[2]

1　瓜尔蒂尼认为，耶稣既是上帝意志的化身，同时又以“人之子”（Son of Man）的肉身承担了人的罪恶。所以，耶稣既是决定“牺牲”的，同时又是“被牺牲”的。“决断——永生或死亡——就落在耶稣手上：他既是宣告者，同时又是在此面临死亡威胁的拿撒勒的耶稣。世间这一微不足道的时刻，选择拥护抑或反对他，却将决定他们永恒的命运”（Romano Guardini, *The Lord*, trans. Elinor Castendyk Briefs, South Bend, Ind.: Gateway Editions, 1982, 209）。——译者注

2　罗马诺 · 瓜尔蒂尼，《基督的人性：一种对耶稣心理的影响》（Romano Guardini, *The Humanity of Christ: Contributions to a Psychology of Jesus*, trans. Ronald Walls, London: Burns & Oates, 1964, 38）。

因此，基督是决断，这里有两层含义，他让其实现，他自己建构了它。但是，我们不能将其视为某种对基督实在的简单的同一化处理——与瓜尔蒂尼的论点相去甚远。实际上，基督决断的绝对性无法消解基督二元性和矛盾性所造就的纯然对立。相反，这种冲突本身打造了一种绝对的决断。但是，瓜尔蒂尼并未涉及基督完全人性化的论调（自由主义神学 [Liberal theology] 典型论点），而他也同样与那种对立但却有所补充的基督彻底神圣化的观点保持着距离。同一时期的卡尔·亚当（Karl Adam）（可能是与瓜尔蒂尼最近的德国天主教神学家）认为，道成肉身的神话（Mystery of the Incarnation）与上帝现实为人休戚相关。[1] 基督知道上帝遥不可及，所以才会在那个时刻用完全放弃了的语调向他祈祷（“我的上帝，我的上帝，你为什么离弃了我？”）.

决断源自此种距离，源自此种二元性。因此，它得以出现，不在于“尽管存在矛盾”，而恰是因为矛盾，这一基督本身固有的矛盾，同时也是对立最为恰当的表现。没有矛盾，没有对立，没有双极性（*bipolarity*）——这是最

1 卡尔·亚当，《信仰中的基督：教会的基督论》（Karl Adam, *The Christ of Faith: The Christology of the Church*, trans. Joyce Crick, New York: New American Library, 1957）。

能概括瓜尔蒂尼哲学特质的词语——决断就不会是这样的决断。它会在某种单一、被注定的命运中变得无力，失去了自由所带来的基本张力。它也因此无法做出其他极为冷漠的决断，一些尽管冷漠，但对于这种两极关系而言却依然合理的决断。实际上，在瓜尔蒂尼的世界中，基督的十字架，他的决断，恰好就处在上帝决断和人之决断的正中间。两者构成了一种非对称的关系。上帝的决断是原初而绝对的；人之决断则是派生和有缺的。但两者都完全自由，且一方的自由都以对方的自由为原因。

瓜尔蒂尼的神学中有一点最受人诟病，以至于连“他的”巴尔塔萨（Balthasar）都要为其蒙上块遮羞布（如果不是明确摆出来讨论的话）。[1]这是《圣主》同一章中表达的观点，他认为人之决断是在反对耶稣，却在耶稣的死亡中得到了救赎，因而救赎并非必然的。瓜尔蒂尼认为，这种“不”也可为“是”，并且伴随着对于基督和人而言都有所意味的一切。在巴尔塔萨看来，这只是一个可以忽略或过滤掉的小细节，不会对整个“体系”造成任何影响，因为其展现的仍是“体系”固有的无体系性（unsystematic

1 汉斯·乌尔斯·冯·巴尔塔萨，《罗马诺·瓜尔蒂尼：从源头改革》(Hans Urs von Balthasar, *Romano Guardini: Reform from the Source*, trans. Albert K. Wimmer and D. C. Schindler, San Francisco: Ignatius Press, 2010, 95)。

nature）。这是孔洞（aperture），消逝的一个点，不仅粘结着“体系”，同时还将其鲜明地铭刻在了天主教神学的极限之处。决断和矛盾。决断源于矛盾。两极的每一方，包括其决断，与另一方之间并不是此消彼长的关系，而是会相互增强。人之决断的自由提升了上帝决断的自由，“因为人之存在的设计不仅得益于神圣的创造和慷慨大方、包囊一切的行为，同时还依赖于人之决断——因为上帝的全知全能，正是由个体选择接受或拒绝他的自由而被加冕的……它让人之存在充满了诸种可怕的可能性，但同时也保证了其庄重和尊严。上帝不会让我们卸掉这一自由的重负。为了可以存在，他必须缩减自身的权力，因为他是作为全知全能的一（the Omnipotent One）来到世上，拒绝他是不可能的。”[1]

瓜尔蒂尼由此在其作品的最后一章“时间和永恒”（“Time and Eternity”）中提出了他的历史观。这是针对基督的“不”——不该发生的，反而发生的——历史注定是潜在的人类拯救之处。需要指出的是，如果可能发生的实际发生了（如果“是”胜过了“不”），历史便再无必要为不可能，但这种历史本会成为被某种实际已经发生的

1　瓜尔蒂尼，《圣主》（Guardini, *The Lord*, 212）。

完满之确定性所驯服、激发、永恒化的历史。它本会甫一打开就被大量正确的决断关闭，因此也避免了新决断带来的风险。进而，历史也不会每时每刻都依赖于这些决断的出现。正是这种对基督的“不”，在不断的决断中影响着历史，将历史变成了一个决断的历史：“最初无限的可能性已逝。拯救现与牺牲合二为一。因而上帝之国并未如期在开放的历史革命化的（history-revolutionizing）完满中来临；它悬置于处在来临的过程中时间之尽头——接受或拒绝，发展或衰退，都取决于个体或群体在各个世界历史阶段的反应。”[1]

这一重要的决断 - 历史关系影响了传统的天主教历史观，同时也令两个概念中的一个陷入了谜团：决断自身。历史的维度给决断带来了什么，什么强力 (force)？尽管早期在其关于历史的理论论述中，瓜尔蒂尼与某种神学连续统一体（*continuum*）的观念（作为救赎的线型历史的神学）保持着距离，但他又不同于卡尔·巴特和布尔特曼的反历史（antihistoricity）。他们对决断的理解并非来自某种历史发展观，决断之所以有意义，恰恰是由于历史发展的断裂。他们的决断与权力、责任抑或治理无关，而是根除、分解

1 同上，211。

和脱离。总之，这是一种激进的非政治。因此，决断可以——或必须——打破瓜尔蒂尼的两极化，并且彻底将人与上帝、自然与神恩（Grace）、时间与永恒分隔开。它必须将这些对立复合体（*complexio oppositorum*）关系分解为某种纯粹的他异性。

瓜尔蒂尼式天主教内在的政治意图（*intentio*）与此截然相反，它认为巴特决断观中的绝对有神论只是现代无神论的翻版。两极都是割裂的，且最终结果都一样：人与上帝的分离——尽管原因相反。在绝对有神论中，上帝从人那里得到了解放，而在无神论中，人从上帝那里得到了解放。[1]陀思妥耶夫斯基的宗教大法官（the Grand Inquisitor）的故事恰是其交叉之处，这在瓜尔蒂尼的独特解读中有了充分的展现。瓜尔蒂尼认为这种现代无神论与克尔凯郭尔-巴特式有神论的相遇，并且找到了另一个自己。在此，宗教大法官的变形体现了基督形象的变形，他不再是决断的基督（实际上，陀思妥耶夫斯基就是将他描绘成一个难以决断的人），因为他不再是矛盾的基督，不是上帝和人的基督。选择上帝，基督就背弃了世界。但背弃了世界，他

1 参见罗马诺·瓜尔蒂尼，《基督教的区别：研究集，1923-1963》（Romano Guardini, *Unterscheidung des Christlichen: Gesammelte Studien,1923-1963*, ed. Hans Waltmann, Mainz: Matthias-Grünewald-Verlag, 1963, 334-335）。

同时也就失去了上帝。这是一个关闭了外部的基督（尽管这也是他的一部分），“一个完全为其自身存在的基督。他不是从天父那里来到世界,也不会从世界这里走向天父,”因此他不知道——他也拒绝——“人之栖居以及他日常存在的中间地带。”[1]这不是某种绝对的尊贵之地，但也正是由于这个原因，它成为一个“实践行动的领域”“存在的工厂”“所有核心价值观的载体”。总之，这是一个决断实现效力和权力的场所，它在此与世界相遇，管理着它。也正是在这里，基督教式的决断邂逅了政治：“在此，理念转化成了强力,冲动变成了体制,意图转换为条例和法律。个体要为其行为负责，要接受后果，面对现实。”[2]

当然，我们不应认为，在当时本质主义（essentialist）和生机论（vitalist）文化的影响下，瓜尔蒂尼坚定的决断主义论述背弃了早已不受“形式”约束（不管是理解为“理念”还是“体制”）的相对主义-主观主义和直觉主义-非理性主义立场。“一战”后兴起于德国的天主教运动都是在重塑体制与理念、主体性与真理、决断和权威之间的联系。我指的就是以《高原》杂志（*Hochland*）（卡

1 罗马诺·瓜尔蒂尼,《陀思妥耶夫斯基作品中的宗教形象》(Romano Guardini, *Religiöse Gestalten in Dostojewskis Werk*, Leipzig: Hegner, 1939, 164, 162)。

2 同上。

尔·穆特 [Karl Muth] 主编，还有像赫尔曼·谢尔 [Hermann Schell]、舍勒 [Scheler]、卡尔·亚当 [Karl Adam] 以及瓜尔蒂尼这样有名望的人物）为阵地的所谓的天主教复兴（*renouveau*）（借用彼得·乌斯特 [Peter Wust] 的名言，“流放归来”），其目标就是打破长久以来新教的文化霸权。[1] 如果不参考当时各位思想家和神学家组成的密集影响网络，我们在研究瓜尔蒂尼的作品时就不仅会忽略其背景，同时也遗漏了其绝大部分意义（发端于马克斯·舍勒，包括 J. 黑森 [J. Hessen]、B. 罗森墨勒 [B. Rosenmöller]、R. 施耐德 [R. Schneider]、F. 蒂尔曼 [F. Tillmann]、K. 埃施韦勒 [K. Eschweiler]，尤其是提奥多·黑克尔 [Theodor Haecker] 和彼得·乌斯特）。

毫无疑问这些作者有着殊途同归的主题：*爱与法*（借用彼得·利珀特 [Peter Lippert] 的书名）或*真理与生命*（借用黑克尔的书名）之间的纽带。[2] 在此，生命从新康德式

---

1 复兴（*renouveau*），托米森的用语。皮耶·托米森，《卡尔·施密特与 1920 年代德国天主教的‘复兴’》，载于《历史与政治》（Piet Tommissen, “Carl Schmitt e il ‘Renouveau’ cattolico nella Germania degli anni venti”, *Storia e Politica* 14, no. 4, 1975: 481-500）。参见乌斯特，《流放归来》，载于《科隆人民报》（Wust, “Die Rückkehr aus dem Exil”, *Kölnische Volkszeitung*, May 1924），收于彼得·乌斯特，《构成与思想 / 流放归来》（Peter Wust, *Gestalten und Gedanken/Die Rückkehr aus dem Exil*, Munster: Regensberg, 1965）。

2 彼得·利珀特，《法和爱》（Peter Lippert, *Vom Gesetz und von der Liebe*, Munich: Verlag “Ars sacra”, J. Müller, 1932）；提奥多·黑克尔，《真理与生命：演讲录》（Theodor Haecker, *Wahrheit und Leben: Ein Vortrag*, Hellerau: Hegner, 1930）。

抽象的形式主义框架中解放了出来，它要经历的只是真理（Truth）各种各样的同化(assimilation)过程。但这些作者并没有涉及任何理性主义预设，即生命的非物质性（*inoggettività*）——以及对客观与存在、形式与经验、真理与决断的清晰划分：从另一个角度来看，这种划分同样也是直觉主义式的，的确也是非理性主义的。从生命的多极性（multipolarity）出发，决断可达致真理——它必须达致真理,正如多极性可以且必会在决断的真理中得到整合。同一与差异、形式与决断，或“权威与自由”（想起了一本已成典范之作的书的名字）[1]之间任何线型的或截然对立的辩证法都会因此而断裂。权威——真理（*veritas*）、理念和体制的权威——不是精神自治的反面，而是其保障，是其更深层意义的自由。

1921年，瓜尔蒂尼投身在了青年前线和礼仪运动（liturgical movement）（《论礼拜仪式的精神》[*The Spirit of the Liturgy*]，于1917年出版），并对马克斯·邦迪（Max Bondy）当年发表于《持盾人》（*Die Schildgenossen*）的文章作出了回应。[2]邦迪坚持称，青年运动需要摆脱错误的客

1　在此，我指的是弗里德里希·威廉·福斯特，《权威与自由：对教会文化问题的反思》（Friedrich Wilhelm Förster, *Autorität und Freiheit: Betrachtungen zum Kulturproblem der Kirche*, Munich: J. Kosel, 1910）。

2　马克斯·邦迪，《青年运动与天主教》，载于《持盾人》（Max Bondy, “Jugendbewegung und Katholizismus”, *Die Schildgenossen* 2, no. 2, 1921: 96-110, 97）。

观真理，转而将真理视为某种功能，可在历史中不断调节自我。因此，权威应当视为一种可以附着于任何被预设了的目标的能力，由此作为一种纯粹假设性的价值。瓜尔蒂尼的回应非常直接：“权威有着一种不受任何具体目标约束的价值。”它自在自为地（in and for itself）维持自身，且知晓自身的目的。”[1]权威的生死掌控在其自身真理的手中。这一主张的重要性，我们在其多年后的著作《关爱人类》（*Sorge um den Menschen*）中的一篇文章中才能认识到，这篇文章重复并发展了隐含在瓜尔蒂尼回应邦迪中的推理路线。文章名——《无神论和权威的可能》（*Atheism and the Possibility of Authority*）——就直白地展现了其论点：无神论排除了权威的任何可能。这一排除源自权威的“本质”，瓜尔蒂尼在该书的第一部分就对其作出了界定。概而言之，它涉及的是“必然参与到被约束之人的内在主动性中”[2]但与此同时也尊重其私人的自由，不过，只有当约束行为的目的在内在道德层面为善的时候，这种说法才能成立。

但仅仅这些因素（纽带、自由和良好意愿）并不足以定义权威，因为还缺乏另一个更为基本的要素：具体性或

1 罗马诺·瓜尔蒂尼，《天主教与青年运动》，载于《持盾人》（Romano Guardini, “Katholische Religion und Jugendbewegung”, *Die Schildgenossen* 2, no. 2, 1921: 96-110, 97）。

2 罗马诺·瓜尔蒂尼，《关爱人类》（Romano Guardini, *Sorge um den Menschen*, Würzburg: Werkbund Verlag, 1962, 88）。

经验现实。因此，要有权威，就必须有一个具体的人来代表权威。这是瓜尔蒂尼分析中最为重要的一点，它由此将权力的概念与代表的概念紧密联系在了一起。代表是权威的“本质”所在。权威当且仅当由这样一个人代表时才为权威：“当需要它的场合是具体的人类现实时；当它在作为一个个体或一个机构在历史中可见时。”[1] 现在瓜尔蒂尼的注意力完全集中在“历史”“可见性”“人”（person）这三个相互交织的术语上。综合此三者：权威需要一个可见的人，一个可在历史上代表它的人。这里我们几乎可以得到一个权威的定义,但仍缺少一个可充分阐明它的要素，一个可让我们把握其概念“本质”的要素。为理解这一点，我们必须举两个例子（*exempla*），它们可真实无误地反映出瓜尔蒂尼概念中的政治意味：父亲(parent)和国家(State)。这两种法人（juridical persons）共同所行使的，或者说所代表的权威是什么？实际上——这也将瓜尔蒂尼的论述局限在了一神论的视角——这两者都指涉着某种超越了权威运作中主客两分的东西。更准确地说，它“高于”它们：父亲和国家都“代表‘高于’（权威主体）的实例，上帝由此出席，成为绝对的生命之主（*auctor vitae*）。”[2]

1 同上，91。

2 同上，93。

事实上，父亲（*pater*）和国家均来自君王（*rex*）这一理念，在瓜尔蒂尼的解释中，后者有着鲜明的政治神学色彩，不仅是“国家元首（就像今天人们所理解的那样），也是神圣之子，尤其受到神性的启示和保护——他是连接大地与圣主及其象征符号的要素：王冠、权杖、帝王披风都表现了这一点。”[1]所以在现代世俗化中，不仅国家没有失去起初国王概念特有的神学元素，同时也紧密地与人格-神圣的认识联系在一起，这正是其真正权威的来源：“国家也代表神圣的主权。在最终的情景中，正是由于这种代表，人们才承认国家拥有管理公民生活的权威。同样，归根结底，这种宗教式的配价（valency）使法律在个人的有利地位或惩罚之外对良心有所影响。”[2]这是完成权威拼图的一块。瓜尔蒂尼权威的“本质”最终可分为两部分：代表在历史上的具体体现，作为其代表之根基而运作的“理念”的纵向超越。它们的结合，或用更好的说法——语义-概念上的交叉，表达了权威的本质及其亲密的政治核心。这些元素同样也出现在了同一时期另一位反思过政治本质的学者那里，他用某种非凡的方式将它们组合在了一起，

1 同上，94。

2 同上，94-95。

这就不足为奇了。

反罗马的影响

在谈论这位作者之前——他的名字现在已很明显了（尽管基于意识形态的原因，他理所当然地没有出现在瓜尔蒂尼的作品中）——我们之后会重新审视一下那个德国天主教活跃的时代。这个时期的大师们特别享受桎梏突然的消失，和对文化贫民窟的逃离，这个直到当时都还一直都充斥着“脱离罗马”（*los von Rom*）的古老回音的地方。荷夫勒（Hefele）的《德国天主教》（*Katholizismus in Deutschland*）、赫尔曼·普拉兹（Hermann Platz）的《现代法国的精神之战》（*Geistige Kämpfe im modernen Frankreich*）、本笃会修道院院长伊尔德方·赫伟根（Ildefons Herwegen）的《教会和灵魂》（*Kirche und Seele*）以及《欧洲》（*Abendland*）杂志首年的文章中充斥着激情洋溢的文字，我们只需瞥一眼就能看到古老创伤的痕迹和风雨欲来的迹象。[1]

1　赫尔曼·荷夫勒，《德国天主教》（Herman Hefde, *Der Katholizismus in Deutschland*, Darmstadt: O. Reichl, 1919）；赫尔曼·普拉兹，《现代法国的精神之战》（Hermann Platz, *Geistige Kämpfe im Modernen Frankreich*, Munich: J. Kosel & F. Pustet, 1922）；伊尔德方·赫伟根，《教会和灵魂：中世纪灵魂的神秘崇拜及变迁》（Ildefons Herwegen, *Kirche und Seele: Die Seelenhaltung des Mysterienkultes und ihr Wandel im Mittelalter*, Münster in Westfal: Aschendorff, 1928）。

格奥尔格·莫尼乌斯（Georg Moenius）（《一般展望》[*Allgemeine Rundschau*] 杂志的编辑。杂志于 1933 年停刊。他也是《意大利见闻》[*Italienische Reise*] 的作者）[1] 的这段文字最为清晰地揭示这一点，摘自其翻译的马西斯（Massis）的《为西方辩护》（*Defence of the West*）：

> 这场反罗马叛乱的历史没有记录。它从潜意识变成了一种清晰的意志；从压抑的本能转化为一种可被充分感受到的情感。我们可在德国瞬息万变的历史进程中感受到它。在知识领域，这种态度意味着要牺牲坚定的原则和明确的准则；在伦理领域，它意味着从法律和他治中解放；在宗教领域，它意味着从自主和体制中脱离。[2]

如前所述，重提秩序、客观性、纪律——所有一切带着罗马符号，有着一种重生的神话力量的元素——其主旨并非是在简单地拒绝一种作为流动和生成之域的生命性，而是要置入带着确定形式和体制的不可回避的辩证法中。“生命的力量需要约束，而非释放，”莫尼乌斯总结道，

1 格奥尔格·莫尼乌斯，《意大利旅行》（Georg Moenius, *Italienische Reise*, Freiburg im Breisgau: Herder, 1925）。

2 参见格奥尔格·莫尼乌斯为亨利·马西斯《为西方辩护》（Henri Massis, *Verteidigung des Abendlandes*, trans. Georg Moenius, Hellerau: Jakob Hegner, 1930, 11-12）所写的序言。

这与约翰·彼得·史蒂芬斯（Johann Peter Steffes）同一时期的主张不谋而合。[1]“否则，生命就会自杀；所有生命力的张扬都会变成自杀。生命必须服从秩序化理性的引导；否则它就只会带来失序和混乱。”[2]迫切地将生命形式化，迫切地从其矛盾的冲动中得到某种单一的代表秩序，都冠之了*反罗马的影响*（*antirömischen Affektes*）的名号，效应不可谓不深远。尽管这一表述是莫尼乌斯从荷夫勒《罗马现实》（“Die römische Wirklichkeit”）一文中得出的（莫尼乌斯论证的具体依据），但事实上，这两位作者都取自别处：卡尔·施密特的《罗马天主教与政治形式》，我之前就已引述过。[3]

1　约翰·彼得·史蒂芬斯，《现代的国家概念：基于时间的文化哲学观念》（Johann Peter Steffes, *Die Staatsauffassung der Moderne: Auf der Grundlage der Kulturphilosophischen Zeitidee*, Freiburg: Herder, 1925, 4-5）。“每一种生命，尤其是自由精神生命，都需要塑造和教育，以保持和发展自身。这只能通过有目的地对构成生命内容和物质的所有基本元素加以组织才可实现。然而，这些东西绝不是只存在于主体之内，存在于活着的存在之内。事实上，生命——即使是在其最低层次的表现形式中，如蔬菜和感官——也在于主体和客体之间、活着的存在和环境之间的力量交换。生命通过给予和索取来维持自己；只要它处在整个生命的激流中，处于适宜其物种的境况下。可以说，每一种生命都是普遍与特殊的力量的总和。一个单独生命只能存在于整体生命的广泛联结中。隔离、区分都不是生命；它们是死亡。”

2　马西斯，《为西方辩护》（Massis, *Verteidigung des Abendlandes*, 37）。

3　赫尔曼·荷夫勒，《罗马现实》，载于《德国教会与文化的重聚》（Herman Hefele, “Die römische Wirklichkeit”, *Wiederbegegnung von Kirche und Kultur in Deutschland*, ed. Max Ettlinger, Philipp Funk, and Friedrich Fuchs, Munich: Kosel & Pustet, 1927, 195-206）；马西斯，《为西方辩护》，18。马西斯参考的正是施密特著作的开篇语：“有一种反罗马情绪，从中滋生了反对教皇制度、耶稣会主义和教权主义的斗争。这场斗争集结了多种宗教和政治势力，几个世纪以来一直在推动着欧洲历史的进程。”卡尔·施密特，《罗马天主教与政治形式》（*Roman Catholicism and Political Form*, trans. G. L. Ulmen, Westport, Conn.: Greenwood Press, 1996）。

我们最好在一个更为广阔的理论背景下审视施密特所谓的“反罗马情绪”（anti-Roman temper），它基本属于我们一直在思索的主题，其细节也与瓜尔蒂尼的观点非常相似。施密特的论述涉及了陀思妥耶夫斯基的宗教大法官（若干年后瓜尔蒂尼在他研究陀思妥耶夫斯基的书中用完全相同的术语讨论了这一问题），其中要求从至善和权力的对立中抽离（“拒绝一切世间的权力”）；从“难以理解的罗马天主教政治权力中退出，抛弃其带给批评者们的强烈的厌恶感。[1]施密特在此提出了著名的“对立复合体”（*complexio oppositorum*）概念：“似乎没有任何对立因素不为它 [罗马教会] 所容。”[2]因此，不管是认为复合体是单向的，还是认为可通过某种综合体将之驯顺，都是误导性的。仔细看来，这两种错误是相互对称的，因为两者都基于一种现代盛行的二元论的绝对版本——或内在论（immanentism）的绝对版本，都一样。

天主教的复合体恰与这种对立向综合体的转化相反，也反对此种对立的非决定性的整合（这是时代精神的体现）。“[复合体] 既不属于对立的绝望，也不是其综合体

1 同上，32，3。
2 同上，7。

的盲目乐观。”[1]因此，将复合体化约为技术在精神层面的对立，或将其视为一种对浪漫主义和非理性主义神话的简单的辩护，以期对抗现代的理性化，都是错误的。两者都忽略了一个事实，即天主教神学蕴含着一个鲜明的司法逻辑。韦伯实际已经明确指出，罗马的司法理性主义深藏在这种神学之中——这正是司祭功能得以普遍化的途径，即它完全不依托于纯粹的个人魅力。然而，这并不意味着——这一点必须重点强调，因为施密特观点的核心之处正是由此而来——当司祭的功能普遍化时，执行这一功能的个人要素（*personal* element）就消失了。如果是这样的话，如果天主教还坚持其古典司法逻辑及其法条（*legge*），复合体（*complexio*）的政治权力就会衰减。但事实并非如此，因为天主教的司法逻辑是一种极具代表性的逻辑：“在采取法律形式的能力中……有着它的一个社会学秘密。但它有权采用这种或其他各种形式，这只是因为它有代表的能力。”[2]

这种对代表的强调（想起它在瓜尔蒂尼的权威概念中的位置）有两个特征。第一个是人格的（personal）：教会拥有权威，是因为其司法结构可由司祭（sacerdote）这一

1 同上，11。

2 同上，18-19。

具体的人格来代表，反过来，司祭通过一串无限的中介，代表了基督的人格（the person of Christ）。这为教会赋予了一种特殊的权力和权威，在实践中意味着有能力创造新法（*diritto*）。世俗的法学必须自我限制，以确认或仅仅适应现行法律（the law in force），罗马教会可以对其加以更新。这就是施密特分析的症结所在：罗马复合体的权力基于这样的一种逻辑，即它所代表的司法结构预设有不成文的（alogo）决断时刻，教皇个人的权威就是其体现，且可通过各个司祭本人传递下去。[1]

这只是代表的第一个维度：从高到最低，基督决断的权力沿着其下降的方向传到最低级的僧侣。不过，我们必须将其放在与代表另一层面的互补关系中去理解，即上升方向，从低处向上：从司祭到基督，从权力到权威，从决断到理念（idea）。正是这种复杂性，充分体现了天主教代表的两极化本质，与非代表思想（nonrepresentative thought）的单线性结构完全相反。它考虑的不仅是决断，而且还有决断要基于理念的事实（reality）："仅靠单纯的掌握权力技术，任何政治体系甚至都延续不了一代。政治

1　参见卡尔·施密特，《政治的神学：主权学说四论》（Carl Schmitt, *Political Theology: Four Chapters on the Concept of Sovereignty*, trans. George Schwab, Cambridge, Mass.: MIT Press, 1985）。

要拥有理念，因为没有权威就没有政治，但没有信仰之声就没有权威。”[1] 只要理念存在，只要权力与权威、个人与体制、决断与真理之间稳定的两极坚不可摧，罗马教会的权力就生生不息。同时，其中也蕴含着政治的本质。

瓜尔蒂尼探讨这一问题的视角完全一致。但其研究的方式有所不同，侧重点也不同，使得他最终得出了不同的结论，这也掩盖了另一个事实——直到现在还未引起重视——瓜尔蒂尼的《论天主教世界观的本质》（*Vom Wesen Katholischer Weltanschauung*）在语义、类别上，或者我们可以说是“在拓扑结构上”，与施密特的《罗马天主教与政治形式》相近，两书也都在同年出版。[2] 这本著作出版后，瓜尔蒂尼在科莫湖（Lake Como）写的一封信中表达了对施密特作品的喜爱，赞赏之情溢于言表（鉴于瓜尔蒂尼通常对同时代的作家和作品都保持着沉默，这种赞赏就显得尤为重要了）。[3] 在施密特这里，罗马教会的代表秩序

---

1 施密特，《罗马天主教与政治形式》（Schmitt, *Roman Catholicism and Political Form*, 17）。

2 罗马诺·瓜尔蒂尼，《论天主教世界观的本质》，载于《基督教的不同》（Romano Guardini, “Vom Wesen Katholischer Weltanschauung”, now in *Unterscheidung des Christlichen*, 13-33）。

3 罗马诺·瓜尔蒂尼，《科莫湖来信：对技术和人类的探索》（Romano Guardini, *Explorations in Technology and the Human Race*, trans. Geoffrey William Bromiley, Grand Rapids, Mich.: W. B. Eerdmans, 1994, 10, second letter）。“在那本关于罗马天主教的精彩著作（我是在旅行中读到的）中，卡尔·施密特准确地捕捉到了对遥不可及自然的渴望的特质，它本身是一种文化的产物，而这种文化就源自存在的过度人工化。”

（*ordo*）被赋予了一种独特的“几何式”进程：横向上有着大肆拓展、千变万化的延伸，纵向上注重并受制于决断的绝对（对整体现实的“关怀”），但同时也警惕着丧失独特性、特殊性的可能。同样的配置也出现在瓜尔蒂尼式世界观（Weltanschauung）的定义中。世界观是“以某种特定方式朝向事物整体的一种意识运动，”但是，为了具体有效地实现这一目标，它还必须抛弃简单的知识机制，代之以某种通过真正的凝视所形成的印象：“世界观是世界与人的相遇，一种面对面的相遇，不过，这一切都只是形成于眼中。”[1]

我们不能忽视瓜尔蒂尼赋予视觉语义的这项功能（完全认同施密特在“教会的可见性”[The Visibility of the Church] 中提出的代表的基督论 [representational Christology]）：它决定并塑造了决断。“看”，他在我们开始时提到的《圣主》中写道，“不仅仅是漠然地反映（就像对镜子对前面事物的反映）。它是直接影响我们生活的一个重要过程。看，感知（perceive），意思是将其接纳入自身，屈从于事物的影响，把自己放在它们的掌控之中。”[2] 穿透

1 瓜尔蒂尼，《基督教的不同》(Guardini, Unterscheidung des Christlichen, 14, 19)。

2 瓜尔蒂尼，《圣主》(Guardini, *The Lord*, 156)。

世界，同时也被世界穿透。认知，同时采取一种立场，并决定知识的对象。但正是因为如此，因为世界观的目光穿透了世界，它同时也与其拉开了距离。事物被穿透，并保持着距离，这使我们避免受制于其直接力量的影响。由此，世界观使这种力量成了它自己的力量，从上至下支配着它。为此，仅仅处于世界外部（*outside*）是不够的；我们需要站在世界之上（*above*）。只有在这样的优势下，我们才能塑造一个可靠的观点，打造可靠的知识。这就是基督所处的位置。“他与世界‘不同’；他从‘高处而来’。由此，他对世界提出了质疑，迫使它显露自身。他是伟大的揭示者，世界借其展现了真实的面目。”[1] 基督抓住了世界的本质核心，同时也抓住了每一个它的无限多的视角。他既可以观察到每一个局部，同时又能审视到整体。他知道，他决断。世界观的目光就是他的目光。只有那些以基督的目光来看的人才“有力量面对具体的现实和命运。”[2]

这种“力量”就是罗马的权力。它的教会“是基督凝视世界的神圣目光的历史承载者。”[3] 因此，作为对施密特复合体的回应，“没有［具体的］天主教类型……天主教

1 瓜尔蒂尼，《基督教的不同》（Guardini, *Unterscheidung des Christlichen*, 23-24）。

2 同上，24。

3 同上，31。

所有内容、所有领域、所有对具体生命中的介入，都完全依附于超自然启示（Supernatural Revelation）。它包含了所有类型的可能性，就像它包含了生命本身一样。”[1]在后纽曼天主教护教学（post-Newman Catholic apologetics）中，这是一个常见的主题，[2]但在瓜尔蒂尼这里，它的重要意义发挥到了极致。正是这种与生命的关系，使罗马教会的权力拥有了活力—— 一种活着，一直活着的权力，因为它遇到了生命。它这样做，并不是通过漠然地吸收一些简单被动、可用的东西，而是致力于方向。[3]它在它的真理之中（in），并从真理的方向出发（from）来审视生命：“形式上，天主教立场由各种不同的视角组成——心理学、民族学和文化的——由一个根本、普遍的立场整合在一起。”[4]“这是

1 同上，30。

2 例如，参见阿道夫·冯·哈尔纳克，《神学院的任务和宗教通史》（Adolf von Harnack, *Die Aufgabe der Theologischen Facultäiten und die Allgemeine Religionsgeschichte*, Giessen: T. Ricker, 1901）；彼得·利珀特，《天主教的世界观》（Peter Lippert, *Die Weltanschauung des Katholizismus*, Leipzig: Verlag Emmanuel Reinicke, 1927）；弗里德里希·海勒尔，《天主教：它的思想与形象》（Friedrich Heiler, *Der Katholizismus: Seine Idee und Seine Erscheinung*, Munich: E. Reinhardt, 1923）；卡尔·亚当，《天主教的精神》（Karl Adam, *The Spirit of Catholicism*, trans. Dom Justin McCann, London: Sheed & Ward, 1969）。

3 罗马天主教直接“来自高处”，埃里希·普里兹瓦拉（Erich Przywara）同样也强调这一点，“罗马天主教——所有基督教的普世主义”，见于《世界的上帝：K. 拉纳的献礼》（Erich Przywara, “Römische Katholizität——all-Christliche Ökumenizität”, in *Gott in Welt. Festgabe für K. Rahner*, ed. Johannes Baptis Metz et al. Freibur: Herder 1964, 524-528）。

4 瓜尔蒂尼，《基督教的不同》（Guardini, *Unterscheidung des Christlichen*, 31）。

最高级的世界观，因为它“从高处”观察、理解并决定着这个多极变动的世界的无限多样性。最后，在瓜尔蒂尼的教会这里，铭刻在施密特《罗马天主教与政治形式》纸面上的垂直交叉的形象——十字架形象——得到了最清晰的阐述：

> 这种普遍性（universality）有两个方面：一是广泛性，二是集中性。通过第一种力量，教会拥有了宽广的视野，拥抱时代，包容着人类形态和差异的并存。这样可以确保教会拓展得越来越广，永恒如新的价值观深入其中：这是福音派关于芥菜籽的寓言。借助第二种力量，教会可以投入任何上帝每天因势要求它做的工作、行为或决断中；但它保持着灵活性，保持着它的整体存在，它可从那里转向永恒如新的决断。[1]

岛屿与大陆

这就是简单凝练的《本质》（*Vom Wesen*）的结论，包含在其中的，是一把诠释瓜尔蒂尼整个研究的钥匙。我们一直在努力澄清罗马教会所占据的场域（*topos*），及其在极端对立中维持决断的特定工作，从而产生了源于对立

1 同上。

张力的“伟大决断”（Grand decision）。正是这种“不可能”的组合——对立和决断——催生了无法言说的政治权力。

我们已经看到，这不是某种同生命绝对异质的关系的产物，而是明显依附于生命的完全具体的事物。这种共存元素之间永恒的对立正是生命自身在根本（不是临时）政治维度中的结构。这就是瓜尔蒂尼尝试在作品中展现生命“体系”的方式，也决定了其所有作品在哲学方面的上限：“对立”（Der Gegensatz）。[1] 这个体系及其影响的相关研究已有很多，尤其是在起源方面（从柏拉图到波那文都 [Bonaventura]、库萨的尼古拉斯 [Nicholas of Cusa] 和同时期的穆尔尼埃 [Mournier][2]、普里兹瓦拉 [Przywara][3]、亚当 [Adam][4]、鲁比克赛克 [Roubiczek][5]，在新教那里还有布伦

---

1 罗马诺·瓜尔蒂尼，《对立：尝试一种鲜活具体的哲学》（Romano Guardini, *Der Gegensatz: Versuche zu einer Philosophie des Lebendig Konkreten*, Mainz: Matthias-Grünewald-Verlag, 1955）。其中理论的核心已包含在罗马诺·瓜尔蒂尼另一部著作中，《相对与对立：一种类型学体系的方案》（Romano Guardini, *Gegensatz und Gegensätze: Entwurf Eines Systems der Typenlehre*, Freiburg: Caritas-Dr., 1914）。

2 艾曼纽尔·穆尔尼埃（Emmanuel Mournier）的《对立、矛盾或不协调》（“Contraires et contradictoires ou de la discorde”）发表于 1929 年。

3 瓜尔蒂尼经常引用普里兹瓦拉的两卷本《博取当下：论文集（1922-1927）》（*Ringen der Gegenwart: Gesammelte Aufsätze 1922-1927*, Augsburg: B. Filser-Verlag, 1929），足以证明两者关系的紧密。

4 亚当，《信仰中的基督：教会的基督论》（Adam, *The Christ of Faith: The Christology afthe Church*）。

5 我指的是保罗·鲁比克赛克，《对立的思考：从思考的本质探讨人性》（Paul Roubiczek, *Thinking in Opposites: An Investigation of the Nature of Man as Revealed by the Nature of Thinking*, Boston: Beacon Press, 1952）。

纳 [Brunner][1] 和蒂利希 [Tillich][2]）。有些人反对其明确的反形而上学和前本体论立场，而其他人则捍卫其系统性甚至是新经院派的特质。实际上，这两方面在作品中都有所包含，但不是体现在一种中立化的结合上，而是成了一对不可化约的矛盾。这种矛盾——对瓜尔蒂尼天主教整体而言是一个很好的徽章——最终会损害天主教整个体系的连贯性（或者，正如我们将会看到，以乌托邦式的基调影响它），但不可否认，它也让这部作品富有了创造力，成为当代天主教神学极具独创性的文献。

瓜尔蒂尼全部作品的活力都来自一种内在的冲突，遍布许多逻辑上无法言说的门槛。他系统化了许多定义上不能系统化的事物（“具体的活的存在”），归类了许多无

1　与巴特不同，埃米尔·布伦纳（Emil Brunner）赋予这些对立辩证法的更加是一种关联，而非绝对的对立，因此，他的许多作品都有着一种“两极化”的标题，如埃米尔·布伦纳与卡尔·巴特，《自然神学：埃米尔·布伦纳的“自然与恩典”和卡尔·巴特“不！”的回应》（Emil Brunner and Karl Barth, *Natural Theology: Comprising "Nature and Grace" by Emil Brunner and the Reply "no!" by Karl Barth*, trans. Peter Fraenkel, Eugene, Ore.: Wipf and Stock, 2002）；埃米尔·布伦纳，《启示与理性：基督教关于信仰与知识的教义》（Emil Brunner, *Revelation and Reason: The Christian Doctrine of Faith and Knowledge*, trans. Olive Wyon, Philadelphia: Westminster Press, 1946）；埃米尔·布伦纳，《上帝与人：人格性本质论文四篇》（Emil Brunner, *God and Man: Four Essays on the Nature of Personality*, trans. David Cairns, London: Student Christian Movement Press, 1936）；埃米尔·布伦纳，《哲学和启示》（Emil Brunner, *Philosophie und Offenbarung*, Tübingen: J. C. B. Mohr, 1925）。

2　在蒂利希这里，对立的两极也总是有一个相遇点。参见保罗·蒂利希，《系统神学》（Paul Tillich, *Systematic Theology*, Chicago: University of Chicago Press, 1951, from volume l, see in particular 60-66, 168-204; and in volume 2, 13-16, 19ff）。

法归类的事物；他定义、列举和分类了一些很少，或者只是偶尔被提及的事物。“体系”最初的设定为，存在正是由划分（devides）它的事物所联合（united）。瓜尔蒂尼整个话语模式就是从这一点发散而出，牢固附着在两个基本法则的逻辑上。首先，现实是由两极对立原则（*Gegensatz, Polarität*, Pol-Gegenpol）所主导；第二，这种对立从来不是一种简单的矛盾（*Widerspruch*），一种绝对的他异性或彻底的无关。对于瓜尔蒂尼而言，所有的错误——首当其冲的就是现代性的错误——都可以归结为违背这些原则中的一个或另一个，或更糟，两个都违背，如浪漫主义情感。实际上，判定浪漫主义立场毫无效用，也就是赋予了其反政治性（我强调这一点，因为施密特在《政治浪漫主义》[*Political Romanticism*] 中提出了完全对应的观点）：一个难以确定的混同体（*confusio*），它无法把握这些差别的性质，刹那间就将它们变成绝对纯粹的矛盾。[1] 它根本的反代表特质由此得到了保证——施密特同样成功地指出了这一点——因而，它没有天主教式代表的本意 (intentio)，也找不到另一种可替代的权力形式来控制这个世纪——所以被迫地屈服了现代世俗化。

---

1 卡尔·施密特，《政治浪漫主义》(Carl Schmitt, *Political Romanticism*, trans. Guy Oakes, Cambridge, Mass.: MIT Press, 1986, 75ff)。

与这种混同体相反，瓜尔蒂尼提出了“跃迁”（leap）悲剧式的严肃性（*der Ernst*），他在各种元素之间引入一种“不连续性”，使其不能混淆，也不能相互派生。瓜尔蒂尼的整个体系，它的范畴和它的法则，它的运动，它的度量和节奏，都源于这一原初的法则（*legge*）。但毫无疑问，其体系的内在矛盾也源自于此：一种不可化约的破裂倾向，并因而趋向自我否定。破裂的过程有两个契机。第一个是内在的，对立法则自身的逻辑后果，包含在对立的每一方的离心运动中，它们趋向自我绝对化（self-absolutize）。这一二元对（binary pair）仿佛释放出了一种差异的力量，努力使每一个对立术语、其最纯粹形式中包含的一切都能得以实现。事实上，这个体系生产能力的提升，取决于术语之间对立的相关清晰度、差异、确定性和程度。但也正是这种差异的力量，它给予了体系高度的生产能力，同时也将其推向了危险的边缘。如果这种力量继续蔓延——打破了对立的均衡——体系就会爆炸。它生命的强度将转化为它死亡的必然。由此，只有以毁灭为代价，体系才能从这种向心力中脱身。正是这种体系，才能安抚、修复、拯救重建的平衡和关系。但它也消除不了风险：相反，它增加了风险，将其推向另一面，从顶端到了中心。中心的风险（可能意味着：堵塞、停滞、规范化）并不比顶端的风险低，它也消除不了体系崩溃、断裂（*apertura*）、倾覆（*shipwreck*）的命运：

> 由此，这种两极对立关系的存在暴露了其特定的危险。存在有三个危险之处。首先，两个“外部”界限的价值都源于它们“纯粹”的对立：这是一种最彻底的毁灭。然后是对立双方之间“内部”平衡的界限的界定：完美和谐的毁灭。对于“价值”，我指的是最终目标，或完美形式。对于“界定”，我指的是终极目标或完美形式。而对于“极限”，我指的是终结的方式。对立的体验，作为一种生命形式，对它而言摆脱死亡至关重要，而也正是这种诉求，将其围困在了极限之处，从中心那里攻击着它。无论如何，摆脱死亡同时也是生命完美的形式。同这一完美的完满绑缚在一起的，是毁灭。[1]

该体系在趋近于完美的同时也接近“毁灭”，在这种理念下，开端（beginning; *apertura*）展现了一种原初、强大的特质；同时，瓜尔蒂尼观点（*Anschauung*）内在的（不是偶发的）悲剧特质也得到了呈现。但是，这仍然是一种内在于体系的、内在于自相矛盾的逻辑中的开端。它有一

1 瓜尔蒂尼，《对立》(Guardini, *Der Gegensatz*, 127)。

个出口（opening; *apertura*），但仍在庙宇内墙上回荡。然而，某一刻，这一内在的事物就受到了更具“灾难性”的破裂（rupture; *apertura*）的冲击。体系触碰着破裂的边缘，在破裂的表面看着自己。或者，这种破裂的外部本身就组成了一个体系：它自身他异性的体系。正是在这一点上，对立的辩证法决定要调和其矛盾的元素或绝对的界定，最终形成了一种指向决断（*Durchbruch ins Entscheidende*）和本真（*ins Eigentliche*）的突破。这种突破是一种后体系（postsystem; *dopa il sistema*）。或者说得更准确，它是一种前体系，因为它是系统所预设的：只有决定面对互不相容的界定后，才能在矛盾中维系和生存。这不是什么暂时的或仅仅逻辑上优先的问题，而是存在主义（*existential*）的问题：一种将生命真理（*truth of life*）作为目标的选择。因而，这个决断——在它的行动中，作出选择的同时也承担着风险——并非是跟随意识的指引，而是在意识之前。更准确地说，它决定了意识：整个瓜尔蒂尼体系的认知潜能依赖于这种实践中的决断。在其出口（*apertura*）的门槛处，这一体系被反转了，它取决于一个积极决断的效力，也依附于一种政治语言的效力，因为它指向生命的共同体。这绝非偶然，此种政治上的转变隐秘地支配着所有相关讨论，最终将融入“使命”（mission）这一要义中：“在这种背景下，我们这个时代无法逃避‘政治’的使命。”[1]

将决断视为某种指向本真（the authentic）的突破（rottura），与此相关的“政治”似乎正是将施密特和瓜尔蒂尼结合在一起的关键点，1923 年两者的相互呼应（我们已强调过这一点，因为他们均对浪漫主义持批判态度）就是其最具说服力的证明。但正是在这一点上，两者相互的呼应与不同中，都摆着一道鲜明不可逾越的鸿沟。实际上，先不管历史 - 传记中施密特透露的信仰的问题，无论何时，当我们想把施密特关于天主教的文章说成是出自一个类似甚或作为天主教徒的立场（尤其是像瓜尔蒂尼）时，我们都不应忘记，一个隐藏的分歧恰恰存在于概念之中，它最可证明其不同：代表。[2] 从某种意义上说，这种不同就是施密特文章中讨论这一概念的两种相反的方式。一方面，代表可从天主教意义上来界定，我们已经看到，它同时为复合体（横向差异）以及理念的超越性（纵向差异）。但代表更加可从民主 – 议会制层面（甚或君主）来界定——它

---

1 同上，240。

2 将施密特的观点与天主教联系在一起，参见乔治·施瓦布，《例外的挑战：卡尔·施密特 1921 至 1936 年政治思想简介》（George Schwab, *The Challenge of the Exception: An Introduction to the political Ideas of Carl Schmitt between 1921 and 1936*, New York: Greenwood Press,1989）。施瓦布将施密特在体制内时的反犹主义归因于天主教背景。

消除了所有超越性的内容，但也只有在超越性缺席时，它才有了可能性。[1]

在这一著名的观点上，施密特是如何、又在何种程度上从代表定义的一种转向另一种，我们可以暂时搁置一边。自 1923 年的文章始，他就将天主教代表的观念（并由此延伸到了其整个范畴取向）视为一种残余物：资本主义和社会主义两种相反又互补的势力正在联合推进，而它正是对这种趋势的抵制。在这个意义上，天主教之所以能够垄断政治，恰是因为它在独自抵抗。[2] 这也是为什么天主教垄断“怪异的”原因：不是因为它政治上有明确的反对者，而恰恰是因为完全没有这种东西。这些因素造就了天主教乌托邦式的命运，它字面上越来越缺少历史和语义的空间，以至于在面对宏大的现代去根化时不可避免地变得更加“狭隘”。通过这种方式，去根化导致了角色的突转：过去的大陆（天主教）现在是一个岛屿，而过去的岛屿——现代性，它是对传统大地的分解或抛弃——现在则是大陆。

施密特和瓜尔蒂尼立场之间的根本区别在于，施密特认为这种角色的突转不可避免——从历史上看，当国家变

1 施密特，《政治浪漫主义》(Schmitt, *Roman Catholicism and Political Form*, 26)。

2 同上，25。

成利维坦时，它就从代表的世界中消失了。[1] 实际上，这种不同也存在于他们对罗马式思想的共同抵制中。施密特对罗马主观主义的批判，并不在于其打破了主客的两极平衡，也不在于先验的对立的一元化混同体（即它融入在了现代世俗化中），而是因为他反对疲软、无效及浪漫主义式的非决断（*indecisive*），而后者正是断裂所造就的后果。[2] 我们无法在论证范围内讨论这个问题，但我们需要牢记，这种差异清晰地展现了施密特的范畴框架与另外两者——传统天主教方法框架和伟大的“资产阶级”现代化批评框架——之间的区别。很大程度上，这也是引发正统天主教攻击和反对施密特“政治神学”的原因。尽管他的政治神学（显然是被理解为某种“方法”，而非“体系”）标识了世俗化危机的领域和返向的时刻，甚至也表示，它在实践中无法修复其原初的二元性，而也正是由于这个原因，它理所当然地认为世俗化是一种不可逆的普遍化过程。

我们再换另一个角度。基督的个人权威能够合法地划

---

1 同上，21。

2 卡洛·加利在为《政治浪漫主义》意大利语版所写的序言里强调了这一点。卡尔·施密特，《政治浪漫主义》(Carl Schmitt, *Romanticismo politico*, trans. Carlo Galli, Milan: Giuffrè, 1981)。

分内部与外部，而世俗化的不可逆性（施密特在对霍布斯的概念工具的描述中确立了这一点）则相当于废除了超验真理（*Veritas*）。真理现在只有在主权决断范围内才有力量，由此它才能完全整合权力与知识。这种对超验真理的贬抑（或将其并入决断，两者等同），标志着施密特政治神学与庞大的天主教代表体系之间存在着一个完全不可逾越的鸿沟。决断和代表仍然是贯穿施密特作品的基本参照，但它们均从属于世俗化的过程，一个趋于无限分割其运作层次的过程。每一个概念——统一和对立——都被设为是绝对的，致使其原本在两极对立框架中的意义都遭到了丢弃甚或颠倒。所以，在施密特看来，形而上学层面的统一趋向于完全变成现实中的一元论，而处于内在层面的冲突，则趋向于将单纯的矛盾变成同样绝对的敌 / 友之分。

由此，所有的历史哲学都遭到了排斥，历史在客观上变得既不会进步也不会倒退。对施密特而言，现代不仅仅是一个时代（一个由连续阶段构成的线性发展的最后时代），同时也是一种视角，观察过去和未来的唯一视角。从这一观点出发，《中立化和去政治化的时代》（“Age of Neutralizations and Depoliticizations”）一文认为，前后相继的历史阶段有着不同的核心领域。[1]另外也表明，所有重建和逃离的道路都堵死了。在施密特的描述中，欧洲从"冲突领域""游离"到了"中立化领域"，自身变成了一个新的"角斗场"，由此可见，施密特一直都秉持着一个严格的分析框架，在面对现代性各种纠缠在一起的领域时（首当其冲的就是政治和技术）都没有丢却其通行的语法。在此之前，中立化的核心之处简单有序，而现在，技术为其带来了一种巨大的质变。过去，各个历史阶段的核心领域都能展示其时代的意义和命运（同时也会重塑和重置冲突的中立化领域，转换到下一个历史阶段），而技术，作为一种纯粹中立的事物，完全由管制它的强力所支配。技术完全是可以利用的，由此，它不仅完全为无政治的，同时也是去政治的。然而，技术时代尽管有着一种去政治性，但却并非在政治上毫无困扰。正是由于技术有着一种中立性，使得任何政治都可以捕获、掌控它。这就意味着，技术的超中立性（hyperneutrality）最终会翻转到其对立面，使它成为最大政治化的对象——甚至抑制进一步的去政治化：

1 施密特，《中立化和去政治化的时代》，载于《政治的概念：扩充版》(Carl Schmitt, "The Age of Neutralizations and Depoliticizations" (1929), trans. Matthias Konzen and John P. McCormick, in *The Concept of the Political: Expanded Edition*, trans. George Schwab (Chicago: University of Chicago Press, 2007)。

> 文化生活各领域持续中立化的进程已走到尽头，因为技术来临了。从中立化进程的角度来看，技术不再是中立的基础；任何强大的政治都会利用技术。基于此，本世纪只好暂时被视为技术的世纪。至于最终如何理解这一世纪，则只能取决于人们何时才能知道何种政治类型强大到足以掌握新的技术，以及何种真正的敌—友阵营可在此新的基础上得到发展。[1]

结果，施密特拒绝了所有怀旧的、恢复性的立场（并接受技术是唯一有效且可用的视域），但与此同时，他还坚持着某种适用于这种情形的政治理念，因为它将一种政治的“空无”置于技术之中，作为其理论的出发点。也就是：施密特复原了一种政治观念，它不仅能接受技术时代的挑战，同时还可“决定”其存在。而只有一个没有历史预设和天意的决断，才能填补这一技术的“政治空无”，并将其导向自己的目标。

权力的责任

在此，基于施密特所摆出的立场，我们又可以将他和瓜尔蒂尼的关系拿回到舞台中央。但是，现在这种关系似

1 同上，94-95。

乎颠倒了：尽管两位作者关于天主教的作品有些类似，但我们还是可以看到两者之间遥不可及的距离，在这里，这些迹象似乎又显出某种明显的对称性。瓜尔蒂尼对现代性的分析就是其中的关键之处，从《科莫湖来信》到《世界与人》（*Welt und Person*）再到《现代世界的终结》（*The End of the Modern World.*）。[1]当然，正如我们所言，和施密特一样，瓜尔蒂尼也改变了其评判历史进程的视角（他认为要始终保持内在—超越两极的双重视角）。但两位作者在范畴和语义层面上的观点更为一致。瓜尔蒂尼认为，相较于其中世纪和古代的祖先，现代性的主要特征是一种彻底的非连续性——甚或是例外；认为现代性割裂了概念与生活、反思与体验以及灵魂与身体、人与物等之间的纽带。然而，对瓜尔蒂尼而言更重要的是，现代性也与即将到来的“诞生于历史子宫”的时代之间存在着非连续性，这一历史尚没有定名，[2]但可从最外部的边界看到。

关于这个时代，已知的是它有着独特的技术化特质。的确，作为联系自然界的途径，技术之根已沉沦在过去几

---

1 罗马诺·瓜尔蒂尼，《现代世界的终结》(Romano Guardini, *The End of the Modern World*, trans. Joseph Theman, Herbert Burke, and Elinor Castendyk Briefs, Wilmington, Del.: ISI Books, 1998)。

2 同上，51。

个世纪的变迁中。但对瓜尔蒂尼而言，长久以来，技术涉及的仅是一种数量的变化，而现在却已经变成了质的变换。这一跨越一方面涉及的是主体性与功能的关系，另一方面则是意识、行动与经验之间关系。过去，技术涉及的只是一种主体－人类（subject-human）（所谓的匠人 [*Homo faber*]），它将其视为自身的实践和认知活动的不可动摇的基础，而现在，某种新技术从这一主体不可逆转的崩溃中诞生了。结果就是，技术划时代的与诸众有了独特的联系，后者不是单个个体的简单相加，而是有着不同"标准化法则"的"社会结构"。[1] 主体性架构由此发生了根本变革，知识、行动的边界与经验的边界日益脱节。而也由于这种脱节，变革中出现了一种被视为"非人"（nonhuman）的特殊的人，因为它再也不属于主体的基本范畴。[2]

个体丧失了自然性，但也不能因此而对其持抵制或拒绝的态度（在某种程度上，将这一无名的时代称为"后人类"[posthuman]，我们想到的更多是云格尔而非施密特）。相反，个体"必须不遗余力地克服其偏见，自由地直面这一可能威胁其本质的秩序，让历史在此打上它的印记"，[3]

1 同上，59。

2 同上，70。

3 同上，63。

因此，他要积极地利用这一刚刚开始的“基因”突变的所有创新潜能。瓜尔蒂尼不仅很好地抛弃了天主教右派（从马利坦到德·诺斯 [Del Noce]）的反现代主义立场，同时也坚决反对所有对文明或隐或显的批评（尽管从某种角度来看，它也与现代主义或一般意义上的自由主义相去甚远）。技术的世俗化难以避免，不仅如此，它还在不断扩张，直至完全“成熟”并带来了极端的后果。[1]

但是，技术带来的极端后果究竟是什么？答案包含在瓜尔蒂尼以权力为主题的作品中，其中尤以《权力》（*Die Macht*）最为成熟，其所有作品中深刻的政治灵魂最终在此得到了展现。[2] 技术之所以会带来极端的后果，因为它在存在核心地带安置了这一独特之物：权力（power）。“科学是对现实的理性理解，而技术则是科学可能性的总和，它们共同赋予了存在一种新的特点：权力，或者支配（domination），我们在此取了该词偏重的那一层意义。”[3] 将技术和权力等同起来，瓜尔蒂尼的研究由此与施密特的

1 瓜尔蒂尼，《科莫湖来信》（Guardini, *Letters from Lake Como*, 83, ninth letter）；瓜尔蒂尼，《关爱人类》（Guardini, *Sorge um den Menschen*, 57）。

2 《权力》1961 年的英译本（埃丽诺·C. 布里夫斯 [Elinor C. Briefs] 译）现收于瓜尔蒂尼，《现代世界的终结》（Guardini, *The End of the Modern World*）。也可参见瓜尔蒂尼，《不完整的人和权力》（“Der unvollständige Mensch und die Macht”）和《权力现象》（“Das Phanomen der Macht”），均收于《关爱人类》。

3 瓜尔蒂尼，《现代世界的终结》（Guardini, *The End of the Modern World*, 154）。

分析框架有了一种内在的联系。技术本质上是支配，所有那些视技术为软弱或和平主义式的人，都不得不面对技术就是权力这个残酷的事实。[1]除此之外，与施密特一样，他也认为技术有着一种独特的性质：绝对的可用性（availability）。“权力等待指引，”[2]它可能由此会用于充满争议的目的。正是因其内在的无政治性，技术（同样也是施密特的观点）要求人类诉诸最为彻底的政治化：伟大的决断。视技术为权力（以及权力中存在的决断），与超现代人类的神学任务完全可以兼容，不仅如此：它也是这项任务的直接后果。

在此，瓜尔蒂尼作品中涉及政治神学的一章《权力的神学概念》（*The Theological Concept of Power*）颇为醒目，其中将人类权威的必要性、权力的责任归为一种来自上帝

---

1 技术与权力之间关系的主题经常出现在当时德国天主教文化中。参见弗里德里希·德绍尔，《技术哲学：实现的问题》(Friedrich Dessauer, *Philosophie der Technik: Das Problem der Realisierung*, Bonn: F. Cohen, 1927)。弗里德里希·德绍尔，《技术文化？ 论文六篇》(Friedrich Dessaue, *Technische Kultur? Sechs Essays*, Munich: Kösel, 1908)；弗里德里希·德绍尔，《技术论争》(Friedrich Dessaue, *Streit um die Technik*, Frankfurt am Main: Knecht, 1956)。在权力 – 技术关系方面，或权力、生命与技术之间的关系上，参见埃伯哈德·兹默，《技术哲学》(Eberhard Zschimmer, *Philosophie der Technik*, Berlin: E. S. Mittler, 1917)；以及埃伯哈德·兹默，《技术与唯心论》(Eberhard Zschimmer, *Technik und Idealismus*, Jena: Verl. der Jenaer Volksbnchhandlung, 1920)，他与雅各布·施瓦特(Jakob Schwadt)的论争。

2 瓜尔蒂尼，《现代世界的终结》(Guardini, *The End of the Modern World*, 122)。

的特殊命令。[1]为了更像上帝，真正的人，人类必须行使权力："人不是人类，行使或不行使权力，这是某种附加在人性上的事物；行使权力是人性的本质。他存在的主（Author）如此设定了他。"[2]它还有更深远的影响：不仅是权力的行使，而且还涉及权力本身。不过，这是一种被推到极致的权力：一种可掌控自身权力的权力——最忠于瓜尔蒂尼思想的定义。而也正是由于未能掌握这种权力，在为了人类而切断人类-上帝两极关系时，现代被"摧毁"了：不是人类权力的过剩，而是"匮乏"。现代人抛弃了上帝，也就意味着拒绝掌握上帝自身的权力，抛弃了权力之上权力唯一可给予的最高权力。瓜尔蒂尼认为，只有"苦修"（ascesis）才可提供这样的权力，因为在苦修中，个体可以彻底掌控自身的权力。[3]自然，这并非韦伯式的"苦修"——克己是为了获取经济利益，客观上可视为一种去政治化——而是一种脱离经济利益的苦修，是为了政治的实现。它是一种权力之上的权力，也就是说，理念的权力（遵从着罗马教会式代表的强大逻辑模式）。

准确看来，瓜尔蒂尼的论点主要是针对"自由主义"

1　同上，131-148。

2　同上，133。

3　瓜尔蒂尼，《关爱人类》（Guardini, *Sorge um den Menschen*, 58）。

或“资产阶级”思维下对“苦修”概念的误解。“相较于为权力公开辩护”,这些解释更倾向于“把它藏在‘效用’‘福祉’‘进步’等内容背后,”[1]因此才会错误地认为它是无政治的拐点,也忽视了它决断论层面的潜能(这也带有强烈的施密特色彩)。为了反对这种“疲软”的权力的经济式理解,瓜尔蒂尼认为有必要回归其本质,即权力对重大的存在问题拥有决断权:“这一权力问题,就在将临的文化意图的核心地带若隐若现……未来时代所面对的每一个决断——那些决定人类福利或苦难,决定人类生死的的决断——都集中在权力的问题上。”[2]这就是为什么一个人必须“知道并同意将临的文化的关键不是福祉,而是支配。”[3]世界从未如今天一样那么需要权力、方向、命令;从未“缩小成一个毫无缝隙或余地的单一的政治场域”;从未“从整体角度对给定部分加以治理——真正意义上的观察、判断、指导、评价——”变得“尤为急迫。”[4]由此,将临的纪元,这个尚未命名的纪元,开始成形了。这是技术得以实现的时代,但同时——也正是由于这个原因——也是生命被最大程度政治化的时代:

1 瓜尔蒂尼,《现代世界的终结》(Guardini, *The End of the Modern World*, 133)。

2 同上,91。

3 同上,199。

4 同上,184。

> 对我们而言，地球是一个有着固定大小的有限空间，它会带给我们一种特殊的外部压力，一种边界压力，无论是国家的，经济的，文化的，还是知识的、精神上的。这种压力对内部所有的集成点和关系形式都尤为重要。而且，对人性、文化圈、民族和人格而言，它赋予的更加是一种政治上的重要性。[1]

这就是为什么拥有“一种与技术之间的基本联系”[2]，就只是要重夺“一种与权力之间的原初联系，”[3]要直面它所承担的风险，重新发现其肯定的潜能：风险“不仅仅只是将临文化表现出来的负面症状。[4]如果确实如此，那我们只能得出这样的结论：离开它！但是，危险是将临的世界观不可分割的一部分，正确认识到这一点，会让我们对这种世界观致以新的敬意。人类将永远生活于危险之中，直

---

1 瓜尔蒂尼，《科莫湖来信》(Guardini, *Letters from Lake Como*, 35, fifth letter)。

2 瓜尔蒂尼，《现代世界的终结》(Guardini, *The End of the Modern World*, 200)。

3 埃斯波西托所引的这句话出自《现代世界的终结》意大利语版 197 页，英文版中并没有出现。

4 风险或不安全(insecuritas)这一主题与乌斯特问题之间的关系显而易见。众所周知，对于乌斯特而言，身处自然世界与精神世界之间，这就是人类的特有状态，他必然要面对不停决断的风险，充满了不确定性。但不管怎样，这种必然的风险的决断并不意味着绝对的非理性主义决断论 [*Entscheidungsirrazionalismus*]，也不是智慧的冒险 [*Wagnis der Weisheit*]。参见彼得·乌斯特，《人性的不安全感与非理性主义决断论的冒险》，载于《不确定性与冒险》(Peter Wust, “Die ‘Insecuritas humana’ und das Wagnis des Entscheidungsirrationalismus” , *Ungewissheit und Wagnis*, Salzburg: A. Pustet, 1937, 271-288)。

到时间的尽头。"[1]完全生活在将临的时间中，仅仅意味着"要生活在危险中，或者至少知道……[一个人]可以而且必须学会；"意识到它给予了我们"伟大"的权力，让我们作出决定。[2]在这个时代，技术确实在各种层面都引发和"挑起"了强力之间的冲突。相较于以往，现在更加是一个纯粹的决断时代，充满一种拥护绝对命令的情绪：

> 这个将临的人是"非-自由的"(un-liberal)，但这并不意味着他不崇尚自由。"自由主义"拒绝将绝对整合在实存(existence)中，因为它们**非此即彼**的态度很容易招致冲突。能够从任何角度看待事物，"唯一重要的事"是"生活"和"与他人相处"，这样就容易得多了。价值观和理念都只是个人意见……[但是]这种人知道，除非从这种态度中解放出来，否则人类就永远无法应对我们今天面临的生存状况。重要的不再是细节或阐述，而是基本原则：尊严或奴役，增长或衰退，真理或谎言；心智或激情。[3]

但是，如果决断的时代确实来临了，那它具体有着怎

1 瓜尔蒂尼，《现代世界的终结》(Guardini, *The End of the Modern World*, 189)。

2 同上。

3 同上，201-202。

样的空间？在何处作出决断？它历史－时代的场域（topos）是什么？要回答这个问题，我们可以最后再探讨一下瓜尔蒂尼的思想，同时也再梳理一次他与施密特的联系。当代伟大的政治理论家之中，施密特最为关注“历史－政治空间”问题，如《大地之法》（*The Nomos of the Earth*）。[1]本书最为集中和清晰地描绘了施密特对“空间－政治－决断”纽带的思考，也展现了其伟大作品中特有的自我否定程式，其中，他的分析对象不断转移和超越着各种限定的界线。在此，决断陷入了一种变动的空间中，并由此变成了出脱于（from）空间的决断，而非空间的（of）决断。这一巨大的变化充斥于施密特作品之中，游离于其探究的主题和所有对象的“界定”之外，进而也不可能得出任何体系化的或建设性的结论。由此，一条纯否定性的线连接了其起点和终点，划掉了一切不可能，因为这是一个不可逆的消解过程。

这里所涉及的是公法（*jus publicum*）及其欧洲空间。公法曾处在核心位置，但现在，它剥离了边界，得到了增殖，但同时也被打散成了碎片，原初的核心四散，沦为一种残

1 卡尔·施密特，《欧洲公法中之国际法的大地之法》（Carl Schmitt, *The Nomos of the Earth in the International Law of the Jus Publicum Europaeum*, trans. G. L. Ulmen, New York: Telos Press, 2003）。

留、残余，一种破碎边界的遗迹——这是其古老根基遭到不断破坏和摧毁的后果。但在施密特的分析中，我们也能听到某种熟悉的可怕灾难的回声。这个现已崩坏的欧洲中心本身难道不是一种更古老但同样悲哀的去根化历史的产物吗？它难道不是从某种之前存在过，现在又以打散的形式重生的东西中挣脱出来的？它难道不是那个矗立在基督教共和体（*Respublica Christiana*）的残垣断壁上被宣告终结的法（*jus*）吗？欧洲各国，它的新的法律，都源于罗马法与罗马教会统一体的崩溃，因而，它们也是权威（*auctoritas*）与真理（*Veritas*）之间纽带断裂后的产物——尽管这种统一体的残余和碎片都以“政治神学”的形式留存在了新的秩序中。同样是这些碎片，它们又在未来促进了统一体的解体，这一进程始于第一次世界大战时对敌人的罪犯化设定，导致战争变成了一种国际性的治安行动，并在建设一种新的世界组织的努力中，唤起了一种正义战争（*bellum justum*）的神学幻想。

然而，这个组织没有实现的机会——如果实现指的是建设国际和平。和平依赖于权力（*potere*）和信仰之间的同一，也需要天主教式代表将其矗立在欧洲中央。但是，这个同一体不仅是现代欧洲国家诞生和反对的事物，同时也正进一步被经济国际化和世界市场架构排斥在外，而也正是后者，欧洲及其法律被其贬斥到了地球新帝国的边缘地带。从某种意义上来看，在第一次宏大的欧洲去中心化过程中，在欧洲夺占新世界之时——矛盾的是，欧洲诸国（statal）也在欢呼其在现代的中心地位——这种命运就已显露出迹象。在其夺占的进程之后，也被“夺占”了。现在，它正在为第一次背叛,第一次放弃基督教中心而付出代价，没有它，或者在此之外，欧洲只能眼睁睁看着其决断空间的逝去。因此，它甚至不再决断自己的空间。施密特的法（*Nomos*）拥抱了这个不再可能的空间，反对任何重建它的尝试。这些裂痕，这些战线，这些从内外粉碎了这种新秩序空间的战争，都给人一种完全无法治理的感觉。如果欧洲各国都不再是古老的基督教共和体，那么新的后诸国（poststatal）空间就无法再对世界历史制序：这个双重的、相互交织的运动展现了施密特法的全部意义。

瓜尔蒂尼的结论与此完全一致。他改变并推翻的是施密特论证的前提，而不是结果。对瓜尔蒂尼来说，失去了与基督教的联系后，作为世界历史主体的欧洲也只能消失了；没有了欧洲的注视，世界历史也不可避免地失去了它的意义。但——瓜尔蒂尼乌托邦式解决方案的倾向很明显——这一切都尚无定论。世界失去了欧洲，但这并非不可避免的结局，因为欧洲还没有失去基督的字词（word）：

> 毫无疑问，获得那种授权的欧洲还未出现。根据我们所谈到的这种法律（law），某种社会学领域现有的边际压力发生作用，由此，处于这一领域的各种地带就可以被整合在一起。然而，我们也不应忘记，当“法律”一词涉及历史事件时，使用上总是会有不恰当之处。它不是对必然性的表达，而只是富有意义的生成（becoming）形式。在历史中寻找一种有着确定形式的进程，这本身就是一种致命的错误。历史不是一个自然的过程，而是一种人的生成，虽不可自行完成，但却必须是被意求的。[1]

自然“法则”（law; *legge*）并不起作用，它也难以在欧洲的现实中打造某种秩序，因为欧洲的任务和现实是要从必然性法则 (the law [*legge*] of necessity) 中解放世界：历史在此表现为一种不受自然法制约的原则。欧洲——最终对本部分提出的问题做出了回应——是决断的空间。因为这是基督的空间，所以也就是决断的空间。基督教 - 欧洲

1　瓜尔蒂尼，《关爱人类》(Guardini, *Sorge um den Menschen*, 268-269)(涉及 1962 年 4 月 28 日布鲁塞尔伊拉斯谟奖 [*Praemium Erasmianum*] 颁奖后举办的“欧洲：现实与任务”[“Europe: Reality and Task”] 研讨会)。

联合体的场域不断出现在这个时代天主教思想中，并且还随着阐释者的政治－文化立场而呈现出不同的语调和意义。然而，不管是马利坦（Maritain）[1]，还是旗帜鲜明的反对者马西斯和贝洛克（Belloc）[2]，他们虽表现出来了不同的感受，但在理念上却是共通的，即并非西方（Occident）激活了基督教，而是基督教激活了西方。在此，卡尔·亚当在《基督和西方的精神》（*Christus und der Geist des Abendlandes*）中的经典表述就是其体现：[3]基督教起源于东方，发展于西方——直到西方背叛了它。这一背叛决定了欧洲的命运并带来了毁灭。这就是最后的诊断报告：只有重塑基督教根基才可拯救西方，修补其与东方之间古老的裂痕。这是落在天主教肩上的伟大任务，因为只有它自己拥有合成的能力——施密特的复合体——也才能完成这项

1 雅克·马利坦，《不属于恺撒的事物：精神至上的转化》（Jacques Maritain, *The Things That Are Not Caesars: A Translation of Primauté du Spirituel*, trans. J. F. Scanlan,London: Sheed and Ward, 1932）。在欧洲这个问题上，马利坦的观点完全与贝洛克相悖，认为其并非拉丁化与天主教，抑或西方与天主教的混合。

2 亨利·马西斯，《为西方辩护》（Henri Massis, *Defence of the West*, trans. F. S. Flint, New York: Harcourt, Brace & Co., 1928）；马西斯提到的贝洛克的作品为希莱尔·贝洛克，《欧洲与信仰》（Hilaire Belloc, *Europe and the Faith*, New York: Paulist Press, 1920）。

3 卡尔·亚当，《卡尔·亚当论文两篇：基督与西方的精神；爱与信仰》（Karl Adam, *Two Essays by Karl Adam: Christ and the Western Mind; Love and Belief*, trans. Edward Bullough, New York: Macmillan, 193）。

任务。从赫伟根[1]到莫尼乌斯[2]再到乌斯特[3]，这一主题统一了德国天主教的整条阵线。

但这些作者的论点都不足以与“政治神学反思”——正如作者自己定义的那样——相匹敌，这就是瓜尔蒂尼著名的《神话、启示录和政治中的救世主》（“The Saviour in Myth, Revelation and Politics”）[4]。这一反思——及其强大的乌托邦——似乎可赋予瓜尔蒂尼其他作品更加清晰且更为强烈的意义。基督再次成为框架的中心，再次体现了历史的准则。正是因为这一点，基督站在了神话世界的反面，而这正是某些传统（例如诺斯替派的传统）试图赋予他的东西。基督反对所有虚构的时间点，如“从前”或“从那天起”；或功能上完全相同的“将要到来”的永远的未来（always-future）。相反，“基督是纯粹而精确的历史。”[5]

1 我指的不仅包括伊尔德方·赫伟根的《古典、日耳曼与基督教文化：讲演录三篇》（Ildefons Herwegen, *Antike, Germanentum und Christentum: Drei Vorlesungen*, Salzburg: A. Pustet, 1932），同时还有他的《圣本尼迪克特：人物研究》（*St. Benedict: A Character Study*, trans. P. Nugent, St. Louis: Herder Books, 1924）。

2 马西斯，《为西方辩护》（Massis, *Verteidigung des Abendlandes*, 102-103）。

3 彼得·乌斯特，《西方的基督》（Peter Wust, *Crisis in the West*, trans. E. 1. Watkin, London: Sheed & Ward, 1931）。

4 罗马诺·瓜尔蒂尼，《神话、启示录和政治中的救世主》（Romano Guardini, *Der Heilbringer in Mythos, Offenbarung und Politik*, Zürich: Thomas-Verl., 1946），收于瓜尔蒂尼，《基督教的区别》（*Unterscheidung des Christlichen*, 411-456）。

5 同上，426。

很明显，这就是为什么他没有成为“救世主”的普通一员。他与他们的意义和命运没有什么共同之处，他也没有继承他们的遗产：遵循自然循环规律的连续指涉与回应链条。出生、死亡，然后是另一轮生与死：这一律动真切地描绘了救世主的工作，而其节奏也铭刻着他们救赎所特有的烙印。他们的确是救世主，而且他们确实在救赎，但只是在这一事件内在的循环中进行着。他们的作用不是“测验”自然，或打破自然的壁垒，而是在确证它，驱除它的创伤，准备好一剂解药。这些救世主没有打破自然的循环，而是在激励和催生它。他们的行为完全是横向的。他们不知道历史的突变（或者他们知道了也只会抹去它们）。

但基督是不同的。他逃离了他们权力的掌控，也没有被刻上他们救赎的烙印：“所以基督是谁？他能真正将我们从那些救世主那里救赎出来。他把人从不可避免的生命与死亡、光明与黑暗、飞升与堕落中解放了出来。他打破了自然迷眩的单调，那种似乎浸润着各种存在感，却实际消解着所有人格尊严的单调。”[1]准确说来，他所拯救的是一个在对立原则中无法决断的连贯整体。对救世主们而言，“不存在在真正意义上的善恶，即与道德决断的非此即彼

1 同上，428-429。

无关的善恶”[1]。另一方面，基督则会作出决断。他区分和选择：“他发现绝对的差异。他明确了对于永恒而言能够成立的个人决断的意义。”[2]这就是为什么基督决定且一直决定了欧洲的政治角色——作为历史和决断，处于历史中的决断：“我们所谓的欧洲，就是指一些国家和人民所处的环境，它位于非洲和北极，小亚细亚和大西洋之间，其历史发端于公元前3000年，从希腊原始时代一直延续到我们这个时代，而基督这一形象则将其彻底打造成了一个整体。”[3]基督之所以确立了欧洲——注意，这就是瓜尔蒂尼与泛政治天主教主义反对者们的不同——并不是因为他保护着欧洲不受其历史中超现代（ultramodern）、技术成果的影响，而更加是将其托付给了这些成果：“有一种观点认为，现代要在意识和技术上统治世界，就必须战胜一种意图使人处于被动服从地位的基督教，没什么比这更错谬的了。事实恰恰相反：经历过新近的发现后，我们怀着惴惴不安的心情见证着现代技术和科学的能力，它们可能会带来巨大的危险，但这一切都只是因为基督将个体的独立赐

1 同上，430。
2 同上。
3 同上，439。

予了人类。”[1]罗马诺·瓜尔蒂尼全部政治乌托邦思想及其包含的主要矛盾之处，都集中体现在这些命题之中（呼应着诺瓦利斯 [Novalis]《基督教抑或欧洲》[*Christenheit oder Europa*] 中的古老预言）。它是乌托邦式的，也是自相矛盾的，原因有两个：不仅因为瓜尔蒂尼认为欧洲将永远保持中心地位,更因为他把欧洲的中心地位归于其基督教起源，但是，它自身却已成为最极端的历史－时代去根化范式和神学形式：十字架的光芒照向了这一核心的远方。然而，正是在这个乌托邦里，他给了卡尔·施密特最为清晰的回应（像一个不忠实的回应）——反之亦然。一个坚定地执着于现代的现实性和其时节的表面上的永恒，另一个人则努力试图挣脱却同时又被束缚在其古老的神学根基上。一个坚持其绝望的现实主义，另一个则在其乌托邦式的希望中摇摆不定。这个时代尚未谢幕，其中的变革，就在他们的碰撞之处上演着。

1 同上，440。

2　不可代表的城邦

差异的代表

上文中，我们看到了施密特与瓜尔蒂尼对“政治神学”这一术语的不同解释，展示了两者之间“反向对称”（oppositional symmetry）的关系。1920 年代，他们还共享着同样的语义框架，但到他们研究生涯的末期，两者却展现出了巨大的差异。一端是瓜尔蒂尼力图通过“理想化”的技术管理解决权力与信仰的现代分歧；另一端，施密特认为这种分歧其实等同于政治神学层面上的教会与国家（一种纯粹功能性的表达）。然而，两种不同的理解使用着同样的概念词汇，致使他们的不同也掩盖在了政治－神学这样的表述中，这一点十分重要。实际上，在这一颇为宽泛的共鸣中，我们可以再次看到天主教的复合体——作为一种讯息（瓜尔蒂尼）或“记忆”（施密特）。复合体这一名称恰好可以涵盖各种不同的政治神学（只需看看梅兹 [Metz] 和莫特曼 [Moltmann] 的后大公会 [postconciliar] 政治神学）。不过，复合体也同样是一粒范畴的种子，政治神学范式正是由此开始被从内部掏空，进而完全遭到了否定——我们首次看到本书主题的运作方式。

另一位德国天主教思想家埃里克·沃格林（Eric Voegelin）的作品展示得更为清晰。与瓜尔蒂尼不同，沃格林并没有局限在泛政治天主教主义的窠臼中，而是打破了疆界，摧毁了各种政治神学形式。

因此，在其对施密特1931年作品《宪法学说》（*Constitutional Theory*）[1]的长篇书评中（尽管其中做了大量让步），沃格林对施密特进行了激烈的批评。沃格林的反对观点并不容易把握，部分是由于该范畴某些固有的复杂性——不只是我们已经讨论过的“代表”。但是，如我们所见，在施密特的神学框架中，这些范畴的意义一直在缩水，进一步增加了一定的困难。例如，施密特1923年一篇文章中显示的立场，就与沃格林1931年对其加以批

1 埃里克·沃格林，《评施密特的〈宪法学说〉》，载于《书评选》（Eric Voegelin, “Review Essay of *Verfassungslehre*, by Carl Schmitt”, in *Selected Book Reviews*, ed. Barry Cooper, trans. Jodi Cockerill, Columbia: University of Missouri Press, 2001, 42-66）。沃格林另一部著作中也收录了一篇批判施密特的文章：《卡尔·施密特的全能国家概念》，载于《威权国家：论奥地利的国家问题》（Eric Voegelin, “Carl Schmitt's Concept of the Total State”, in *The Authoritarian State: An Essay on the Problem of the Austrian State*, ed. Gilbert Weiss, trans. Ruth Hein, Columbia: University of Missouri Press, 1999, 58-63）。施密特在《霍布斯与笛卡尔的作为一种机制的国家》（“The State as a Mechanism in Hobbes and Descartes”）一文中做出了回应，现收于卡尔·施密特，《托马斯·霍布斯国家理论中的“利维坦”：一个政治符号的含义和失败》（Carl Schmitt, *The Leviathan in the State Theory of Thomas Hobbes: Meaning and Failure of a Political Symbol*, trans. George Schwab and Erna Hilfstein, Chicago: University of Chicago Press, 2008）的附录中。

判时所持的观点相差不远。他们或选择社会–机构视角，或选择神学视角，但都认为罗马天主教有着“不可思议的政治力量”[1]（这种观点在当时一点都不罕见），也都认为复合体是权力源泉。这种理解方式在当时的护教学（apologia）中流传颇广。而且，两人也都认为复合体逻辑上与“代表”这一关键概念捆绑在一起（我们在上一章中也已经看到），结果，他们都渐渐地站在了反对非代表（nonrepresentational）思想的一边：

> 从天主教政治理念的立场来看，罗马天主教对立复合体的本质在于，它具有特殊的、形式上的优越性，凌驾于人类生活事务之上，其他任何人类帝国都难以望其项背。它成功地建构了一个持久的历史和社会结构，这一结构除了形式上的特质外，还具有极富活力和理性的具体存在形式。罗马天主教的这一形式特质建立在代表原则彻底实现的基础上，其特殊性最明显的地方体现在，它与今天主导的经济–技术思维针锋相对。[2]

1 卡尔·施密特，《罗马天主教与政治形式》(Carl Schmit, *Roman Catholicism and Political Form*, trans. G. L. Ulmen, Westport, Conn.: Greenwood Press, 1996, 3)。

2 卡尔·施密特，《罗马天主教与政治形式》(Carl Schmit, *Roman Catholicism and Political Form*, trans. G. L. Ulmen, Westport, Conn.: Greenwood Press, 1996, 8)。

这段话及其后文论述了代表原则的本质，也清晰地展现了反对非代表思想观点的基础。它基于凌驾生活事务之上的“一种特殊的、形式上的优越性”，超越了所有它包含的每一个要素。因此，优越性不是一种擦除或简单的支配。而更加是塑造和在政治层面制造复合体的源泉，因为组成它的代表形式不会牺牲任何鲜活的对立面和生命形态。代表之为代表，因为它保护着所代表的元素的多样性。不过，这一点的实现，还需要在代表和被代表的事物身边——或者，在它们之上，超越两者并指出它们连接的方式——找到第三种要素。施密特将第三种要素称为“理念”。正如我们在前一章中所指出的那样，“仅靠单纯的掌握权力技术，任何政治体系甚至都延续不了一代。政治要拥有理念，因为没有权威就没有政治，但没有信仰之声就没有权威。”。[1]

这正是区别于非代表思想的地方。在韦伯关于非代表的著名等式中，他将权威（authority）的概念化约为权力，因而，面对单一的技术和机械秩序的现实，代表性的天主教主义在两个不同却交叉的层面上保留并提升了其差异性。被代表的要素之间“横向”层面上存在多样－差异性，它们之所以能够整合在一种代表的结构中，只是因为我们还

1　同上，17。

拥有一种代表及其所代表的“理念”之间“纵向”上的超越-差异性。没有这种双重的两极性——或称一种可从两种视角观察的两极——整个代表体系就会崩溃，政治体系也会随之坍塌。如果超越性的一极被遗忘了，这种两极性也会被摧毁，所有的现实也因此被封闭在一个单一的一元论原则之内，伟大的政治代表模式就只能把政治领域拱手让给它的现代对手：“经济学思维只知道一种形式，那就是技术精度，再没有什么比它离代表理念更遥远的了。”[1] 两极性的丧失标志着代表的结束，政治也就这样结束了。尽管施密特关于天主教的书中有着大量丰富的主题，但这一段必须引起我们当前研究的重视。

沃格林的批判的正是这一点。他面对的也是一系列广泛且紧密相连的问题，我们在此甚至都无法全部列出——从魏玛宪法的问题，到他与和耶利内克（Jellinek）和凯尔森（Kelsen）的关系，再到对规范的批判。然而，核心问题始终还是，他反对施密特的一元论观点，以及伴随而来的两极性的消逝。施密特 1923 年阐释代表时涉及的差异的重要性，在此好像大大降低了。他在 1923 年细致划分和区别的要素，现在完全被集中到了一种对统一体的“痴迷”中，

1 同上，20。

没有给它之外的任何东西留下空间。沃格林认为，正是这种痴迷，导致施密特的解释——鉴于施密特通常都认真面对具体的存在现实，以便突破理论的虚假连贯性——走向了一个相对平庸的抽象领域。

但是施密特的国家统一体概念有什么抽象之处？它不是指历史层面上的国家，在此国家被理解为一种权力的意志（意志这一主题我们过会儿还会讨论），而更加是此种权力意志所表现出来的政治形态。在此，政治成了沃格林意义上的事物：一种仅具有功能性或意义的统一体（沃格林绝不会使用第一个词），前提是它可成功地保护好差异。我们已经说过，实际上有两种差异：第一，被代表主体的差异（身处天主教传统中，沃格林更喜欢说“人们”[persons]）；第二，人们“生活在一起”的实践领域（亚里士多德式的*友爱* [*philia*]）与赋予活着以特殊意义的超越性基础之间的区别——内在领域固有的“横向”差异，以及内在与超越之间的“纵向”差异——两种不同的差异紧密联系在一起。后者是前者的前提，因为前者只是有意识地接受后者（沃格林的“智思” [noetic comprehension]）[1]，

1　沃格林对“智思”（noesis）的解释，可参见埃里克·沃格林，《记忆：历史与政治理论》（Eric Voegelin, *Anamnesis: On the Theory of History and Politics*, ed. David Walsh, trans. G. Niemeyer and M. J. Hanak, Columbia: University of Missouri Press, 2002, especially 320-412）。

而后者则是在本体论层面上肯定了前者的可能性。

沃格林进一步完善了这一观点，认为这是三种代表之间一种必然的联系：基本的（elementary）、实存的（existential）和超越的。[1]而在 1931 年批判施密特的文章中，这一问题的表述就更清晰了："我们在此所遇到的这一根本问题，施密特并没有很好地解决：国家根本不是一个数据(datum)，它始终都仅仅被呈现于人们的行动中……国家中的每一个人都有其政治地位，即使这种地位并不应以享有的政治权利为标准，而也正是在这种层面上，每一个人都"代表"着政治单元（unit），尽管个体或个体的总和都不是政治单元。"[2]这就意味着，并不是政治－司法形式造就了人，更加是具体的人创造了政治－司法。代表需要借助一种坚实的人类学结构才能发挥作用，[3]而任何旨在将具体的、形而上地被构建的国民－人(subject-person)化约成一种形式化的形态——这就是沃格林指责施密特的地方——的机制都会让代表变得毫无意义。代表基于两个

1　参见埃里克·沃格林,《新政治科学：导论》(Eric Voegelin, *The New Science of Politics: An Introduction*, Chicago: University of Chicago Press, 1987)前三段。

2　沃格林,《书评选》(Voegelin, *Selected Book Reviews*, 55-56)。

3　人类学作为所有国家理论的必要前提，参见埃里克·沃格林,《种族与国家》(Eric Voegelin, *Race and State*, trans. Ruth Hein, Baton Rouge: Louisiana State University Press, 1997, especially 2)。

维度："较低的"（人们的多样性）和"较高的"（其根基的超越性）。这是一种不可知的根基，一种沃格林所谓的神秘的体验，但这毫不影响它在塑造代表观念中的作用。他在后来的作品《新政治科学》（*The New Science of Politics*）中，认为人类学原理——柏拉图的介质（*metaxú*）和亚里士多德的*友爱*——需要神学原理赋予其意义："人的真理和上帝的真理不可分离。人只有在向上帝真理敞开心灵时，他才可进入其存在的真理中……如果我们现在能够接受柏拉图的那个概念，那么，在对社会的理论阐释中的人类学原理，需要与神学原理联系在一起。这就是柏拉图和亚里士多德提出的合理性标准，它基于这样一种人的观念，即人是社会的尺度，因为上帝是人灵魂的尺度。"[1]

没有这种形而上学的两极化，政治就会瘫痪：它被剥夺了真正的生命力，缩水成一种纯粹表面的东西。生存意志倾向于保守，权力意志则倾向于侵略，尽管表面化的政治可将两者都囊括在内，但它与其所建立的现实之间，总是在本体论层面缺少一种根本性的构成性联系。由此，施密特的政治意志就完全陷入了诸如耶利内克和凯尔森等学者的概念表述中（尽管并非其实质性的内容）："政治存

1 埃里克·沃格林，《新政治科学：导论》（Voegelin, *The New Science of Politics*, 69-70）。

在中的政治意志是终极性的统一体，一个施密特在其原理研究中并未深入讨论的问题，这就意味着，他并没有进一步借助自己的体系来建构政治现实。”[1] 此种意志依旧完全未被奠基，而也正因为如此，它反过来也无法为真正的政治行动提供基础。同样，决断概念作为此种意志的逻辑结果，注定也会失去它肯定性的力量，只能封闭在其自身之中徘徊反复（尽管施密特简单地认为其与抽象的纯粹的规范相反）：“这种解释关键问题的视角采用了施密特特有的概念程式，如存在与决断，在这种新的内容中，意志处在核心位置，是掌控建构国家的人民的必要条件。不过，这些概念也还是执着于统一体形象中，它们仍然没有摆脱带有人民复合体思想的司法思维领域。”[2]

我们需要进一步考察这一点，因为它也出现在了阿伦特的思想中，但却被完全颠倒了，所以其逻辑似乎也是完全相反的。在施密特这里，意志不可避免地与“整体的代表”联系在了一起，这是什么意思？意志在传统中是与选择、歧视和决断的能力结合在一起的机能，它是如何与整体的代表联系在一起的？我们可以通过对施密特思想中统一体

1 沃格林，《书评选》(Voegelin, *Selected Book Reviews*, 52)。

2 同上，54。

主题的探讨来思考这一问题。简言之，如果他的统一体是意志的产物，那就意味着这也是区分或排除的结果，因而也就是一种否定的统一体。需要指出的是，这种区分与沃格林的两极性没有任何关系——它恰是其反面。后者允诺并生产了一种真实、牢固、积极且肯定性的统一体（亚里士多德的友爱存在于国民－人群 [subject-persons] 之间，他们虽有不同但却有着相互的交流），而施密特式区分所打造的统一体却只是一个功能性的统一体，因为它的根基是对敌我进行区分。也就是说，它只有在划分敌人（通过否定）的基础上才能界定友谊。

因此，统一体和决断之间存在一种相互的关系。这个统一体是意志－决断的结果，正如意志－决断是这个统一体的结果；每一方都离不开另一方。而统一体为了成为统一体，需要通过意志将其与所有外部的事物加以区分（或反对）；而意志为了可以贯彻，为了成为具有决断性的意志，则也必须是统一的。这种概念化的程式中，似乎存在着一种超出了代表范畴和认同范畴两分的东西，因为古典时代的代表哲学家和认同哲学家（霍布斯和卢梭）都涉及意志的统一（前者是在主权者 [sovereignty] 中，后者则是存在于公意 [*volonté générale*] 中）。要记住，在施密特那里，代表失去了两极性中的平衡和区分法则，因而趋向了认同，沃格林提出的问题实际不是认同和代表的二选一，[1]而更加是代表古典与现代概念之间的选择（或者更加是“古代的”[希腊和基督教]和“现代的”代表）。他对霍布斯意志观念持批判态度（这是沃格林真正关心的问题），而也正是由于这个原因，他实际又攻击了霍布斯和施密特。[2]在此，沃格林指出（尽管也不是特别坚决），两者之间的区别在于，前者开启了现代性，而后者则关闭了现代性。但不管怎样，两者的工作都是从这里出发的。在圣奥古斯丁（Saint Augustine）那里，意志也是十分重要的二元化事物，但现代的潮流却将其拉进了统一体的旋涡中，削减了一极（超越性），并由此绝对化了另一极：“圣奥古斯丁

1　参见卡尔·施密特，《宪法学说》（Carl Schmitt, *Constitutional Theory*, trans. Jeffrey Seitzer, Durham, N.C.: Duke University Press, 2008, 239-240）：“在政治生活现实中，国家既不能放弃认同原则的所有结构要素，也不能再放弃代表性的所有结构要素。即使是在要求无条件地实现绝对的认同中，代表的要素和方法仍然是不可获取的，正如没有认同的形象就不可能有代表。认同和代表这两种可能性并不互相排斥。相反，它们只是政治统一体具体构造中两个相对的定位点。在每一个国家中，不管强大与否，它们都是一个民众政治存在的一部分。”

2　沃格林对霍布斯的解读，参见沃格林，《新政治科学》（Voegelin, *The New Science of Politics*, 152-161, 178-187）。沃格林早期一部著作的其中一章也讨论过霍布斯：埃里克·沃格林，《政治的宗教》（Eric Voegelin, *Political Religions*, trans. T. J. DiNapoli and E. S. Easterly, Lewiston, Maine: E. Mellen Press, 1986）。均收于埃里克·沃格林，《没有约束的现代性》（Eric Voegelin, *Modernity without Restraint*, ed. Manfred Henningsen, Columbia: University of Missouri Press, 2000）。

区分了自我之爱（*amor sui*）和上帝之爱（*amor Dei*），将其作为灵魂意志的核心。霍布斯抛弃了上帝之爱，心理上完全只依赖于自我之爱，语言中充满了自负和个人骄傲。”[1]在施密特之前，同时也是跟施密特一起，霍布斯开启了彻底内在化的历史和历史彻底的内在化。

现在可以把讨论集中到这一点上来。我们先思考一个方面，即沃格林在阐释施密特上的准确性问题。由此，我们来看以下几个问题：（1）施密特是否可以被认为是彻底内在化政治哲学家，或者相反，这种内在化是否在自身之外（甚或在自身之内）遗留着超越性不可化约的碎片。（2）《宪法学说》（*Constitutional Theory*）中的“代表”范畴是否完全与《罗马天主教与政治形式》中的完全不同（即它是否完全是“水平化”）。[2]（3）施密特 1923 年的论文中是否就已经包含了意志 - 决断的概念（在教皇本人中），

1 沃格林，《新政治科学》（Voegelin, *The New Science of Politics*, 184）。

2 这里也存在一种完全相反的可能性：“这一概念的辩证法是，不可见的东西被设定为缺席的，但同时又是在场的。对任何类型的存在而言，这都是不可能的。事实上，它预设了一种特殊类型的存在。死亡的东西，低劣的或没有价值的东西，低等的东西都不能被代表。它缺乏一种能够成为实在，上升为公众存在的增强型存在……与之相反，在代表中，一种更高层次的存在有了具体的形象。代表的观念需要这样的一组人存在，作为政治统一体，也是一种更高、更强、更强烈的存在，与群居的人类群体的自然存在相对。如果这种政治存在的独特性被侵蚀，人们优先考虑其他类型的存在，那么代表概念等的理解也会被更换。”施密特，《宪法学说》（Schmitt, *Constitutional Theory*, 243）。

后来的作品又将其变得绝对化了。沃格林对施密特的这种解读十分重要，足以将其摆在了某条战线的另一侧，在沃格林看来，这条战线将政治哲学论争划分成了两个相互冲突的阵营："当代危机中真正的分界线不是处在自由主义者和极权主义者之间，而是一边站着宗教和哲学的先验论者，另一边站着自由主义和极权主义的内在论宗派主义者。"[1]

起源与根基

刚才引用的那段话实际并不是针对卡尔·施密特，而是这场论争的另一位主角——汉娜·阿伦特，当时已经是《极权主义的起源》(*The Origins of Totalitarianism*)的著名作者。1953年沃格林评论这本著作后引发了一场短暂却激烈的论争，这场论争及其所展示出来的激进立场，对两位作者后

---

1 此处为沃格林对《极权主义的起源》的评论：埃里克·沃格林，《极权主义的起源》，载于《政治评论》(Eric Voegelin, "The Origins of Totalitarianism", *Review of Politics* 15, no. 1, 1953: 68-76, 75)。这篇评论与阿伦特的回应以及沃格林最后的反馈发表于同一期。参见汉娜·阿伦特，《〈极权主义的起源〉：一篇回应》，载于《政治评论》(Hannah Arendt, "*The Origins of Totalitarianism*: A Reply", *Review of Politics* 15, no. 1, 1953: 76-84)；埃里克·沃格林，《〈极权主义的起源〉：总结》，载于《政治评论》(Eric Voegelin, "*The Origins of Totalitarianism*: Concluding Remark", Review of Politics 15, no. 1, 1953: 84-85)。关于两者的争论，参见伊丽莎白·扬-布鲁尔，《汉娜·阿伦特：爱这个世界》(Elisabeth Young-Bruehl, *Hannah Arendt: For Love of the World*, New Haven: Yale University Press, 1982, 253-55)。

来的作品都有所启发。他们思想上的分析几乎就只局限在几个共同的问题上，而他们两个几乎都没有意识到，这些问题恰在很大程度上让他们的立场趋于一致。甚至，1953年沃格林和阿伦特的论争结束之后，他们在基本理论层面上的异议似乎也只是一种相互的误解——或者至少是表明，仅仅在同一个研究框架中，我们看不到他们之间有什么不同（尽管实际也有）。我不想提那些与两位作者（以及列奥·施特劳斯 [Leo Strauss]）联系在一起的老套的经典批判主题：实践哲学，回到古希腊，以及对现代性批判。实际上，他们在这些问题上的分歧最为明显且巨大。[1] 与此相反，他们的相同之处存在于一种概念，或更准确地说是语义层面，其中即便是最为明显的区别在此也趋向于类同。

我们先看一下 1953 年两人交流的具体内容，它肇始于阿伦特关于极权主义的伟大著作。沃格林对此书的兴趣绝不仅仅是形式上的，在简单介绍之后，他在两个方面对其进行了批判。第一个指责有些不合逻辑：尽管意识到问题的严重性，“阿伦特博士……却并没有对自己的见解加以

1　我在此涉及的是自己的文章及参考文献：罗伯托·埃斯波西托，《政治与传统：致汉娜·阿伦特》，载于《肯陶洛斯》(Roberto Esposito, “Politica e tradizione: Ad Hannah Arendt”, *Il Centauro* 13-14, 1985: 97-136)。

理论概括”[1]。第二项指控则更为严厉，对沃格林而言也更具决定性意义。他认为阿伦特在观念上纵容，或者说在心理上认同了分析的对象：极权主义。“这本书讨论的是时代的困境……但它自身也受制于这些困境，因为它的伤痕就是我们已经提到的理论的不尽如人意的状态。它充满了精彩的表述和深刻的见解——这些我们只能从一个完全认识了她的问题的哲学家那里才能看到——但令人惊讶的是，当作者探究其后果时，她的论述却令人遗憾地变得单调乏味。这一偏离尽管略为尴尬，但却颇有裨益——有时甚至比那些洞见本身更有意义——因为它们揭示了时代知识的混乱，比其他论调也更有说服力，展示了极权主义观念为何会获得广泛的支持，为何在未来一段时间还会如此。”[2]

沃格林认为，阿伦特实际并没有运用真正的哲学方法，这就是为什么她可以成功地理解极权主义现象的基本特征，却无法把握它的“本质”。如果她能够识别出这种“本质”，而不是满足于认识某种掩盖其“本质上同一”的“现象上的差异”，[3]那么阿伦特就会理解那些将各种历史事件联系

1　埃里克·沃格林，《极权主义的起源”》，载于《政治评论》(Eric Voegelin, “The Origins of Totalitarianism” , *Review of Politics* 15, no. 1, 1953: 68-76, 74)。

2　同上，69。

3　同上。

在一起的要素，它们已经延续几个世纪甚至几千年。更具体地说，她会意识到极权主义的起源和本质就在于它的内在性，这种内在性中蕴含着一条诺斯替主义的红线，将欧洲近代史与中世纪晚期约阿基姆（Joachitic）异端学说联系在了一起——这是沃格林著名的观点。沃格林最终又祭出一击：正是这种内在性，也揭示了阿伦特著作中隐藏的一条线路，即人类本性改变的可能性。对于沃格林而言，这种论点只是一种“西方文明智识崩溃的症状”[1]，而敌人正是通过这种崩溃站稳了脚跟并进而发展壮大了起来。我们之前已经提到：在超越论哲学家和内在论哲学家之间的斗争中，阿伦特站在了壁垒的另一边。这就足够让沃格林怀疑她的立场。

尽管阿伦特的回应表面上看来只是出于尊重和礼节，但实质却并非如此。她解释道，这本书的难点在于，它“不属于任何学派，也没有使用任何正式承认或有争议的工具”[2]（这就是她风格独特的原因，一种知识和想象的结合），她由此直接回击了那位著名对话者的指责。第一，关于历史的概念，阿伦特认为沃格林封闭在了一种世俗化的理论

1 同上，75。

2 汉娜·阿伦特，《〈极权主义的起源〉：一篇回应》（Arendt, “*The Origins of Totalitarianism*: A Reply”，76-84, 77）。

中，致使事实上的区别掩盖在了一种预设的概念身份中：“沃格林教授之所以大谈‘西方文明的腐败’‘西方卑鄙行径在全球范围内的扩张’，就是因为他将‘现象上的差异’——在我看来，这就是极为重要的现实上的差异——视为某种教条化本质观念下‘本质上相同事物’的次要产物。”[1]阿伦特继续探讨了神学与政治之间的关系。沃格林认为她持内在论立场，而她则认为这是因为他不恰当地“在极权主义的讨论中加入了半神学观念。”[2]阿伦特进一步攻击道，这本质上是将神学工具化，在许多方面都很接近“最后也许是最危险的无神论”的边界：[3]它被用于证明某种合法性。“有些人看到这个时代的可怕事件后就认为，我们出于政治原因必须返归宗教和信仰，但在我看来，他们和他们的对手一样，都缺乏对上帝的信仰。”[4]总而言之：虽然对于沃格林而言，阿伦特缺乏一种能够从哲学上驱除极权主义内在性的关键阐释能力（更重要的是，她还不经意间成了其牺牲品）；而对阿伦特而言，沃格林将极权主义事件封闭在了一个传统的历史哲学框架内，最终滑向了某

1 同上，80。

2 同上，82。

3 同上。

4 同上。

种名副其实的政治神学。

我在讨论一开始就提出过，我感觉两个思想家都错了；每个人都在为自己的观点辩护，乃至误解了对方的本意。首先，以沃格林为例。我们可以看到，阿伦特将他的观点视为一种“历史哲学”和“政治神学”。这两种描述都不是沃格林的真正立场，甚至都可以说它们恰恰与其相反：沃格林是一个“反历史哲学”和“反政治神学”的人。我们可以从反历史哲学开始一点点来看。现在人们已经普遍都认为沃格林的哲学不是通常意义上的历史哲学，因为后者都是预设着一种线性的范式，结果为一连串事件所决定，而根据已有的结果也可以重构出之前发生的一连串事件。在这一点上，我们只需要记得他曾中断并修改了他的《秩序与历史》（*Order and History*），其中最初的设想是沿着一个单向的发展脉络来组织前后相继的各个阶段。此外，沃格林不止一次宣称，我们不可能重构或预设一种历史的理念（*eidos*）：“所有的解释都假装告诉你历史的意义是什么，假定可以从整体上把握历史。用通俗一点的话来讲，那就是将历史视为了‘*modo futuri exacta*’，一种完美的未来模式，似乎人早就知道结局会是什么。实际上，人不可能知道结局会是什么，因而也无法断言历史的意义。”[1]

这段引文摘自《历史的架构》（“Configurations of History”），可能是沃格林质疑自己历史观最为彻底的一篇文章。他不仅重复了他的论点，反对任何简单的按年代顺序排列的时间观念，[2]重申他对雅斯贝尔斯的“轴心”（Axial）或纯然横向范式的抵制，同时也强调和强化了他对历史时间的另一种理解，即文章最后一部分通过“脱离”（exodus）这一范畴，将历史时间理解为不连续和不可预测的。在此，他认为历史有着“划时代的飞跃”（epochal leaps）（沃格林使用了“侵入”[irruption; *Einbruch*] 这个概念，施密特也很喜欢[3]），它会通过一系列灾难性事件撕裂历史时间的单一结构，从而产生新的和不可预见的形态构型。

所有这一切，都让我们需要批判性地重估阿伦特对沃

1 埃里克·沃格林，《历史的架构》，载于《文集，1966-1985》(Eric Voegelin, “Configurations of History” , in Eric Voegelin, *Published Essays, 1966-1985*, ed. Ellis Sandoz (Baton Rouge: Louisiana State University Press, 1990), 95-114, 96)。着重号由我所加。

2 参见埃里克·沃格林，《从启蒙到革命》(Eric Voegelin, *From Enlightenment to Revolution*, ed. John H. Hallowell, Durham, N.e.: Duke University Press, 1975, especially 74ff)。

3 卡尔·施密特，《哈姆雷特或赫卡柏：时代侵入戏剧》(Carl Schmitt, *Hamlet or Hecuba: The Intrusion of the Time into the Play*, trans.David Pan and Jennifer R. Rust, New York: Telos Press, 2009)。

格林的刻画—— 一个传统的历史哲学家。它同时也意味着，两位作者有共同的基础，且都对传统的历史哲学进行了某种解构。然而，我们也需要警惕过度同化的错误，因为有一点也完全可以证实阿伦特的不同之处：他们各自对“起源”的理解。我们后面再探讨这个概念在阿伦特理论装置中的音意兼译（semantic transliteration）情况，先来看沃格林。我们已经说过，沃格林贬低了目的这一范畴，认为它只是一个统一历史时间的地带。但并非所有统一历史时间的观念都可被排除在外——如果是这样的话，我们甚至不能谈论历史。沃格林可能会否认“目标”（*il fine*）（或“终点”[*la fine*]）有助于回溯历史事件的整个过程，但还有一个不同的地带可以赋予历史探究以意义（尽管它注定总是有些不尽人意）：这一点就是起源。

起源让历史清晰可见。但这里还有一点需要注意。这种起源自身却并不可见。沃格林认为，起源的不可见，以及起源无法从历史的角度来认识，两者共同使历史变得可见。[1]由此，在沃格林这里，历史不是一个人类的过程，而是一个“神圣 - 人类”的过程：“在时间之内，但也在时

---

1 参见沃格林，《智慧与极限的魔力》，载于《文集，1966-1985》（Voegelin, “Wisdom and the Magic: of the Extreme”, in *Published Essays, 1966-1985*, 315-375）。

间之外”，或者像他在《时间中的永恒存在》（“Eternal Being in Time”）一文中进一步指出的那样：“着眼于‘永恒’”。[1]假若并非如此，假若沃格林将起源视为一个完全可知的事件，那么起源就有了一种形而上学式的“根基”特质——其中首要的就是可决定后续的事件。在此，起源成了沃格林抵制的目的，有了一种预设的能力，因而，它不过是将传统历史哲学简单的翻转了一下。再说一次，这绝非沃格林所理解的起源。尽管他明确提到过“根基”（《记忆》[*Anamnesis*] 中有一章甚至就称为“根基意识”[The Consciousness of the Ground][2]），但其态度却完全是否定的，拒绝了任何明确的可能性。除此之外，这里存在的只是“面对”根基时的一种“张力”意识，它赋予了历史经验以意义，而这种意义所需要的则是一种永远无法达致的根基：

> 面对根基的张力是一种意识结构（*Sachstruktur*），但它并非可构思的对象：而是一个有着自身透明度的意识过程。而当其进入意向性的体验（noetic experience）之时，意识就达到了其最大的亮度，它在此可以朝向自身逻格斯的根基来表达张力；而也正

1 现收于沃格林，《记忆》（Voegelin, *Anamnesis*, 312-337, 327）。

2 同上，345-373。

> 是在其逻格斯清楚地作出了解释的情况下，意识才可继续建构过去历史现象的场域，而这一场域，对于力图把握根基的工作而言，却是一个晦暗不清的地带。没有意识亮度的维度，就没有可被意识照亮的原因论（aetiological）维度，而没有这两者，参与性知识（participatory knowledge）的历史－批判维度也无从谈起。[1]

这产生了两个紧密相关的后果。首先，沃格林所谓的“根基”，只是在其不断从它自身定义中抽离时才成其为（as）根基。第二，历史不能统一，除非人们越来越清楚地意识到抽离的必要性。在这个意义上，我们甚至可以说，统一历史的是一种对自身不可呈现性（unrepresentability）的认识；是一种要求历史与所有解释其自身内在性的筹划决裂。我们知道，对沃格林来说，哲学可以引入这种决裂。哲学并非生来就有历史，而是在发展到一定阶段才落入历史之中，带来了它的真相。但是，这一真相并不能作为历史存在问题的回答，它最终会融合在历史自我界限的认知中，一种历史面对晦暗的“根基”（它产生了历史，却永远无法在历史这里得到充分地揭示）时所产生的认识。这

1 同上，354-355。

才是我们理解沃格林的正确方式，他认为，知识最重要的地方在于区分可知与不可知（并非维特根斯坦意义上的）。当哲学抹除了这一区别，当它超越这一界限时（或者更糟，将其内化在一种目的 [telos] 中时），它就成了灵知（gnosis）。

众所周知，灵知是沃格林现代性阐释中的一个关键概念，这一主题也是其作品中最具启发性的部分——同时也是最自相矛盾的地方。他一方面采用了“世俗化”作为其阐释的工具，另一方面却模糊了奥古斯丁基督教和现代性之间明显的联系，这种观念上的前后不一就是证明。[1] 我在此并不是为了彻底解决这一问题，[2] 而只是借此来探讨阿伦特的第二个质疑，即沃格林采用了一种政治神学形式的视角，这个术语展示的只是政治和神学词汇之间发生短路的情形，却有了一种正当性。

沃格林的《新政治科学》是对这种政治神学形式的批

1 关于沃格林的灵知，参见格里戈尔·塞巴，《历史、现代性和灵知主义》，载于《秩序的哲学：历史、意识与政治论文集》（Gregor Sebba, “History, Modernity and Gnosticism”, in *The Philosophy of Order: Essays on History, Consciousness, and Politics*, ed. Peter-Joachim Opitz, Gregor Sebba, and Eric Voegelin, Stuttgart: Klett-Cotta, 1981,434-488）。

2 在我的《政治与传统》（Esposito, *Politica e tradizione*, 97-136, 105-111）中有更加详细的介绍。沃格林在这一问题上最重要的文章为《人造宗教》（“Ersatz Religion”）和《科学、政治与诺斯替主义》（“Science, Politics and Gnosticism”），均收于沃格林，《没有约束的现代性》。

判。在其1938年关于政治宗教的文章中，沃格林就已经提出了“差异化”（differentiation）这一概念，作为评判政治与宗教之间时代联系的基础，其方法就是区分出世宗教（*überweltlichen Religionen*）和入世宗教（*innerweltlichen Religionen*）。《新政治科学》进一步完善了这一观点，其中认为，一个社会的发展水平——与解释它的哲学发展水平一致——与其内部的差异化水平成正比。代表的理念——沃格林分析的对象——直接来自这种内部的差异化，因为“接合（articulation）……是代表的先决条件。”[1]在此，“接合”指的是一种联系，一方面，它存在于社会与其代表之间；另一方面，它也存在于这两种要素与赋予了代表-功能以意义的先验理念之间。这正是沃格林在评论施密特的《宪法学说》时力图辩护的两极性，在他看来，施密特式的代表为了“认同”而完全失去了平衡。现在，在政治神学这一问题上，沃格林认为最为关键的地方在于，基督教救赎论[soteriological]形式应当是这个时代代表的最佳状态（与其现代的堕落[*degradatio*]形式相反），这并非因为它整合了哲学诞生后分化并压缩到单一存在层面上的经验秩序。恰恰相反，因为基督教放大并强化了这种差异，甚至，它

1　沃格林，《新政治科学》（Voegelin, *The New Science of Politics*, 41）。

的区分要更加彻底。

沃格林《新政治科学》中有一章讨论了“罗马帝国中的代表之争”（struggle for representation in the Roman Empire），其中也坚持这一点（无独有偶，这一章同样认同埃里克·佩特森的反政治神学论点，我在导言中也提到过）。[1]代表之争让两种力量陷入了对立。一个是罗马政治神学——从瓦罗（Varro）到西塞罗（Cicero）再到塞尔苏斯（Celsus）——他们都致力于弥合救赎论的差异，重塑政治城市和它的神之间的古老联盟。另一个是基督教——从圣安布罗斯（Saint Ambrose）到圣奥古斯丁（Saint Augustine）——他们意图重申和强调同一种区别。后者旨在保卫上帝之城的绝对性，但是，我们应该注意，它这样做部分是为了维护地上之城的自主。沃格林这种观念需要特别强调一下，它完全颠覆了阿伦特对他的印象——政治-神学思想家。当沃格林强调安布罗斯的信念，即“军团成就了维多利亚（Victoria）”“而不是维多利亚成就了帝国”[2]，或者当他写道，“圣奥古斯丁无法理解罗马时代的那种紧密关系，即历史的具体的城中诸神与人密不可分的共同体，

1 参见同上，102。

2 同上，85。

人类与神圣的社会秩序制度同在，”[1] 基督教在他看来就是一场思想运动，它既捍卫超越性领域的自主，同时又默认历史 – 政治领域的存在（一个奥古斯丁判定为正在崩溃的世界 [*saeculum senescens*] 的领域，但并未因此而比另一个的绝对性 [*absoluta*] 更弱）。

因此，基督教毫不意外地被沃格林归入了去神圣化（de-divinization）范畴："基督教的胜利终结了罗马帝国中各种真理的冲突。罗马帝国以基督教的胜利而结束。这一胜利最大的影响就是，世俗权力领域被去神圣化。”[2] 这就是为什么沃格林反对任何形式的政治神学，不管它是前现代诺斯替主义的变形（试图通过内在化超越性的真理来重新神化世界），还是现代的霍布斯哲学（消除所有的真理）。这些力量都是对各种要素的整合，它们曾经各自泾渭分明——先是在希腊哲学中，然后又出现在基督教。由此导致的单一化从根本上改变了现代性从前一种秩序中继承而来的代议 (*rappresentanza*) 观念，现在，这种观念失去了基本的区分功能——接合功能，而在此之前，这才是它的主要特征。霍布斯有效地完成了这种统一化的转变："契

1 同上，88。

2 同上，107。

约不会创造一个代表各个个体的政府；在缔结契约的行动中，他们不再是自治的人，他们将权力欲求一并交付给了某种新的人，交给了共和国（commonwealth），而这个新的人的载体，它的代表，就是主权者。”[1]

新的体制

自然，这增加了我们对沃格林式基督教、现代性以及两者之间关系阐释的兴趣。但是，如果回到最初沃格林和阿伦特之间的问题上，我认为这一点揭示了两位思想家另一个政治神学批判方面的相似之处。阿伦特和沃格林处理的都是“政治神学”范畴——同时也是对这一范畴的批判——但他们面对的问题却各有不同，甚至在某些方面完全相反，这可能也是两者均误解了对方的原因。在沃格林这里，这个词倾向于两个词的结合（政治和神学的），消除并“抹平”了超越的裂痕；相反，在阿伦特看来，政治神学是一种分离过程的结果，它在政治世界中引发了一种超越－效应（transcendence-effects）。从后者的观点来看，自柏拉图以来，西方政治就受到了一种神学上“疾病”的“污染”：确切说来，阿伦特将源起（*arché*）形象在逻辑和语

1　同上，182。

义上的分裂追溯到了柏拉图，认为正是从这里开始，原本统一的源起分裂成了“开端”（*archein*）和“实现”（*prattein*），致使它堕落成了开始统治（*dirigere*）而无须行动，以及付诸行动却无从统治（即执行）。[1]

从这一点上来看，任何形式的政治——无论是理论上的还是实践上的——都逃脱不了神学化的命运：甚至不是现代的革命——阿伦特唯一没有描述为熵的事件。[2]（阿伦特的分析以独特的批判性见长，而不重于建设性，这一论断可能是最为鲜明的证据）。现代革命中似乎有两种相互冲突且沉醉于其中的倾向和力量。一方面，有一股强大的新力量：革命就是“一种新的体验，它显示了人类求新的能力。”[3] 阿伦特认为，在两次伟大的现代革命之后，人们才体认到这种全新的求新的激情（*pathos*），这完全可以

1　参见汉娜·阿伦特，《人的境况》（Hannah Arendt, *The Human Condition*, Chicago: University of Chicago Press, 1998, 189），以及《过去与未来之间：政治思想随笔八篇》（Hannah Arendt, *Between Past and Future: Eight Exercises in Political Thought*, New York: Penguin Books, 2006, 108）。

2　阿伦特对革命的阐释，除了《论革命》之外，还可参见《对政治与革命的思考》，载于《共和的危机》（“Thoughts on Politics and Revolution”, in *Crises of the Republic*, New York: Harcourt Brace, 1972）；以及汉娜·阿伦特，《极权主义式帝国主义：对匈牙利革命的思考》，载于《政治杂志》（Hannah Arendt, “Totalitarian Imperialism: Reflections on the Hungarian Revolution”, *The Journal of Politics* 20, no. 1, 1958: 5-43）；仅收于1985年Meridian版《极权主义的起源》（*The Origins of Totalitarianism*, New York: Harcourt Brace Jovanovich, 1976）。

3　汉娜·阿伦特，《论革命》（Hannah Arendt,*On Revolution*, New York: Penguin Books, 2006, 24）。

驳斥沃格林对世俗化原则的理解。“基督教教义学说本身就是革命性的，”阿伦特明确指出，沃格林“在事实面前，就像宣称美国革命不存在一样荒谬。因为事实就是，现代之前从未有打着基督教旗号的革命，即便是为这一理论辩护的最好的借口——它需要现代性来解放基督教信仰中的革命萌芽——都明显是在回避问题。”[1]从这一点来看，革命完全是世俗化的反面。如果说世俗化意味着连续性，那么革命就意味着——或是——差异：确切地说是历史的差异。或者，我们可以说，作为差异的历史。

然而，这只是问题的一面。历史，或历史事件，不能与事件的相关知识混为一谈。最重要的是，我们不能无视那些形塑这些知识的转移和置换。有一种说法，求新的激情振奋了现代革命的主角。[2]但阿伦特则认为，这种激情“只是在主角们违背了自身意愿，毫无回头之路后才涌现的。”[3]这与前一种观点有根本上的不同，因为其表现的是“革命精神”决定性的特征：同时存在两种直接对立的倾向。一个是开创，由现实的力量所诱发和激起，另一个则

1　同上，17。

2　这一点可参见 J. 米勒，《求新的激情：汉娜·阿伦特眼中现代世界的自由形象》，载于《汉娜·阿伦特：公共世界的复苏》(J. Miller, “The Pathos of Novelty: Hannah Arendt’s Image of Freedom in the Modern World” , in *Hannah Arendt: The Recovery of the Public World*, ed. Melvyn A. Hill, New York: St. Martin’s Press, 1979, 177-208)。

3　阿伦特，《论革命》(Arendt, *On Revolution*, 32)。

更为原初和保守，却同样有力，两者证实了回旋（*revolutio*）这个术语原初词源上的正确性，即与重塑与重整有关。整个历史中，这种结合导致了某种“分析的斜视”（analytical strabismus）：用过去的眼光看未来，将革命的求新解释为过去事件的重复；早在罗马创立之时，它的阐释者就将其庆祝为特洛伊的重建。

通过“创立”（foundation）问题，我们可以更全面地分析这种张力。虽然它是革命者自身主观上的表达，但革命本质上的矛盾不能简单地归结为一种心理上的难题；它更加是遍布在革命事件的语义结构中。我们已经见识过一起事件是如何与之前的情况发生彻底的决裂——一个名副其实的决断。然而，从一开始阿伦特就表示，过去那种破坏和剧变的观念并不能充分概括革命的概念：它还需要革命另一个同样重要的方面，新的创立与建制。革命的这一方面，其建设性的筹划，将其与简单的反叛观念划清了界线。由此，要实现真正的革命，仅仅克服旧的暴政是不够的；它也需要建构一种新的自由：“去建构”，用孟德斯鸠（Montesquieu）意味深长的话来说，“政治自由。”[1] 只有当我们能够重新将那些通常被理解为相互冲突的术语——如革命与宪法、根除与创立、自由与权力（*potere*）等——

1　同上，141。

联系在一起时，我们才能理解革命辩证法全部的复杂性。

然而，这就是矛盾出现的地方，如果革命既是对过去的一种解放，也是对未来的一种建构，那就意味着它不能被纯粹的决断所左右。或者换种更好的说法：为了避免局限于“决定”过去，为了能够对新产生影响，决断就必须建立在一种特定的原则基础上。这就是为什么所有伟大的革命理论家，从马基雅维利到罗伯斯庇尔（Robespierre），都认为自己系身于唤起立法者的神启，从而用一种政治-神学的语言宣告他们与传统的决裂。然而，这同样也是他们理论上的革命的失败原因。革命需要新的建设，一种它可诉诸的超越性准则（法律、权威、合法性），一个它可扎根的绝对（Absolute）——尽管是一个新的。但是，革命之所以为现代的，不正是因为它是挣脱一切绝对形式的计划的一部分吗？这就是禁锢着一切革命的恶性循环。

每一场革命？至少有一个——美国革命，它看起来似乎逃离了这个循环。众所周知，阿伦特认为美国革命的环境在历史上是独一无二的，因为它确实没有欧洲那样庞大的贫困人群——不是同样的“社会问题”（事实上，美国存在种族歧视的问题）。革命之前，美国还有着自治的经历，一系列拥有独立权力的统治机构的存在，也使其有了独一无二的特性。但是，仅凭这两个客观因素，并不足以让美国革命摆脱普遍存在的退化螺旋，除此之外，革命主角们的主观因素也在其中发挥着作用：计划与过去决裂，宣告他们是一种全新经验的开创者——建国之父（Founding Fathers）。阿伦特继续论述道，这并不意味着他们能摆脱诉诸过往范例的本能冲动，但选择罗马共和国作为其目标，强调共和国所特有的品质，这就让一种自我的合法化发生了转变，并因此从根本上将保守的倾向变成了一股潜在的创新力量。

我们来看一下转变的过程。上文中已指出，每一次革命的问题，或者从更普遍的层面上来看，每一个政治组织的问题都需要追溯权威的来源，这种权威在结构上优于政治行为本身，但是，这一常理在展现着其必要性的同时也蕴含了矛盾之处。它建立之时，即使是罗马共和国也不能没有这样的原则——至少，它不用成为所有起始阶段都固有的独裁的牺牲品。阿伦特认为，这种独裁是权力（power）和权威（authority）的混淆，或者，更准确说来，它是为了权力而取消了权威。但美国革命却与之前的一切都有着根本的不同：它采用参议院的形式，将权威导回了国家 - 创立行为本身。权威源于创立这一行为，两者之间根本上的联系也正是由此而生，是美国革命者从罗马先例（*exemplum*）中借鉴而来的重要元素。由此，他们保证了权威形态的完整性，同时也没有让其凌驾于政治行动之上，这是一项无价的壮举：

> 美国革命者将自己设想为“建国者”，这一事实表明他们有多么了解，新政治体的权威之源并不是不朽的立法者或自明的真理，也不是其他超越的、超凡的源泉，而是建国这一行为本身。由此可见，面对所有开端都难免会陷入的恶性循环，他们并没有试图用一种绝对来打破它，因为这种“绝对”就潜身于该开端行为本身之中。[1]

因此，美国革命独一无二的成就要归功于某种神奇、稳固的平衡：“开端与准则，原理（*principium*）与准则不仅相互联系在一起，而且还同步相伴。”[2]因此，它开端（*incipit*）的黎明时刻就完全包含并显露了其独特的成就。具体到细节上，阿伦特将它的成功归于其开端经验的独特性（exclusivity），从根本上强化了其全新性——即便是对照罗马的先例也是如此，它在确定自身的权威之时只

---

1 同上，196。

2 同上，205。

是在复制其决定性的要素。尽管在罗马和美国的制度模式中，权威都不是权力的产品，而是创立行动的一部分，但在权威这一问题上，两者实际却有着明显的不同。原因并不仅仅在于美国革命将权威之位从政治机构（罗马元老院）转移到了司法机构（最高法院），而更加是因为这种转移打破了政治权威所保留的传统。在罗马，是元老院把永恒和变迁捆绑（*religava*）在一起，并永久地扩大了政治开端，让其在时间中绵延不绝："这种扩张的延续性及其内在的权威只能通过传统而生，也就是说，它所依赖的是开端伊始便确立的准则的世代相传和薪火相接。"[1]这一脉络在美国革命这里被打断了，而这正是为何这一革命是全新经验的原因——一个反对（而非复制）罗马伟大秩序时代（*magnus ordo saeclorum*）的新秩序时代（*novus ordo saeclorum*）。但同样也是这种打断，最终也决定了它的消散。

在此，阿伦特的讨论似乎又折回了自身，将革命所表现出来的矛盾推到了极限。尽管革命处在当下的"虚空"，这个"'不再'（no longer）和'尚未'（not yet）之间"的间隙中，似乎在一个纯粹的现在中悬置了时间，但它还是会难以抵抗地成为时间的牺牲品。实际上，这是革命

1　同上，193。

的极端的异质性——它对时间的蔑视，它当下的不可呈现性——使它注定要悲惨地重蹈过去的经验。这些表述并不是针对任何特定历史事件的问题，它展现的是阿伦特所谓的现代政治构成中的困境。甚至连美国革命都无法建立一个稳定的作为多样性的自由，无法在一个持久稳定的空间中构建自由——历史上无法实现，逻辑和语义上也毫无可能。作为多样性的自由，多样性开端的自由，实在是难以想象。不管是在时间还是空间层面，代表都不具可能性。从这一点来看，阿伦特与沃格林之间根本的不相容，远非简单的政治或范畴上的分歧，而是一种真正语义层面上的差异。沃格林的代表是泛政治天主教主义式的，而阿伦特则对代表流露出一种犹太教式的拒绝，甚至“禁止”，两者完全相悖。[1]

在阿伦特与犹太文化之间的关系问题上，我们还有很多工作要做（不只是因为界定“犹太文化”有很大的难度）。尽管如此，我们还是可以将其作为一种对代表

1　看与听的对立贯穿汉娜·阿伦特《心智生活》第一部分《思考》（Hannah Arendt, “Thinking”, *The Life of the Mind*, San Diego: Harcourt, 1981, see, for example, 111）。然而，从史料来看，犹太教对形象的禁止绝非既定事实。例如，谢尔顿·沃林（Sheldon Wolin）在为《纽约书评》（*New York Review of Books*）所写的《心智生活》书评中，就以一段涉及阿伦特的引文反驳这一点，认为犹太教预言中有着一种“幻觉”和（本质上的）“意象”性。谢尔顿·沃林，《停下来，去思考》，载于《纽约书评》（Sheldon Wolin, “Stopping to Think”, *New York Review of Books* 25, no. 16, 1978, 16-2l）。

原则的批判，借此来阅读她关于革命的著作的最后一部分。首先，她从联邦制的角度批判了代表的集中化效应。在此，她富有激情地拥护着所有自治的实践（法国公社 [French Commune]、美国乡镇 [American townships]、苏联 [the Russian soviets]、匈牙利评议体系 [Hungarian *Räte-system*]），它们随革命的爆发而生，却通常又会被淹没于革命之中。与此同时，阿伦特还攻击了政党政治，认为它造就了以下几种后果：参与退化为共识、行动退化为执行、政治退化为管理。但由于某些它没有明言——或是由于不能表达——的内容，这个文本看起来针对的是所有政治形式。而这些内容，就是革命不可代表的核心，它原初的星火：起源与原则 (*principio*) 的结合，释放了政治的多样性，一种作为多样性的政治。代表的语言并不能充分展示多样的本质。这源于一种双重原则：代表的语言整合多样的事物，同时也分解了统一的东西。或者，更准确来看，它恰恰是通过剥去被代表国民的代表性，才将其整合在了一起。

不管是简单地将政治代表视为一种对人民的压制，还是将其看作一种人民自身控制人民政府的行为，都不重要。无论哪种情况，这都是一个古老的问题，“统治者和被统治者之间由来已久的区隔，革命正是要通过建立共和国来消除这一问题。”[1] 从这个角度来看，18—19 世纪，代议制政府从未有过任何改变代表性原则的尝试：代表凌驾于所代表的之上，统一体——永远的“政治 - 神学”统一体——正是由此建构而成。国民的意志，他们的决断服从于代表的超越性。意志无法自由决断，因为代表切断了自由和意志之间直接的联系，从中加入另一个过滤器，一个绝对的中介。归根结底，这就是阻碍政治行动的因素，它将政治行动转化（*tradurre*）成了管理技术，并因此也背叛（*tradire*）了政治行动。在此，阿伦特对代表原则的批判达到了高潮，但似乎也失去了平衡，倒向了它相对的另一面：内在性取代了超越性；认同取代了它的代表性、意志对抗着它的代表。她的雄辩似乎大步退回到了另一条路上——无条件的赞美决断：斩断意志与代表之间的纽带，让意志重获自由，走向决断。

意志的冒险

这只是一种印象。阿伦特之路并非通向一种内在的、自我合法化的决断，而她对代表的批判，也不是退缩到为这种意志辩护，因为这条路已经被法国大革命的结局阻断了。如果说美国革命是代表的革命，那么类似的法国大革命则与之相反，成为一场意志的革命。这种意志恰恰是对

1 阿伦特，《论革命》（Arendt, *On Revolution*, 229）。

代表的否定——一种无法被代表的东西："被代表的人并不自由，因为意志不能被代表。"[1]卢梭是这一观点的源头，[2]它看起来是从根本上推翻了霍布斯的观点。[3]如果说代表斩断了意志和自由的联系，那么意志只有通过驱逐代表才能重获自由。[4]为此，我们要推倒"共识"（它与古老的众意

1 阿伦特引用的这段话（同上，233）来自勒克莱尔（Leclerc），阿尔伯特·索布尔（Albert Soboul）也引用过，《人民民主的起源：无套裤党民主二年的政治方面》，载于《新历史观的贡献：阿尔弗雷德·穆塞尔纪念文集》（Albert Soboul, "An Den Ursprüngen der Volkdemolcratie: Politische Aspekte der Sansculottendemokratie im Jahre II", in *Beiträge zum neuen Geschichtsbild: Festschrift für Alfred Meusel*, ed. Fritz Klein and Joachim Streisand, Berlin: Rütten & Loening, 1956）。

2 其中最重要的段落为卢梭，《社会契约论》（Rousseau, *The Social Contract*, III, 15）："主权者不可被代表，也同样不可被疏离；它的本质是公意，公意是不可被代表的——它要么是公意，要么就是其他什么东西；没有中间道路。"卢梭在此表达了对代表"现代性"的观点："代表是一个现代的观念；它从封建政府，从邪恶的、不公正的体系那里走来，从那个贬低人类，侮辱了人类之名的荒谬时代来到了我们这里。在共和国之中，甚至在古代的君主国那里，人民从未有过代表；这是一个未曾听闻的词。"让-雅克·卢梭，《社会契约论》（Jean-Jacques Rousseau, *The Social Contract*, trans. Maurice Cranston, Harmondsworth: Penguin, 1968, 141）。

3 霍布斯《利维坦》（Hobbes, *Leviathan*, XVI）中最可展现代表统一化特质的段落是："当众人被一个人，一个人格（Person）代表时，就成了单一（*One*）人格；它的实现经过了众人每一个个体的同意。因为正是代表者的统一，而非被代表者的统一，构建了人格的单一。承担这一人格，单一人格的是代表者：否则，在众人之中，统一是无法达成的。"托马斯·霍布斯，《利维坦》（Thomas Hobbes, *Leviathan*, Harmondsworth: Penguin, 1968, 220）。

4 这正是卢梭的观点，参见《社会契约论》："我的观点是，主权仅仅就是公意的运用，它永远不能转让；而且，主权不过是一个集体的存在，它只能由它自己来代表——权力可以转移，但意志却不行……主权者可以说：'我现在的意图的确就是这个人的意图，或者至少也是他自称是他所意图的'；但主权者却不能说：'这个人明天将意图的也是我将意图的'，因为让人受未来所束缚，这是很荒谬的，而且，让人类接受有违自身福祉的事情，这也是很矛盾的。如果人民只是单纯地服从，那么人民本身就会因这一行为而解体；它就不再会是人民；因为只要出现了主人，就不会再有主权者，而政治体也会因此而湮灭。"卢梭，《社会契约论》（Rousseau, *The Social Contract*, 69-70）。

[*volonté de tous*] 概念相关，因而并不适合做出伟大的决断）以来所有的代表思想范畴。

公意（The general will; *volontà generale*）则相反，它是一种统一的意志："更重要的是，'同意'（consent）一词，连同其审慎选择和深思熟虑之意，都被'意志'一词取代了，但是，意志却在根本上是排斥意见交换并最终达成一致的全部过程。意志要完全运作起来，就必须是单一且不可分割的，'一个分割的意志是不可想象的'；意见之间存在中介，意志则完全不是。"[1]那些希望打着统一的旗号（民族、国家、政党）埋葬多样性与革命之间联系的人，都会将意志视为一种神圣的统一（*union sacrée*），[2]将民族视为单一的身体，一个个体。因此，政治根本的矛盾和易变——政治多样性的不可能——再次变得清晰了起来。只有卢梭的意志，这一"将多数人融于一人"[3]的意志可以捍卫它。但真正打动阿伦特的，不仅是意志和统一之间的这种联系，

1 阿伦特，《论革命》(Arendt, *On Revolution*, 66)。

2 卢梭在《社会契约论》中描绘了统一体中个体转化的过程："任何一个敢于创立人民事业的人都必须准备改变人性，改变每一个个体，能够完全将完整而独立的个体转化为更大整体的一部分，这个个体将在某种程度上从中获得自己的生命与存在……如此，如果每个公民除了与他人合作便一事无成，如果整体所获得的力量等于或高于所有个体自然力量的总和，那么我们就可以说，立法已经达到了最完美无缺的程度。"卢梭，《社会契约论》(Rousseau, *The Social Contract*, 84-85)。

3 阿伦特，《论革命》(Arendt, *On Revolution*, 67)。

同时还有塑造这种纽带的特定空间：敌友之分。

> 为了建构这种民众统一体（a many-headed one），卢梭举了一个貌似简单明了的例子。他从日常经验中获得了启发，即两个相互冲突的利益者，在遇到与他们均为敌的第三方时会联合起来。从政治角度来看，他假定存在民族共同的敌人，其中有一种促成团结的力量，一种我们可依赖的力量。只有敌人存在之时，不可分割的民族统一体（*la nation une et indivisible*），这一法兰西和其他所有民族主义的理想才会实现。[1]

阿伦特的讨论始自对沃格林的批判，但在这里似乎指向了另一个不同的对手。她批判的不再是沃格林的代表（*Repräsentation*），而是施密特的同一性（*Identität*）。施密特的概念图式根植于一种现实或想象中敌人的存在，因为只有敌人绝对的异质性可以统一意志。代议民主（representative democracy）的威胁来自去政治化（因为政治受制于行政官僚体制），那么直接民主的威胁就是一种超政治体（hyperpoliticality），它是通过排斥另一方而建立起来的支配形式。统一支配着多样，但它反过来也受到

---

1 同上。

排斥法则的支配。重要的是，它在排斥外部敌人的同时，也排斥——卢梭哲学式的“更进一步”——内部的敌人：“不过，卢梭本人走得更远，他希望在民族内部发掘一种同样适用于国外事务的一致化准则，因此，他的答案就是，这种敌人就存在于每个公民内心，是他个体的意志和利益。”[1]个体将排斥法则内化于自身，这是意志能够获得哲学基础，永远统一的前提。正是从这一点出发，卢梭甚至比施密特走的更远。在此，友谊的形成并非仅取决于一种敌意，它同时还面对着内部诸多个体强化和叠加的那种敌意：

> 只要每个公民心中都装着共同的敌人及其所造就的共同利益，民族的同一就有所保证；因为共同的敌人就是每个人的特殊利益或意志。只有每个个体奋起反抗自身的个体性，他才能在自身之中唤醒他自己的对手——公意，而他也会因此成为民族政治体真正的公民。因为“如果每个人都能除掉（所有个体）意志中那些相互伤害的利弊考量，公意就会囊括所有的差异。”为了能够加入民族政治体中，每个国民都必须奋起坚持不懈地反抗自我。[2]

1 同上，68。

2 同上，68-69。

在这里，政治意志的矛盾性，任何意志与政治间联系的脆弱性达到了顶峰。个体意志只有与自身分离，或者自身的一部分屈服于他者，被他者消除，才能与他人结合在一起（变得能够决断）。这可能是对政治哲学中固有的主体－人（subject-person）最猛烈的攻击。同时，它也进一步，可能是决定性地反驳了政治是一种共商空间的论点，因为一切“共同的决断”都必然导致每个个体与自身的斗争。卢梭推断的结论就是：利益与冲突并存，由此意志才会符合个体利益。这意味着，只有当意志－决断被彻底归入冲突的维度中时，政治才会呈现出一种意志的样态（并作出其决断）。但随着政治与冲突联系到了一起——实际是将政治变成了战争——意志的“政治美梦”却破灭了。如果将卢梭的哲学与法国大革命的结果放在一起，这种情形的不切实际就显而易见了。不过，这种根本性的矛盾很普遍，它并不属于某个特定的历史节点，我们需要重新发掘其概念的源起。革命意志的失败也宣告了《论革命》的破产，阿伦特由此只能展开一项更为复杂的工作，追溯意志范畴的谱系。

这就是《意愿》（*Willing*）梳理的谱系。我们很熟悉这一根本问题：自由与意志之间的关系。意志能够为自由奠基，赋予其持存的政治空间吗？在1960年的一篇文章中，阿伦特给出了一个非常简洁的回答——也许太过简洁——“与政治相关的自由不是意志的现象。”[1]写作这篇文章时，阿伦特对沉思生活（*vita contemplativa*）的论断更为简单直接，而她给出否定答案的原因就是，意志是“消极的”（inactive）。自由与行动结合在一起，意志——和所有消极的机能一样——就必然要忍受不自由（*unfreedom*），或自由的不可能。但是，原本在文章第二部分开头所持的那种二元论立场，经过一步步更为复杂的讨论变得有所缓和。总之，阻止意志自由的，并非“意志及意志－权力机能本身与其他各种能力毫无关联，它们本质上是一种非政治（nonpolitical）乃至反政治的能力”[2]，也非意志从根本上来看只是一种假装服从的指令。相反，意志的指令自身是自相矛盾的：“换言之，促使思考过程付诸行动的二合一的孤独却恰恰对意志产生了反效果：它让意志瘫痪，将其锁闭于自身；孤独中的意愿总是既意愿（*velle*）又不意愿（*nolle*），既有意（to will）又无意（not to will）”。[3]

1　阿伦特，《何为自由？》，载于《过去与未来之间：政治思想随笔八篇》（Arendt, “What Is Freedom?”, in *Between Past and Future: Eight Exercises in Political Thought*, 150）。

2　同上，162。

3　同上，150。

意志的不自由来自指令根本的无能（*impotent*），一种固有的自相矛盾的形式：

> 从历史上来看，人们最早是在他们体验到意志的软弱而非力量的时候，才发现了意志的存在，他们当时借保罗之口说道："意志与我们同在；但是我却不知如何行善。"奥古斯丁同样也抱怨过意志，看起来，"没有什么比半是愿意，半是不愿意的东西更可恶的了"；虽然他指出这是"一种心智的疾病"，他也承认这个疾病对于具有意志的心智来说是自然的："因为意志命令要有一个意志，它所命令的只是它自身……假如意志是完整的，它就不会命令自身要成为意志，因为它已经有了。"换言之，如果人真的有一个意志，那么就人必然就仿佛总有两个意志，为了控制他的心智而互相争斗。因此，意志既强大又软弱，既自由又不自由。[1]

阿伦特的《意愿》遵循着这篇文章结尾所梳理的脉络，但后来，她渐渐对智性活动（mental activity）有了重新的认识，在这样略微不同的语境下，这条脉络又有所重置。在此，虽然实践活动和政治活动是分离的，但智性活动却

1 同上，160。[引用缺失]

不是从属的——相反，阿伦特似乎认为，正是由于它们与政治活动拉开了距离，智性机能才保持了其独特的积极性。

对阿伦特来说，思想确实如此。意志行为亦是，却有着关键的不同：思想所指涉的总是当前或过去的事物（尽管会被即刻的“现实”打乱），而意志则总是指向未来可能（*might be*）——或能够（*could be*）——的事物。现在，正是这种意愿行为，正是它指向于未来，让意志有了一些独特的缺陷：它是偶然的、随机的、不可预测的。这些特质凸显了意志最大的自由：“意志不自由的观念完全是自相矛盾。”[1] 在此，阿伦特 1960 年文章中提出的自由与意志完全对立的观点仿佛消失了。她的立场似乎有所反转，两个术语变成了同义词。然而，细究起来，我们会看到，这也不是完全的反转，而是阿伦特对其话语层重新的衔接。我们来一看如何。首先，意志应视为“自由的”——中世纪最重要的意志哲学家邓斯·司各脱 (Duns Scotus) 的理论——第一个原因，它可以区别并抵制欲望的急切和智识的强令。两者都受制于（通过其独特的方式）难以抵抗的强力（一个是冲动的力量，另一个则是无矛盾的准则）。意志自由的第二个原因已隐含在司各脱的立场之中，并同

---

1 阿伦特，《心智生活》(Arendt, *The Life of the Mind*, 26)。

他对意志和单纯的自由选择所作出的区分有关：前者作为开启全新事物的自由的能力，后者则受限于两种或多种既定可能的选择。意志一直都是纯粹的意志，不会转化为行动。“换言之，人类意志是无法规定的，它向其对立面敞开，因此，只有当其唯一的行动构成了意志力（volitions）时，它才会被打破；它停止意愿，开始按照某种意志的主张行动的那一刻，它就失去了自由。”[1] 阿伦特在此得出的结论与前一篇文章的结论并无不同。意志本身现在被视为自由的，而她之前坚信意志无法建立政治上的自由，两者实际并不矛盾，因为意志的自由——及其心灵形式——只有在其不寻求变成政治自由（这意味着它的否定）时才能保持自由。

梳理一下意志概念简短的谱系，应该有助于我们理解这种悖论的原因，也能让我们认清其哲学上命运多舛的原因——必然还有其神学范式，两者可能是一回事。首先，它涉及基督教的线性（而非循环）史观，其次，它也与犹太教创造的无中生有（*ex nihilo*）观有关，与东方认为世界生成于先在力量的观念相反。犹太教的观念中认为，经验“并非政治性的，与世界无关，既与表象世界和其中人类

1　同上，141。

的立场无关，也与人类事务领域无关，在此，人类事务的存在取决于行为和行动，但仅仅位于人类自身之中。”[1] 由此而生的根本矛盾，在意志痛苦不堪的概念史中一直困扰着它：我们不能从政治角度谈论意志，甚至也不能从实践层面对其加以判断，至少从保罗开始，意志就与思想有了同样的二分结构——“二合一”——但它变成了一种冲突。这种冲突并非简单的存在于“我 - 有意”（I-will）和“我 - 不能”（I-cannot），而是“我 - 有意”和“我 - 无 - 意”（I-will-not）之间；也就是在一种命令的意志和另一种（内在于第一种）不遵从（*disobeys*）的意志之间。此种不可调和的冲突必然会使意志瘫痪，唯一能够逃脱的途径就是将自身重新整合成一个统一体，决定自身为“一”，统一行动——不过，一旦如此，它就会失去作为“意志”的自己，在决断 - 行动中，在构成行动的决断中否定自身。

保罗基督教式意志从不可从政治角度来讨论，爱比克泰德（Epictetus）的斯多葛式意志也好不到哪去。实际上，意志在此的失败是加倍的，尤其是考虑到爱比克泰德认为意志全知全能（omnipotent）（至少在行动领域，限于那些依赖于人类的事物）。意志失败的原因是双重的：它无

1 同上，63。

意于不可实现之物，更有意于无可避免之事，由此，它不仅变成了一种天命（*heimarmenē*），同时其在存在意义上的无能（impotence）也无法影响现实世界。只有在奥古斯丁这里，意志内在的冲突才有所缓和——至少在某种意义上：不是因为奥古斯丁没有给意愿和不意愿固有的两分留下位置——相反，他极力打造了这一空间；也不是因为他接受了斯多葛派自我压抑这种极端的做派——毕竟，他宣称“无意”完全不可能。解决意志的冲突，更加是要通过一种神学 - 语义学的转换，将意志转变为爱，让爱融入唯一的意志力量（power; *potenza*）（“我想要你是”[*Volo ut sis*][1]，涉及的是神圣牺牲的意志）中。但在这里，首先是《论三位一体》(*On the Trinity*)中，意志要获得力量——由此克服自相矛盾，修复自身——只有抛下自己，转变成其他的事物。付诸行动可延缓意愿和不意愿针锋相对的冲突：但只有通过一种压制自由的政变（coup d'état）（如伯格森 [Bergson] 所言）。[2]

我们又回到了起点。意志的冲突在政治上是难以消除的：无法在政治的视域内克服。意志必然导致冲突，因为

1 “I want you to be.”——英译本注

2 同上，213。

没有对立面的不意愿，就不可能有意志。这种冲突阻碍了意志转化为行动，转化为真正的决断：为了切实可行地做决定，果断地行动，这种冲突必须被克服、解决和吸收。意志重新得到了统一，尽管意愿支配着不意愿。它只有如此才能重获力量，体验它的全知全能——消灭它的矛盾，就像尼采早期建议的那样。但尼采会意识到，甚至在海德格尔之前，这就是一个完全神秘的解决方案。它只是跳过而非解决问题；很简单，它忽略了其条件。意志当然可以忽略冲突，也可以支配冲突，但是只有在它自身之外——将自身变成怜悯、同情、爱、命令、强迫或支配。无论如何，都不是意志。

与这些解决方案相反，尼采的“是，阿门”（yes and Amen）和海德格尔的*非意志*（noluntas）展示都是一种非政治顽固的*无解性*（*irresolvability*）。它们都放弃了意志的*肯定性*。意志中唯一的肯定性仅存在于其否定性中；即寓于其否定性制造的分裂中。忘却这种分裂，将意志列入政治的来源，简单的将意志与政治或权力统一在一起，那两者就都会丢失。它会将政治拖入意志内在的矛盾之中，或者将意志统一在政治命令之下。阿伦特《意愿》的结论就是，意志自由（*意愿与不意愿的“二合一”*）与政治自由

（城邦的“多合一”）之间有不可逾越的沟壑：“哲学上的自由，意志的自由，只属于生活在政治共同体之外的人，那些孤独的个体。”[1]这就是她与另外一些人——从雅斯贝尔斯到布伯（Buber）（他经常被拿来与阿伦特的“交往哲学”[philosophy of communication]相比较）——意见相左的原因：“对话的亲密性，我‘诉诸’自我或‘另一个自我’的‘内心活动’，亚里士多德的朋友，雅斯贝尔斯的恋人，布伯的你（Thou）都可拓展成政治领域的范例。”[2]这里的结论就是，智性活动永远无法与政治行动同化，我们又回到了起点：意志不可能构成政治自由的基础。

“这种僵局（假如确实存在）”——文章总结道，其实也是全书的结论——“无法打破，除非求助于另一种智性机能，其神秘性不亚于开端和判断的机能，相关的分析至少能告诉我们的快乐与不快乐与什么有关。”[3]众所周知，阿伦特《心智生活》（*The Life of the Mind*）三部曲最后打算要写的关于判断的著作并没有完成。她刚刚写下该卷的标题和两个开头就去世了，所以我们只能猜想她可能会开拓的道路——当然，《思考》（*Thinking*）附言中也可略见

1 同上，199。

2 同上，200。

3 同上，217。

端倪，她在草拟《心智生活》前就为关于判断的著作列出了计划。[1]总而言之，这些与其说是真正恰当地解决了僵局，不如说是阿伦特正在某种意义上渐渐转向政治的外部边界，进入了非政治的领域，这里既是政治思想最终的安息之所，同时也是其充分实现的地方。

我们十分清楚目前的僵局：没有什么政治自由能够抵抗代表的集中化效应。政治自由想要保持多样化，永远不能被一个统一体所代表。而意志却无法承担这种创建的工作，因为在寻求权力的过程中——在意图变为政治，将自身转化为决断——它就变成了更为直接的统一体而非可代表的事物，一种通过排除和消灭他者而获得认同的统一体。如果通过代表达成的统一体是“一党支配”（partocracy），那么意志 - 决断的统一体就会趋向于极权主义。意志有“开端”的机能，新颖且不可预测。但意志所传达的，恰恰只是开端随机且毫无根据的一面，一种当其尚未有原则（*principio*）激活，当其只是纯粹掀翻了旧事物却还没有建立起新事物之时纯然内在于自身的内容。如果阿伦特相信这一开端——相信与之相对应的政治机能——她就会赞同

1　这些文章现收于汉娜·阿伦特，《康德政治哲学讲稿》（Hannah Arendt, *Lectures on Kant's Political Philosophy*, ed. Ronald Beiner, Chicago: University of Chicago Press, 1982）。罗纳德·贝纳尔（Ronald Beiner）撰写的导言十分重要。

现代性对自身的理解，即自我赋权（self-authorizing）：现代性是对传统的遗忘，是根基的缺失以及彻底的抛弃。然而，阿伦特也很清楚，这只是现代性特有的乌托邦梦想。霍布斯和卢梭共同支撑起的政治哲学，以对立互补的形式内在于这一乌托邦中：前者采用的是代表的形式，后者则是公意。两者都基于将意见的多样化约为内战，也都以冲突的全部（假如并非极权主义）排除为基础——并不是真的全部排除，而是将其当作了政治多样化、*作为*多样化的政治的唯一的可能。

正是这种意志以及所有其他现代政治范畴的胜利，促使阿伦特转向了判断和思想——很明显，这一举动涉及的范畴的替换，远非简单地将一种心灵机能转换成另一种。实际上，《心智生活》标志着阿伦特的写作进入了下一个阶段：在其早期作品中，阿伦特的注意力集中在对有为生活（practical activities; *vita activa*）的重估，证明它们优先于沉思生活（theoretical ones; *vita contemplativa*），而现在，她转向了一个更为成熟的路径，致力于两者的区分。或者，具体而言，强调区分的*必要性*。当然，这项工作与她对柏拉图思想与行动的截然两分——前者高于后者——的批判是一致的。但即使她挑战了这种主流观念，两者根本的分离仍然存在。这是一种决绝的区分；因而两个术语之间并不存在最小的公约数，也没有任何理论上的捷径能够修补这一裂痕。相反，现代所有试图通过理论上的政变来克服这一区分的努力都导致了灾难性的后果。两者所指向的政治哲学，在理论上无法成型之前，就注定摆脱不了实践中失败的宿命。相关的例子并不难找，在此没必要一一列举。在世界历史上，管理政治一直都被认为必然绝对需要某种哲学，我们要充分考查这一想法的意义。自然，对阿伦特而言，回归沉思生活旧有的优越性并不是一个选择，让哲学承担比政治更少的责任亦不是。我们还需要其他一些东西：一种更为复杂的关系，一种渐渐超越了政治范畴固有的统一结构的置换。这一转变的名称就是非政治。

实际上，阿伦特因乐忠于多元而转向了判断。在其建构的多元性中，判断是通过意见的多样化来形成观念和意义。这里并不是要追溯阿伦特构造这一定义的阐释和理论路径，但需要充分指出，阿伦特所遵循的是康德的反思判断（reflective judgment），采用了“品味”“想象”和“通感”（common sense）来加以解释。透过这些元素，阿伦特认识到，对特定事物的判断并不需要将其交付给一种抽象、规范、超验的普遍性，为此，她认为，判断是来自他者或可能的外部旁观者（极为多样）的观点。公正的判断因此而生，但需要避开科学真理具体的客观性，同时也要站在纯粹个人选择无根据的主观性之外。更重要的是，判断能够质疑——准确地说，通过审判——历史观念（也是一个哲学的观念）：局限于从“之前”推断“之后”，并由此将“之后”从属于赋予其意义的“之前”，同时也正因为如此，事件从属于过程，结果从属于原因，偶然性则从属于必然性。总之，这样的历史观认为“事实”（*fatto*）[1] 隶属于过程，康德式判断反对的正是这种哲学：“自黑格尔和马克思以来，这些问题的处理都是出自历史的视角，同时也都基于人类进步这一假设之上。最后，留给我们唯一的选择就存在于此——我们可以赞同黑格尔的话：世界历史就是世界法庭（*Die Weltgesc-hichte ist das Weltgericht*），让胜利作最后的判断，或者，我们也可以坚持康德的观点，即人类心智有着自主性，一种它们保持其所是或所将是的独立性。”[2] 阿伦特对康德尤其是黑格尔的解读是否可以接受，这一问题我们暂且不论。[3] 她从中提取的判断和进步哲

1 意大利语中，名词 *fatto* 有两种意思：事实与完成的行动。——英译本注

2 阿伦特，《心智生活》（Arendt, *The Life of the Mind*, 216）。

3 例如，伽达默尔（Gadamer）认为，康德倾向于将“公意”去政治化。汉斯 - 格奥尔格·伽达默尔，《真理与方法》（Hans-Georg Gadamer, *Truth and Method*, trans. Joel C. Weinsheimer and Donald G. Marshall, London: Continuum, 2004）。

学的对立才更为重要。“进步”观本质上排除了这一可能：“我们站着不动，用历史学家的眼光回顾一下过去”[1]——阿伦特在其关于康德政治哲学的著作最后这样写道。当历史被解释为进步，当其被正式赋予某种普遍的意义，而这种意义同时也有着最终的目的时，判断总是被拖延为一个永远无法达成的结论。

我们还可以从另一个角度来看这个问题。进步的哲学将意志视为其最优越的机能，同时它也永远以未来为导向——即使这个未来被认为是过去的结果。但是，过去保留的也正是它的过去，一个以未来为导向且因此而被其消除的过去。这是未来的过去。毫无疑问，它的结果就是被遗忘。正是现代性带来了这种遗忘，或者，它带来的更加是传统，一个现代性假设自己已经摧毁，却又暗自生产的传统。在进步的哲学中，对传统的破坏意味着过去变成了一种忘却，可以被传统擦除和遗忘。阿伦特召唤的判断颠覆了这一逻辑。对她而言，摧毁（自我合法化的）传统，或者接受这种传统的毁灭，其实是为了重新认清、重现过去。失去了传统，过去就会改变。评判过去的不是胜利，而是其事实的（factual）真相：胜者得到诸神赞助，败者得到

1　阿伦特，《康德政治哲学讲稿》(Arendt, *Lectures on Kant's Political Philosophy*, 77)。

卡托欢心（*victrix causa deis placuit, sed victa Catoni*）[1]——《思考》附言的结尾和《判断》（*Judging*）书名页的开头都出现了这句引言。历史学家的判断要从时空上充分转移出来，从而可以无需直接介入就能“叙述”（recount）过去，正是这种判断——旁观–叙述者而非行动者的判断——重新确立了事实（fact; fatto）的真相和无声的力量。这种判断能够重塑过去的力量和尊严，且它自己就能对其加以谴责。同样，它自己就可拯救过去，赋予其一种不同于传统暴力所分配给它的另一种意义：“指引此种思考的”——阿伦特在此讨论的是本雅明：

> 是这样一种信念：尽管时间摧毁着生命，但衰败的过程同样也是结晶的过程，曾经鲜活的生命沉没、分解于大海的深处，有些东西“经受了大海的变化”，以新的、不受各种元素影响的结晶形式和模样存活了下来，仿佛它们只是等待着有一天采珠人来到这里，把它们带回到这个活生生的世界——作为“思想的碎片”，某种“丰富而陌生”的东西，甚至可能是作为永不消逝的原现象（*Urphänomene*）。[2]

1　英文为：“The victorious cause pleased the gods, but the defeated one pleases Cato.” 参见阿伦特，《心智生活》（Arendt, *The Life of the Mind*, 216）。——英译本注

2　汉娜·阿伦特，《瓦尔特·本雅明》，载于《黑暗时代的人们》（Hannah Arendt, “Walter Benjamin”, *Men in Dark Times*, New York: Harcourt, Brace & World, 1968, 205-206）。

阿伦特判断的视角从行动者转移到了旁观-叙述者身上，表明其已经开始撤出政治领域。但在思想的问题上，这次撤出，或称“抽离”，无疑有着一种非政治色彩，阿伦特认为思想为“秩序之外”（out of order），[1] 其中就隐含着这一点。在此，她认为思想之中有一种对所有“生存和活着所必要的”活动的抑制，同时也有对“所有常态关系”的反转：“我们感觉上较近的直观的现在远去了，而感觉遥远的却实际就在眼前。思考时，我并不在我实际所在的地方；环绕周围的不是感官对象，而是其他人不可见的图像。我好像已经退入某种世外桃源、无形之地……”[2]

从不可见（以及认为思想可逃离政治范畴，因为它脱离了代表的可见性）出发，阿伦特进入了一个更“深刻”的非政治维度。这种转变源自（或更加是其前提）她对“常态关系”批判性的反转。在此，所涉的各种关系而非价值观陷入了危机：非政治思想并不是用新的价值观去替代已有的价值观。“它不是创造价值观；它也不是要一劳永逸地发掘‘善’之所是；它更加是要去消解普遍接受的行为规范而非确认它。除非出现特别紧急的情况，否则它不会

1　这个概念可参见阿伦特，《心智生活》（Arendt, *The Life of the Mind* at 75 and 85）。首次使用时是因海德格尔。——英译本注

2　同上，85。

与政治关联到一起。我活着的时候，我必须可以与我自己一起生活，这不是在政治层面加以考虑的问题，除非是在'临界境遇'（boundary situations）。"[1]这段文字中的非政治意味并不能简单地归于其毫无"政治关联"，而是由于在阿伦特看来，"特别紧急的情况"，即雅斯贝尔斯意义上的"临界境遇"中缺乏政治性。它是一种被打造成在场的缺席，一种默默地在缺席中回响着的在场。或者，它更加是一种*超越自身*到缺席的在场。实际上，在使用"临界境遇"时，雅斯贝尔斯指的正是*超越*（*transcending*），而非"超越性"（transcendence）（后者是超越行为的形而上学本质 [hypostasis]）："雅斯贝尔斯创制的这一术语针对的是一种永恒不变的人之境况——'不经历挣扎和痛苦我便无法生存；我无法避免过错；我必定会死'——指的是对'某种指向超越性的内在事物'的体验，而且，如果我们对其有所回应，那么我们就会'*变成我们潜在之所是的存在*（*becoming the Existenz we potentially are*）'。"[2]

这种"指向超越性"的内在，一种超越的内在，或者

1 同上，192。

2 同上。阿伦特引用的段落可参见卡尔·雅斯贝尔斯，《哲学》（Karl Jaspers, *Philosophy (Vol. 2)*, trans. E. B. Ashton, Chicago: University of Chicago Press, 1970, 178-179）。

说是从内在挖掘出来的超越性，正是非政治的模式。它不是位于政治外部，对政治毫不关心的空间——更不是价值观，而是内在于作为一种肯定范畴的政治之中的超越。当政治把自身的在场维度（即代表）发挥出来，从而也是彻底使它陷入质疑时，它所打开的就是空无、就是缺席。非政治构成了政治超越自身的出口，但绝非等同于超越性。因此，它是生命的一部分。这种生命离开了自身的纯粹内在性，急于去超越存在（或急于将存在理解为超越性）。“这里的关键是，每当我超越生命的大限，开始反思、评判过去，考虑未来，制定意志的计划，思考就不再是政治的边际活动。而这种反思也必定会出现在政治的紧急情况中。”[1]

政治的非政治批判表明，它绝非无政治或反政治，而更加是对所有赋予政治以政治 - 神学价值的批判，一种对政治价值的设定的批判。阿伦特在此多次谈及苏格拉底的“助产术”（midwifery），“它展示了未经检验之观点的含义并因此而摧毁了它们——价值观、教义、理论甚至信念……都隐含着政治。”[2] 从政治脱离（或政治的缺席）特有的政治含义，阿伦特早期的作品就已经借助苏格拉底的

1 阿伦特，《心智生活》（Arendt, *The Life of the Mind*, 192）。

2 同上。

主张——“蒙冤总比作恶强”[1]——对其进行了解释。这在政治的语言中是无法被理解的，的确，政治的语言对此的回应是——借卡里克里斯（Callicles）之口——“蒙冤属于奴隶而非人，他们活着还不如死去，这就像对任何人而言，他蒙冤时无法在得到自己的帮助与得到他所关心之人的帮助之间二选一。”[2]公民无法理解苏格拉底的主张，因为这句话完全违背所有的政治逻辑——不管是从“现实”（从权力意志“特有的”意义上）还是从“乌托邦”层面来理解（在平等“交流”关系上）。但苏格拉底确实“在此谈论的不是公民之人”。[3]他“讨论的是那些主要投身于思考的人。正如他对卡里克里斯所言：如果你和我一样，热爱智慧，想要思考和审视一切，你就会知道，如果世界就像你描绘的那样分为强者与弱者，‘强者为所欲为，而弱者则含垢忍辱’（修昔底德）[Thucydides]，以至于除了作恶或蒙冤就没有其他的选择，那么蒙冤就强于作恶。当然，前提是：如果你热爱智慧和哲学思考；如果你知道审视意味着什么。”[4]只有从这个“设想”出发，政治才会呈

1 同上，181。
2 同上。
3 同上，182。
4 同上。

现为世界唯一的语言。而也正是从这里出发，政治才会服从于——一种想保持为思想的思想——内部超越性的操作，能够翻转政治的“常态关系”，根据不可见为这些关系“制序”（ordering）：依据不可见性，缺席的事物，即思想。

但是，思想并不存在于这种缺席中。它也不会放弃对当下生命的责任。恰恰相反。阿伦特最后通过卡夫卡式寓言告诉我们，当下正是思想的那个处所。[1] 这是对思想空间问题的回答，在阿伦特的著作中，这一问题贯穿始终，最后一章正是以此作为了标题：“思考之时，我们在哪？”（“Where Are We When We Think?”）阿伦特指出，思想位于过去与未来两股针锋相对势力的交汇点上，身处两者永无休止的缠斗中。卡夫卡笔下与支配性势力斗争的“他”，显然就是处于当下——通过查拉图斯特拉在入口处的寓言，阿伦特也很快证实了这一点，即当下的瞬间——一种困在过去与未来冲突之中的现在。因此，当下是瞬间对抗时间之处，时间流逝，不断将存在转变为生成，并也因此取消了存在。思想永远不会退出这种对抗。假如它这样做，认为自己凌驾于对抗的各方之上，认为自己是一个

1　同上，202-210。同样的主题也可见于《过去与未来之间》（*Between Past and Future*, 6-14）序言。

生命游戏外在的仲裁者和观察者——从而也不再关注政治的现实——它只会重复西方形而上学古老的梦想：一个没有时间、忧虑，完全为思想所占据的国度。

这并非阿伦特的解决方案。思想不会背叛生命，抛弃其真实处所，逃避斗争。但为什么思想一定要是这种斗争？它特定的责任是什么——如何从哲学层面来论述？阿伦特的回答可形象化为一条斜线，它从过去和未来的交叉点出发（扎根于当下），延伸至无穷，且对于过去未来两轴都没有积极的依附。在我看来，阿伦特的回答是：忠于当下，永不通过乌托邦式的空想或无力的幻灭来背叛它。但是，同样地——这是关键点，它也不能将当下置于时间的连续中，不去“肯定地”追随历史的变迁，不去“程式化地”填补当下在过去与未来之间挖掘的空白。思想更加是保持了这种空无、断裂或距离，因为这是它唯一保护自己远离存在者支配性势力和其历史统一化暴力的途径：“卡夫卡的时间寓言并不适用于深陷日常工作的人，而只属于思考的自我，因为它已从日常生活事务中脱身。过去与未来之间的间隙只有在反思中才能打开，而反思的主体关注的只是那些缺席的东西——或已消逝，或尚未出现。”[1] 这种当

1　阿伦特，《心智生活》（Arendt, *The Life of the Mind*, 206）。

下中的缺席，从当下的脱离，同那些仅存的、却又已是一切的存在之间的断裂，都可称之为“非政治”。而也只有这样的“非政治”，才能阐明阿伦特珍视的那句加图（Cato）最后的文字：他什么都不做的时候最为活跃，他独自一人的时候最不孤独（*Numquam se plus agere quam nihil cum ageret,numquam minus salum esse quamcum salus esset*）。[1]

1　西塞罗，《论共和国》（*De Republica*, I, 17）。（“Never is he more active than when he does nothing, never is he less alone than when he is by himself”）

3 权力与沉默

政治生物学

我们可以先总结一下之前的讨论。关于阿伦特对政治的思考，我们所得出的结论似乎展现了阿伦特作品主流解释中的最大难题,在此,这些解释通常以城邦乌托邦为框架，最多涉及一种实践哲学。实际上，政治多样化的不可代表性（我们可以看到，这是阿伦特在其创作生涯最后阶段得出的观点），反映了政治与理论间直接、对称关系的断裂。这并非意味着阿伦特对政治强烈的、有时是一门心思的兴趣有所动摇，也不是说她对政治的思考冲动从未比这更为激进。相反，这种强化让她避免了采用直接的、传统的“哲学”方式将政治概念化。其中最为鲜明的体现就是，阿伦特全部作品都坚定的反对“政治哲学”（她更加是反对将政治理解为建基于特定哲学之上的政治学，或者更糟，一种由既定政治建构的哲学）。政治永远不能采用一种肯定的形式来构思，而只能从其极限处释放出来的事物出发，从否定性地界定政治的内容出发，它组织了政治的语境背景（contextual background），同时也构成了其对立面。

非政治所涉及的正是这种对政治肯定性领域的渐渐压缩。我们已说过，这种压缩是阿伦特思想中激进化的结果。让我们暂且把注意力放在“非政治性”一词上。很明显，非政治与任何形式的、或隐或显的去政治化都毫无关联。其本质与此恰恰相反。非政治化是对去政治化进行政治批判时所造就的极端产物，一种（严格意义上）“隐秘”（ulterior）的产物；因而，非政治与去政治之间有一种内在的对立。阿伦特只有在其最后未完成的三部曲中才清晰地阐明了非政治的这一结论。不过，《人的境况》及其之前，阿伦特的作品都鲜明地在政治上反对精神机能内在的消极（inactive）性，而在她最后的作品中，这一立场则完全变了，这些机能成为可远离现代世界“实践”（praxis）——卑微地依附于存在者——观念的地方。由此，吊诡的是，当政治形势变得危机，当“每个人毫无意识地被其他人的所作所为和信仰冲昏头脑”[1]时，政治的创新机制才会求助于非政治思想领域，而后者由此才承担起了检查和补充暂时钝化和退化的积极机能（active faculties）的角色。

在阿伦特后期的作品中，这些内容似乎（实际也是）

1　汉娜·阿伦特，《心智生活》（Hannah Arendt, *The Life of the Mind*, San Diego: Harcourt, 1981, 192）。

更加真正“充分”重视了政治，但实际上，阿伦特早期作品中的一些元素其实早已有所预兆。在她关于极权主义的巨著中，阿伦特从根本上区分了极权主义与政治，同时也拓展了政治肯定性的一面，以此填充所有极权主义未占据的历史、逻辑和语义空间。但这种立场却并不坚定，其中有一些略显矛盾的观点，即认为极权主义诞生于——而非在外和相反——晚期自由主义社会。

我们后面再讨论这个问题。现在已经有足够的证据表明，阿伦特越来越倾向于抛弃早年设定的极权主义与政治社会的两极分化，热衷于将“自由主义”现代性归入日益不可阻挡的去政治化进程中。在《人的境况》中，讨论现代的部分已有所涉及，但这种倾向直到她讨论革命的作品中才达到顶峰，所谓的政治熵“领域”超出了极权主义问题范畴，触碰到了整个现代的代表视域——不管是自由的还是民主的。前一章已经提到，现代性发端之时，霍布斯和卢梭就已经指出了现代的去政治化之路：技术与决断论强制的融合，其中，政治多样性（作为多样的政治）被铁板一样的统一无情地碾碎了。这是阿伦特研究生涯末期得出的最终也是最“令人愤慨的”（其犹太传统？）结论：政治多样性永远无法被代表——不管是被政治实体（代议）

(*rappresentanza*)还是被代表性的形象(*rappresentazione*)。或者，它更加是只能呈现在革命动态的画面上。

但即使在革命中，它也只是昙花一现。这是起源、开始的时刻，是阿伦特以马基雅维利式口吻凸显并赞颂的阶段。潜能(potenza)仅仅存在于起源之处，因此，当革命有安于并迷失在无从逃避的官僚－代表装置中的危险时，当它丢弃了多样化与政治的融合(其发端之处)时，我们必须求助、回到“开端”。[1] 马基雅维利式起源与霍布斯－卢梭式社会契约在此有着完全相异的解释，而对现代的批判，对其构成意义上的(而非偶然意义上的)去政治化趋向的批判也正是从这里找到了强大的动力——这又把我们带回到了本章开头提出的问题之处。现代时期——受其强势影响的现代之后也同样如此——对于那些仍然寄希望于政治的人们而言(阿伦特比任何人都有热情)，政治仅仅有着一种否定的名号：我们能感受到它的紧迫性，但政治

1 尼科洛·马基雅维利，《论李维》(Niccolò Machiavelli, *Discourses on Livy*, trans. Harvey C. Mansfield and Nathan Tarcov, Chicago: University of Chicago Press, 1996, III, 1): “世间万物的生命皆有限，这是千真万确的；但一般而言，那些能够得以安度终身的人，天主都不会打乱他们身体的秩序，让它保持秩序，不会有所改变，如果改变了，那也是为了它的安全，而非加害于它。由于我讨论的是混合的身体，如共和国和教派，所以我认为，那些为了安全而发生的改变都将它们带回到了开端。有着更好秩序、更长寿命的身体，它们或是可以经常更新其秩序，或是借助秩序之外的以外实现了更新。显而易见，不进行自我更新的身体是不可能持久的。”

却已不再能在肯定意义上被代表了。

不过，阿伦特的作品——整体与部分均是——并没有完全朝着这个极端的方向发展，其支离破碎的风格束缚和约束着它，使其仅仅部分上维持着其反霍布斯主义倾向；因此，阿伦特的作品并不是始终处于后霍布斯主义的立场，有时也会陷入前霍布斯主义之中。这种现象在阿伦特前期——她坚定的为政治 - 多样化留下空间，通过希腊城邦的形象反对极权主义的同质化，同样也在其后期的作品——尤其是关于革命的著作中有所体现，它涉及了起源及其与暴力之间矛盾的关系。

从这个角度来看，《论革命》应当与阿伦特反萨特主义（或者，更准确地说是反法农主义）的小册子《论暴力》（*On Violence*）放在一起来阅读，经此，某种内在的矛盾就出现了。一方面，革命开始之时必然（至少在某些方面）需要暴力（马基雅维利已经强调过，这使他成为"现代革命的始祖"[1]）。但另一方面，我们已经看到，由于政治恰好并仅仅集中并受庇于这一开端之中，这里并无任何暴力的容身之处，因为"从政治角度来看……权力和暴力是对立的；一个取得

---

1 汉娜 · 阿伦特，《过去与未来之间：政治思想随笔八篇》（Hannah Arendt, *Between Past and Future: Eight Exercises in Political Thought*, New York: Penguin Books, 2006, 139）。也可参见汉娜 · 阿伦特，《论革命》（Hannah Arendt, *On Revolution*, New York: Penguin Books, 2006, 26-29）。

了绝对统治地位，另一个就会消失，”[1]至少也会从内部分离。阿伦特的结论是，自由并非源自暴力——阿伦特仅仅在权利可以同支配相区分的意义上，将这种自由视为权利。然而，这样的事情在成功的革命中却屡见不鲜。所以，阿伦特观点的前后不一致根植于一个更为明显的不协调中：她认为起源在逻辑-历史上是一个多样的，而非冲突的时刻。

正是这种僵局，让阿伦特的人类学与霍布斯相比逊色了许多（从这个观点来看，马基雅维利也同样如此）。这也使她的政治观点有了一种天真的积极性——以希腊城邦或罗马的城为范本——不过，这都深藏在她对现代的激进批判中。但是，如果原初的政治舞台上（弗洛伊德的*原初场景* [*Urszene*]）[2]并无统治者和被统治者之分（或者再尖锐一点，支配者和被支配者）；同样地，如果这里也没有在纵向上分解权力与自由，使两者分离并对立的作用力，没有朝向同一的暴力倾向的位置，没有敌友之分的工作——总之，如果这些事物并没有出现在原初的政治场景中，而只是后来才介入并扰乱了“开端”平静的多样性（阿伦特似乎坚信这一点）——那么，抛开她所有元批评式

1 汉娜·阿伦特，《论暴力》（Hannah Arendt, *On Violence*, New York: Harcourt, Brace, Jovanovich, 1970, 56）。

2 参见西格蒙德·弗洛伊德，《图腾与禁忌》（Sigmund Freud, *Totem and Taboo*, trans. James Strachey, London: Routledge and New York, 1960）。

（metacritical）的警示及其解释中的激进性，阿伦特的政治思想中始终都包含着一种“开端”（*principio*）的肯定形象。因此，开端也会退化，但它绝不会被彻底抛弃。换言之，开端被重新转换成了一种政治哲学，而阿伦特自己却曾一直都希望将开端从中拯救出来。

我们可以从另一个角度来看这个问题。一方面是政治与法（*diritto*）之间的关系，另一方面则是阿伦特开创但从未最终完成的对法律的政治批判。众所周知，对阿伦特而言，法律的作用是保护自由－权力（归根到底，这就是政治）免遭政治组织外部或内部暴力的侵害。政治权力必须避免绝对化（纵向）和碎片化（横向）两种风险，而司法秩序则恰恰满足了这种稳定性和连续性的需要（从这个角度来看，法律比习俗或传统更强大）。法律通过一种元政治式的变形，成为政治的先决条件，既优先于政治同时也划定了政治的操作空间，由此形成了两种结果。首先是法律的*必要性*：政治在立法秩序之外不可能存在，或者至少无法维持。但第二个结果则完全是这种必要性的*否定性*：严格地将法律排斥在行动世界（政治）之外，因为法律属于*制作*（*poiesis*）而非*实践*（*praxis*）领域。法律只是个一劳永逸的*界限*：“立宪政府中的成文法（positive laws）是为了在人们之间设定边界，提供沟通渠道，因为这些人的共同体会不断受到新成员的威胁。”[1]——阿伦特在《极权主义的起源》的结论中如是说。但这也就意味着——她在 1970 年关于公民不服从（civil disobedience）的文章中仍然这样坚持——法律“会在变化出现之时便将其稳定并使之合法化，但变化自身却是法外行为（extra-legal action）导致的结果。”[2]

这篇文章同样是探讨法律、政治和暴力之间的关系，我们刚才提到的革命内在的矛盾在此也颇为醒目。文章并不仅仅着眼于政治与法律、（人的）权力与（制度的）法律之间的区别,同时更强调前者相对于后者的优先地位——源于法律界限之纯粹的否定性。公民不服从的政治合法性正是来源于此种政治的优先性，它打破了保守的停滞不前的司法秩序。在此，我们离某种法律批判只有一步之遥，该法律批判认为法律并非是在保护政治远离暴力，而更加是某些情形下的暴力本身，因为它制约了阿伦特眼中政治行动所特有的创新和解放功能。从这个角度来看，法律首先是拉开了我们与起源的距离，也抑制了其变革的潜能。公民不服从用一种政治语言回应着法律，展望未来的同时

1　汉娜・阿伦特,《极权主义的起源》(Hannah Arendt, *The Origins of Totalitarianism*, New York: Harcourt Brace Jovanovich, 1976, 465)。

2　汉娜・阿伦特,《共和的危机》(Hannah Arendt, *Crises of the Republic*, New York: Harcourt Brace, 1972, 80)。

也呼唤着当下受制于法律的“开端”。我们已经看到，“开端”必然包含着暴力的种子。然而，这一政治语言为了保持政治性，它又必须是非暴力的（实际为公民不服从的特质）。在此，矛盾已无法解决。为了战胜法律潜在的暴力，政治必须非暴力地求助始终都为暴力的起源：它必须运用暴力性起源的非暴力来对抗非暴力法律的暴力。为了跨过这一难关，打开一个出口，我们必须暂且把阿伦特的作品放一边，借助其他作者和文章继续讨论她的主题。

有一篇阿伦特自己编辑和介绍的文章，思考艰深晦涩，有时甚至难以完全理解。这就是赫尔曼·布洛赫的《政治：一篇简论》（Politik: Ein Kondensat），[1] 也是他唯一一篇完

---

1 赫尔曼·布洛赫的文章选自由 P. M. 吕策勒（P. M. Lützeler）推出的多卷本文集（Frankfurt: Suhrkamp, 1974-81）。我同样也很重视 Rhein-Verlag 出版的布洛赫《文集》（*Gesammelte Werke*, Zürich: Rhein-Verlag, 1953），其中每一卷的导言都十分有价值。另外，布洛赫还有许多手稿藏于耶鲁大学图书馆、纽黑文以及康涅狄格州的“赫尔曼·布洛赫档案馆”（Hermann Broch-Archiv）（可在缩微胶片上阅读）。阿伦特提到的布洛赫的文章为《文集》第 6 和第 7 卷的导言（《创作与认识》[*Dichten und Erkennen*] 以及《认识与行动》[*Erkennen und Handeln*]）。收于英文版《黑暗时代的人们》（*Men in Dark Times*, New York: Harcourt, Brace & World, 1968）。阿伦特另外一些关于布洛赫的文章为《赫尔曼·布洛赫与现代罗马》，载于《月刊》（“Hermann Broch und der Moderne Roman”, *Der Monat*, 8-9, 1949: 147-151）；《不再与尚未》，载于《国家》（“No Longer and Not Yet”, *The Nation*, September 14, 1946: 300-302）；这些文章后又收于《理解论文集，1930—1954》（*Essays in Understanding, 1930-1954*, New York: Harcourt, Brace & Co., 1994），以及《文学与文化的思考》（*Reflections on Literature and Culture*, Stanford: Stanford University Press, 2007），并转载于《赫尔曼·布洛赫的成就》，载于《肯雍评论》（“The Achievement of Hermann Broch”, *The Kenyon Review* 11, no. 3, 1949: 476-483）；《一个作家的良知》，载于《泰晤士报文学增刊》（“A Writer's Conscience”, *Times Literary Supplement*, March 29, 1963, 209-210）。赫尔曼·布洛赫，《政治：一篇简论》，载于《文集 7：认识与行动》（Hermann Broch, “Politik: Ein Kondensat”, *Gesammelte Werke 7: Erkennen und Handeln*, Zürich: Rhein-Verlag, 1953）。

整而系统反思政治的作品。更重要的是，它也是布洛赫各种冗长复杂的历史哲学和群众心理学作品中一篇，奠定了他颇具争议的政治思想家形象。此文开篇便提出了两个相互关联的观点。第一个是人类学作为政治理论（和实践）基础的必要性，因为“所有的政治都始于人，因为政治都是由人来实施，服务于人也反对着人。”[1]对于布洛赫而言，人类学是深入真正政治思考，或称“元政治”思考，根基的第一阶段。[2]第二个观点则认为，尽管传统上所有的人文主义（不管是神学还是世俗的）都有着肯定性的思考，但人类学最终都以苦涩的语言展现否定的一面。

> 在他的元政治思考中，圣奥古斯丁试图从人与上帝同形的理念中概括政治行动的本质、目的和方式。奥古斯丁的分析立足于肯定的一面，因而在实践中失败了，柏拉图的类比论也是同样命运。世间万物，任何东西都无法从肯定的角度来界定——更是绝无可能从绝对中发掘道德行为的典范。十诫（直接或间接针

1　赫尔曼·布洛赫，《政治：一篇简论》。（Hermann Broch, “Politik: Ein Kondensat”, 204）。

2　“元政治”主题多次出现在布洛赫的文章及其来往信件中，多与赞同马克思主义式“回归基本原理”的立场有关。如他 1950 年 3 月 14 日写给亚伯拉罕·桑尼（Abraham Sonne）的信，收于赫尔曼·布洛赫，《文集 8：信件 1929—1951》（Hermann Broch, *Gesammelte Werke 8: Briefe von 1929-1951*, Zürich: Rhein-Verlag, 1957, 385）。

对绝对的除外，因其额外还有一句警语“如果你想生活得美好”）展示的便是“否定的一面”，其基本程式为“你不可” (thou shalt not) 。[1]

我们所处的完全是霍布斯式的世界，尼采和弗洛伊德均是如此，而阿伦特在某些方面却并不是这样。[2]上面的引文就充分证明了这一点（并贯穿整个研究始终），它质疑了自然法观念的效用及其为人类自由打造的根基。布洛赫自始至终都认为，自然法基础上的自由诉求可能只对假想的“动物议会”有效，但却与人类无关。原因很简单，人

1 赫尔曼·布洛赫，《政治：一篇简论》(Hermann Broch, “Politik: Ein Kondensat” , 205)。

2 在前人这个棘手的问题上，我们既不能忽视布洛赫与帕斯卡尔(Pascal)之间的紧密联系，也不能略过他与诺斯替派的遥相呼应。乔万尼(Givone)令人信服地指出了布洛赫对诺斯替主义的偏爱，尤其是其《维吉尔之死》，参见塞尔吉奥·乔万尼，《布洛赫对维吉尔的阐释》，载于《阐释学与浪漫主义》(Sergio Givone, “Broch interprete di Virgilio” , *Ermeneutica e romanticismo*, Milan: Mursia, 1983, 121-141)。至于帕斯卡尔，他与诺斯替主义的联系可见于汉斯·约纳斯，《诺斯替宗教：异乡神的信息与基督教的开端》(Hans Jonas, *The Gnostic Religion: The Message of the Alien God and the Beginnings of Christianity*, Boston: Beacon Press, 1963)，我特指的是他对正义的思考，其中一个几乎就是布洛赫关于正义－武力关系段落的文学样式：“正义，强力：追随(遵从)正义是正当的；服从最强大的强力也是必要的。没有强力，正义便无能为力；而没有正义，强力就会暴虐专横。没有强力，正义会遭到抵制，因为总会有恶人；而没有正义，强力就会遭到谴责。因而，我们必须将正义与强力结合在一起，为此，我们要让正义强大起来，让强大的变为正义。正义会有争执；而强力则很容易得到认同，消除争执。我们不能将强力赐予正义，因为强力抵制正义，声称正义并不公正，自己才是公正的。因此，如果不能将正义变得强大，那我们就只能将强大的变为正义的。”布莱兹·帕斯卡尔，《思想录》(Blaise Pascal, *Pensées*, trans. W. F. Trotter, London: Dent, 1931)。

们向往和实践的自由本质上是非自然的，因为“它的设置只是对社会共同体的反叛。”[1] 人们完全知晓机构式关系的便利，从家庭到国家，所有类型的团体都是由此而生。更确切而言，“无政府”倾向更加可以展示人类自由那最为深层和无法言传的含义，它让机构也有了个体特有的侵略性，以至于“所有的机构（和所有个体一样）渴望行动完全自由，意图在与其成员以及所有同等的机构相处中，拥有无限的权力，这显示了其无政府特质。”[2]

此外，布洛赫认为，如果“所有人对所有人的斗争”只是基于合理地追求利益，那么我们就可以将政治视为一种“利益平衡机制”——这是很常见的的方法。但这需要“一个理性的过程，它不会涉及（然而正相反，它实际上涉及了）绝望的无政府性和混乱性，后者暴露出的某些颇为偏颇的目标总体来看完全是个谬论。”[3] 的确，合理的利益往往是可以辨别的，但是，非理性冲动却是人类最真实“政治生物学”，当两者无差别地混杂在一起时，合理的利益便几乎难以实现了。政治，“诞生于斗争，斗争对政治的

1 赫尔曼·布洛赫，《政治：一篇简论》（Hermann Broch, “Politik: Ein Kondensat”, 207）。

2 同上，210。

3 同上，211。

影响远甚于政治对斗争反过来的影响。”[1]这一观点不仅符合最粗糙的政治现实主义，同时也适合其最极端的变体。政治诞生于混乱，一种先于创造的混沌（*Tohuwabohu*），自此之后，它便再无克服混乱的机会。它只能从制度上来组织混乱，并将其“精炼”为一种状态。因而，这就是混乱状态，是所有人对所有人的斗争状态。霍布斯所持的就是这种观点，但同时他也通过乐观的规范式的契约解决了这一问题。没有任何解决方案和契约能够平息这一冲突，因为它发端的地方就是契约之不可能处。由此，布洛赫继续说，马基雅维利或克劳塞维茨（Clausewitz）的分析具有“不可估量的优势”，因为他们废除了“各种形式的神秘的乐观主义，不再对终极政治解决方案的必要性和可能性抱有期待。”[2]政治没有这样的解决方案，因为其基本构成要素中的一项——自由倾向——与另外一项完全对立：压制（*subjugation*）倾向。

布洛赫所有讨论都指向这一最终结论。自由和奴役、自治和臣服之间的同一性，表明“我们这个时代已走至”“零度”（*Nullpunkt*）、“否定的一极”。[3]尽管它让当代政治

1 同上。

2 同上。

3 同上，212。

显得与众不同，但实际上，这种特征的内核存在于所有政治之中。继续接受肯定的人类学，就意味着无法领会“享有绝对的、不受限制的自由的欲望……永远都鼓动着我们奴役邻人……由于受虐和施虐者之间可发生令人厌恶的互换，让其成为任何时代都能可成型的残酷机制；一个紧握着奴隶本身的机制，”[1]存在于一切政治体制之中——民主制也包含在内，它虽相对更令人向往，但充其量也只是碎裂成了一系列局部的微观奴役形式（microservitudes）。它还贯穿并腐坏着革命的动力[2]（这是阿伦特另一个重要的非政治主题），稍后我们会更清楚地看到。

这确实已经到了极限：绝对的否定，政治的死亡，作为死亡的政治。它是无法更近一步的边界，至少也不是布洛赫所认为的走向政治“诺斯替”方向的“邪恶”道路。但由于它摆脱不了邪恶，我们在这一点上可能——也几乎必须——要转向另一个不同的讨论领域，而这也正是布洛赫文章中所做的事情。当缩减到否定的极致，布洛赫的讨论突然矛头一转，开始——借助某种语义镜像（semantic mirror image）——重新拓展“肯定的一面”。它有了许多

1　同上，213。

2　同上，214。

名号——自由、人性、正义——但却并非完全由这些名号所界定。让这一点存疑，完全符合布洛赫研究的逻辑，他将肯定的一面视为某种不可呈现之物。我们已经看到，政治只可从否定的角度，从其邪恶的一面来表现和展示。但也正是在邪恶最为彻底和绝对的地方，在其外部边界上，政治和邪恶之间独一无二的关联产生了某种其他的东西，尽管我们无法从肯定的一面加以认识，而也正是由于这个原因，这种东西反而却能够克服邪恶并在某种程度上完成救赎。这就是“非政治”。在此，“非政治”不能在通俗或者托马斯·曼的意义上去理解为“反政治”[1]，某种与政治无关或单纯与政治相对的范畴。相反，非政治维度描述的是政治内外之间的张力，这种张力是政治隐而不显却一成不变的预设，从政治的外部决定着其存在的境况。

《政治：一篇简论》的后半部分讨论了“人权”，它通过反转文章前半部分的“否定”程式（尽管布洛赫知道这种定义并不可行），改变了这一预设的定义。前半部分从自由的概念开始，最终以奴役和死亡的概念作结，而后

1 关于曼对“非政治”的不同理解，马西莫·卡奇亚里（Massimo Cacdari）的解释比较关键，参见他的《尼采与非政治》，载于《非政治：政治理性的激进批判》（Massimo Cacdari, “Nietzsche and the Unpolitical”, in *The Unpolitical: On the Radical Critique of Political Reason*, ed. Alessandro Carrera, trans. Massimo Verdicchio (New York: Fordham University Press, 2009, 92-103)。

半部分则从奴役和死亡的观念出发，[1]迈向自由的观念。借此，布洛赫去除了自由中作为其形而上学基础的人文主义价值取向，用纯粹不可呈现性改写了自由："人类自由是神圣的亲和力的一部分，它并非教条式地处在开端之处，而只是在一系列定义的最后，作为它们的终极目标——一个可以无限接近但本身却是无法达成的目标。"[2]在布洛赫看来，"尘世的绝对"（earthly absolute; *das Irdisch-Absolute*）是这一过程中"理想的"工具，他认为（借用了物理学和热力学）其是一个不能跨过的"不可逾越的界限"或"绝对的零"。但他同时也称之为"内容的过剩"，认为它尽管无法在话语中加以描述，但却坚定地扎根于反形而上学和反神学的"尘世"之中。这正是为何它只能在否定层面有所呈现的原因——不像过去形而上学的绝对（Absolute），它所需要的是一种世俗化。[3]

1　赫尔曼·布洛赫，《政治：一篇简论》（Hermann Broch, "Politik: Ein Kondensat", 211）。"我们只能从否定的一面，从死亡出发才能理解'价值'的意义。"

2　同上，218。

3　"因此，民主的神学立足于一种人权的理论。然而，我们虽然有着各种人权发展的历史，却没有一个是真正科学的理论，原因很简单，人权仍然只是一个宗教概念，它来自人拥有上帝形象的观念。我们所需要的是一种世俗化。我们必须将一直都在天上的绝对带到大地上来，我觉得时机已经成熟了。你可以看到，现在所有的科学思想中，辩证的绝对都必须让步于经验和世俗的绝对。"1950 年 3 月 17 日写给阿尔文·约翰逊（Alvin Johnson）的信，原文为英语，布洛赫，《文集 8》（Broch, Gesammelte Werke 8, 389-390）。

尘世的绝对与严格意义上的“正确如是”（right as such; *das Recht an sich*）完全对立。和数学一样，后者的合法性来自逻格斯（*Logos*）的先验绝对。而且也和数学一样只能从形式上去理解。由于无关内容，“正确如是”注定会陷入自相矛盾之中。它在司法上的冷漠暴露了法律与生俱来的邪恶的一面[1]——布洛赫与本雅明[2]、弗洛伊德[3]都觉察到了这一点。而也因为它对诸如奴役和集中营之类的现象都保持着中立，“正确如是”最后必然会否定一切它赖以生存的前提条件：人类正义的终结。[4]

布洛赫写给汉娜·阿伦特的信中有着本雅明式的口吻，[5]

---

1 布洛赫，《政治：一篇简论》(Broch, “Politik: Ein Kondensat”, 211)。这是一种卡夫卡式的正义盲目的形象和隐喻。

2 很明显，我想到的是《暴力批判》，载于《沉思：论文、格言与自传作品集》(Walter Benjamin, “Critique of Violence”, *Reflections: Essays, Aphorisms, Autobiographical Writings*, trans. Edmund Jephcott, New York: Schocken Books, 1986)；也可见于《历史哲学论纲》，载于《启迪：本雅明文选》(“Theses on the Philosophy of History”, *Illuminations: Essays and Reflections*, trans. Harry Zohn, New York: Schocken Books, 1986)。

3 参见弗洛伊德 1932 年 9 月对爱因斯坦 1932 年 6 月 30 日来信的回复，其中讨论了战争，它们是巴黎国际联盟国际知识合作委员会推出的一系列公开信中的一部分。阿尔伯特·爱因斯坦与西格蒙德·弗洛伊德，《为什么战争？阿尔伯特·爱因斯坦与西格蒙德·弗洛伊德通信集》(Albert Einstein and Sigmund Freud, *Why War? The Correspondence between Albert Einstein and Sigmund Freud*, trans. Fritz Moellenhoff and Anna Moellenhoff, Chicago: Chicago Institute for Psychoanalysis, 1978)。

4 赫尔曼·布洛赫，《政治：一篇简论》(Hermann Broch, “Politik: Ein Kondensat”, 241, 248-249)。

5 关于本雅明式的正义与法的对立，参见马西莫·卡奇亚里，《法律与正义》，载于《非政治》(Massima Cacciari, “Law and Justice”, in *The Unpolitical*, 173-196)。

他认为，从肯定的角度来界定正义毫无可能——它不可避免地会变成“惩罚”——因为“我们只能参照典范（models）实施正义，”然而，“正义来自高处（on high; *von oben*），而高处是绝不允许建构典范。”[1]“正义的诉求”——他在《政治：一篇简论》的最后写道——“似乎来源于一个比神法和自然法更难制订的元－法（meta-law），超越于两者以及类似的人法。尽管这一元－法体系比另外那些更加隐蔽，但早晚我们都会从中瞥见它朦朦胧胧显出的身影（如废除奴隶制）。不过，它与‘我’（I）本身有着同样的驱动力。”[2]这两种特性——“模糊性”和“必要性”，肯定的一极不可传达的必然性，以及必然性的不可传达性——最终决定了肯定的一级的展露和隐藏。肯定的一极并非是必然的，尽管它有着这种模糊性，而恰恰是因为这一事实，它并非必然。如果它一直都可从各个角度全面地认识与鉴别，如果它可以肯定性地转化为规范和制度，那么法（*diritto*）（以及从中而形成的政治）就会自成一体。不过，法律也会失去将其“从高处”拯救而出的他异性，

1 参见布洛赫 1949 年 2 月 21 日写给阿伦特的信，收于布洛赫，《文集 8》(Broch, *Gesammelte Werke* 8, 328-332)。

2 赫尔曼·布洛赫，《政治：一篇简论》(Hermann Broch, “Politik: Ein Kondensat”, 254)。

进而剥夺了人类遥远的呼告，以及这种呼告所带来的不可磨灭的希望：

> 当然，这种法律也同样面临着的实证主义诘难，它们通常都是针对神法和自然法。人们实际可以否定任何试图理解和定义注定是不可见的的事物的价值（同时也怀疑被探寻的这一实体是否为双重不可见）；人们可以坚称人类无法进入柏拉图的理念世界，然而直觉上还是承认这可能就是他存在可能的位置；人们甚至也可以把这种对回归原初家园的关注视为不自量力——与来自其中的自由一样危险。但永远不变的是，我们一生萦绕不绝的怀旧情绪都来自这一家园形象。[1]

去政治化与革命

布洛赫的《政治：一篇简论》终结了政治神学——天主教意义上至善与权力之间有一种可能和必然的联系——这是它影响最为深远的理论成果。这就是为什么，除了那些明确而公开的来源外，我认为其与本雅明《暴力批判》（"Critique of Violence"）还有一种隐秘但却更加根本的联系。本雅明在文章中认为，对历史错误的认识，或者更准确而言，

1 同上，254-255。

历史的错误[1]在于彻底区分了（政治的）权力与（伦理的）

1 我们需要更加深入地探讨这一点。本雅明并不认为历史上有调解暴力的解决方案，因为历史本身就承载着暴力。法律的"保守"性也与此有关。法律的本质是要持久，它是一个暴力压制新生的历史，站在新生的对立面，并以此将自己打造成一种神话。法律古老的根基深入在神话时代，本雅明在《命运与性格》（"Fate and Character"）一文中就注意到了这一点，这篇文章也成为《暴力批判》必要的补充："法律秩序错误地将自身与正义领域混淆在一起，它实际只是人类魔鬼时代的残余，在那个时代，法律法规不仅决定着人们之间的关系，同时还决定了他们与众神的关系，魔鬼被战胜后，它却仍然被保留了下来。"（本雅明，《沉思》[Benjamin, *Reflections*]，307）。

历史与神话交汇处的暴力，其调解的批判对本雅明的政治理解有何影响？首先，他拒绝了任何罗马天主教意义上的政治的"神学化"。在《暴力批判》中，本雅明没有任何对罗马天主教式或霍布斯－现代式代表的批判，而《命运与性格》中却有了强烈的批判色彩。本雅明的研究中很少出现施密特式的天主教-超越或现代-内在维度的内容，他（以及布洛赫）更加接近阿伦特，但激进性更强。本雅明对代表的批判本质上是一种政治批判，在他看来，政治毫无肯定性的一面。他否定了从起源（暴力）或目的（拯救）来构建法律与正义之间关系的可能。与布洛赫一样，他将政治抛给了否定性的语言。但实际上，这里仍然存在一个疑问，即我们是否还能在此言说语言——因为只有在语言之外，在一个不可从语言（或历史）层面表述的地带，"绝对神圣的暴力"才能绽出光芒；不会"流血"的"非调解的暴力"，与法 (law; *diritto*) 的神话暴力相对。这种"拯救式"的暴力，也只有这种暴力处在非政治的秘密之中。因此，它可以出现在诸如革命行为或大罢工等特定事件中，却永远也不可能作为体制的一部分被"体系化"；而带有"目的的手段"会将其变成一种神话的暴力。不过，这种"非政治"并非与其"决然"抽身而出的政治毫无关联。因为它在本雅明的思想中仍然还是被划到了政治范畴，尽管是"沉默的"（最明显的就是"决断"），更重要的是，它所要求的是政治的反面。

因此，我们只有进入政治才能定义非政治：从否定层面。与此同时，也只有政治才能召唤非政治，尽管不会有任何回应。这可能就是《神学－政治学断片》（*Theologico-Political Fragment*）那个"晦涩"片段所暗示的极端的辩证法（极端的，而非调解的辩证法），用以描述世俗与弥赛亚之间的关系："神秘的历史观念的先决条件，其中有这一个需要从象征层面表现的问题。"本雅明论述道，"如果一支箭矢指向世俗活力运动的方向，另一支指向弥赛亚的深度，那么自由人对幸福的追求当然就背离了弥赛亚的方向；但就像一种力，它在上升之时也会提升反方向的力，所以，世俗秩序通过世俗化也会有助于弥赛亚王国的降临。由此，世俗王国尽管并不属于弥赛亚王国的范畴，但却其最无声无息的决定性路径。"（本雅明，《沉思》[Benjamin, *Reflections*], 312）

至善两个方面，因为从伦理角度构想的政治不具实用性，而从政治角度构思的伦理则难以想象。

不过，提出这些观点后，我们要小心避免陷入一种误区，将事情人为地简单化处理。无法从肯定的层面调和权力与至善，这并非布洛赫的出发点，恰恰相反，我们不能忘了，《政治：一篇简论》是他晚期作品之一，并没有达成他一生研究的最终目标：毫不夸张地说，布洛赫终生都在寻求确立一种系统化的政治伦理学和伦理政治学。除此之外，从最初的假设到最终的结论，布洛赫力图在两种相互对立的冲动——剧烈的动荡，名副其实的对立——之间建立一种复杂的辩证法，这主导了其复杂多变的创作生涯。

因此，首先应当澄清一点。我们在谈到布洛赫作品中的"对立"时，指的并不仅是某些个人方面的限制（他在写作中无法重组某些对立的逻辑－语言倾向），同时还有他的目标。布洛赫想要证明通过话语解决对立的不可能性——无法在话语中说出并调和对立——因为话语、语言本质上无法胜任理解非矛盾性真理的任务，这些真理藏于深处，永远不会浮上水面。这是工具而非某个解释者的限制。实际上，唯一能够避免盲目和美学－浪漫主义式压抑

（布洛赫称之为媚俗 [*Kitsch*][1]）的解释方法是，主动去质疑这一界限，甚至要不断竭力地渴望去超越它。这正是当代世界学者的职责所在：将布洛赫的作品视为未解矛盾的家园，一种任何话语规范 (*nomos*) 都无法调解的二律背反的"合成体"（composition）（在这个表达的数学和音乐两种意义上）。规范以无矛盾为基本原则，承诺可以为我们解除一切对立。但是，这一规范只是盲目的"归零点"（the ground zero）；它远远地避开了照亮我们的光，这一在语言习惯之内，同时又超越了语言习惯，借助矛盾的形式二律背反（*antinomically*）地渗透于我们之中的光芒——尽管所有的表达、"言说"（连同每一个数字和音符）都渗透着其本质。但是，在历史中，这种本质无法用任何单一的语言要素表达，任何所指也都不适用，且最重要的是，它是不可呈现的。

布洛赫试图解决伦理和政治之间的对立（他在魏宁格 [Weininger] 和克劳斯 [Kraus] 那里的发现），但方法是一

1　在媚俗这一问题上，布洛赫有三篇相关的文章：《小说的世界观》（"Das Weltbild des Romans"，1933）、《艺术价值体系中的罪恶》（"Das Böse im Wertsystem der Kunst"，1933）、《关于媚俗问题的一些评论》（"Einige Bemerkungen zurn Problem des Kitsches"，1950），吕策勒整理后以《媚俗与文学》（"Kitsch und Literatur"）为题收于赫尔曼·布洛赫，《文学作品》（Hermann Broch, *Schriften zur Literatur*, Frankfurt: Suhrkamp-Taschenbuch-Verlag, 1975, 89-173）第二卷。

种新颖的、本质上为康德式的历史理论，这当然无法实现他的目标。（布洛赫通过张伯伦 [Chamberlain][1] 以及马堡 [Marburg] 和海德堡 [Heidelberg] 两个传统吸收了康德主义，也受到了费英格 [Vaihinger] 隐晦但却深远的影响。[2]）试举一例，1918 年的论文《历史现实的建构》（“Konstruktion der historischen Wirklichkeit”）[3] 中有着大量伦理、政治与历史理论的交叉。论文的核心观点为，只有历史理论才能从伦理上培育政治，相应地，也只有透过伦理视角，政治才能在历史中具体地实现。由此，布洛赫绝对化了“现实”范畴，并将其与逻格斯和品性（*Ethos*）等而视之。但也正是这种绝对化，造就了他研究工作与生俱来的“分裂”（“事务二律背反 – 对立的状态”[antinomic-antagonistic state of affairs; *antinomisch-oppositioneller Sachverhalt*]）[4]，而这却是布洛赫原本打算解决的问题。由此，布洛赫文章以

---

1 张伯伦的相关作品为休斯敦·斯图尔特·张伯伦，《伊曼努尔·康德：个性对作品的介入》（Houston Stewart Chamberlain, *Immanuel Kant: Die Persönlichkeit als Einführung in das Werk*, Munich: Bruckmann, 1905）。

2 参见汉斯·费英格，《“仿佛”哲学：人的理论、实践和宗教虚构体系》（Hans Vaihinger, *The Philosophy of "As If": A System of the Theoretical, Practical and Religious Fictions of Mankind*, trans. C. K. Ogden, London: Routledge, 2002）。

3 赫尔曼·布洛赫，“历史现实的建构”，《哲学作品 2：理论》（Hermann Broch, “Konstruktion der historischen Wirklichkeit”, in *Philosophische Schriften 2: Theorie*, ed. Paul Michael Lützeler, Frankfurt: Suhrkamp, 1986）。

4 同上，36。

及自我批判姿态的核心论点为：话语体系在逻辑层面打造的二律背反，无法在话语体系中得到解决。这一事实产生了两个问题：是否可以以伦理学为基础重塑一种新的历史理论，以及这一理论是否可以历史地转化为对实践政治有效的标准。对布洛赫而言，康德主义尽管有着“方法论”上的优势，但似乎并不适用于解决“价值崩塌”及其过度绝对化所带来的问题。布洛赫在这一点上另辟了一些新的途径，但也没有舍弃之前的道路。他写给弗兰茨·布莱（Franz Blei）的《公开信》（*Offener Brief*）就以“道路”（Die Straße）为名——在此，他对伦理学和政治学之间纽带的认识，看起来走向了另一条较康德式的历史理论更令人不安的方向。[1]

这封信写在民主共和国宣告成立之后，其意义就显得尤为特殊。其中提出的大众问题（贯穿在其未完成的《大众理论》[*Massentheorie*] 中）值得我们深究，除此之外，它也基本勾勒了布洛赫在天主教、现代性，以及——最重

1 《公开信》可见于 1918 年 10 月 20 日的《拯救》(*Die Rettung*)，弗兰茨·布莱发表于维也纳，Gütersloh 在巴黎出版，收于赫尔曼·布洛赫，《道路(致弗兰茨·布莱的公开信)》，载于《评论集 13/1，书信 1（1913—1938）：关于生活与工作的资料和评论》(Hermann Broch, “Die Straße [Offener Brief an Franz Blei]”，*Kommentierte Werkausgabe. 13/1, Briefe 1, 1913-1938: Dokumente und Kommentare zu Leben und Werk*, ed. Paul Michael Lützeler, Frankfurt: Suhrkamp, 1981, 30)。

要的是——两者之间的关系上的立场，它远非传统中批评家们提出那种线性、对立的关系。如果布洛赫在天主教-现代性关系问题上是全盘肯定一方，同时又全盘否定另一方，那么，他对“聚集在一起的嘴巴、鼻子、胡子和肚子”的诸众（multitude）的排斥，实际并没有那么矛盾。[1]这种矛盾性——厌恶群众的同时也伴随着期望与希冀——源于其认为诸众与“共同体”[2]（可能要将民族诸众 [national multitude] 排除在外）范畴（或“精神”）相关。这种“共同的形而上真理情感（*das gemeinsame metaphysische Wahrheitsgefühl*）”“在信仰中建立了根本的认知力”[3]，因而使得诸众彻底抛弃了人文精神。大众同样也沉溺于这种“群体性的廉价狂欢……当基督教成为一种邪教时就充满了各种无需认知力的廉价品”[4]。天主教由此便成为反对将上帝体验视为个体和“个人”（personal）事务的形象。

对布洛赫而言，给天主教打上这种社群主义（communitarian）教条的标签，意味着它与一种精神上不成熟的

---

1 同上，33, 30-31。

2 在这一问题，同时期的另一位德国学者也有一篇关于诸众的文章。克拉考尔，《大众的装饰》，载于《法兰克福汇报》（Kracauer, “Das Ornament der Masse”, *Frankfurter Zeitung* 9-10, 1927）。

3 布洛赫，《道路（致弗兰茨·布莱的公开信）》（Hermann Broch, “Die Straße [Offener Brief an Franz Blei]”, 31）。

4 同上。

外在因素联系到了一起，而这些因素却并没有影响到现代的诸众。这正是他与布莱天主教－社群主义观点（而非共产主义）分歧的地方。社群主义的教条并不能打动诸众——布洛赫与世俗化卫道士的不同之处——并不是因为诸众抵制这样的教条化；恰恰相反，而是因为它本身就存在着另一种更强大的教条化原则：毫无原则，可以让它冷漠地从民族主义式的狂热进入社会主义式的激情。这种观点有着自身的优势，它与现代衰退观 [*Zerfall*] 保持着距离，但同时也不会重提天主教共同体，借此，在《政治：一篇简论》中已经讨论了政治"本质"的语意后，布洛赫又在这里加上了一个简短的*附录*。"那么，"布洛赫在公开信第二部分的开头令人惊愕地宣称，"可怕的是，教条化和贬低理念成为必要！政治的本质就蕴含于这种退化之中；而也是在这一时代精神中，政治成为必要，并在一种彻底的贬低中确立自己的定位。"[1]

布洛赫宣称政治有其*必要性*，而布莱等人则怀旧式地想重塑前现代共同体，这是两者的不同之处。但实际上，这种必要性也无法掩盖其代价：它必然会带来退化。布洛赫政治哲学的核心设定出现了（或者说，所有类似哲学的

1 同上，32。

不可能性中都有这样的前提）。政治只有在作为一种理念时才纯粹是政治，但它完全不可呈现——除了政治实践现实中的邪恶和否定之处。布洛赫概念中排除了至善与权力之间必然的对等，这一天主教政治神学仍然认同的观念。为了保持纯粹，政治——政治理念——就不能变成权力（或法律、本雅明所谓的暴力 [*Gewalt*]）。它必须保持为正义："政治的概念与正义的概念联系在一起。不渴望正义的政治是不存在的。事关利益的政治不是政治，而只是隐蔽的商业。正义造就自由。纯粹政治只是一个理念，它有一种最高的必然性，不涉及任何有形却含混的东西。纯粹政治诞生于精神的自主，老旧的政治看重的是目的（*telos*），服务于现存社会。"[1] 这种绝对的纯粹政治不会呈现为利益，甚至也不会有预先设定的目标，它原则上是一种民主，所以必然会指向诸众，但当其与诸众联系在一起时，它又会变得教条化甚至腐坏：

> 由此可见，它不仅是纯粹的政治民主，同时还必然将自身与大众联系在一起，将其作为展示自身的唯一的目标，而大众与此同时也成了它唯一的源动力。因此，纯粹政治在诸众之中，在这个由嘴巴、鼻子、

1 同上，32-33。

> 胡子、肚子构成的群体中。对于这种纯粹政治而言，除了成为一个为诸众量身定做的空洞的口号之外，不存在其他命运。这种政治所表现出来的道德意志越是高尚和纯洁，它堕落得也就越深，就越是沦落为诸众廉价的狂欢。[1]

诸众对泛政治天主教主义古老的社群主义精神一无所知，所以必然会退化到最坏的境地："享乐主义"和"教条主义"混合在一起，不仅成为庸俗资产阶级的典型特质，同时也属于其社会领域中对应的群体——社会主义工人。这一纯粹肯定（但不可呈现）之物的否定式表现属于这个时代——或者，它更加是这一时代的精神。由此，我们距离新康德主义式乌托邦，这种建立在伦理学和政治学古老"联姻"上的新的历史哲学已经很远。现在，历史彻底被相对价值的过度绝对化打碎——并吞噬——了，政治一方面在此变成了"绝对的王国"，一个理想化的范畴，另一方面又被贬低到大众意识形态的层次。但是，这丝毫没有改变事情的根本属性。如果政治是代表了善的恶，那么这种恶只会是其最后的命运："政治是无从逃避的（*das Unabwendbare*）。政治之中……世界上最卑鄙的思想都出

---

1 同上，33。

现了，这一点在实践政治之中表现得最为明显。这是人类最终也是最为残酷的地方：极端的恶却是最为道德化之物（*das Sittliche schlechthin*）教条化后的必然产物。”[1]

《道路》中那些极端言论当然不能代表布洛赫早前政治思想的全部（但是，考虑到布洛赫辩证思想的复杂性及其逻辑极为矛盾的情况，这应该不会让我们感到惊讶）。相反，他在起草《梦游者》（*The Sleepwalkers*）之前完成的两部政治著作的第一部，似乎是本着建设性的精神来计划的。这篇文章写于1918到1920年讨论领事制度的动荡时期，在共和国接受其最终宪法之前，其题目也颇具矛盾性——《作为民主理事会制度的宪法独裁》（“Konstitutionelle Diktatur als demokratisches Rätesystem”）。除一些建议外（为领事制度和议会制度之间过渡性的折中方案提出了有益的建议），文章也展现出了到目前为止一直困扰布洛赫政治哲学（从《道路》到后来的《政治：一篇简论》）的典型特质，如果联系它们当时实际的环境，我们可能会有更清晰的认识。

这篇文章有一些观点明显与当时的奥地利－马克思主义（Austro-Marxist）和社会民主党（Social Democrat）思

1 同上，34。

想家——从考茨基（Kautsky）到鲍尔（Bauer）再到阿德勒（Adler）——有着共同之处；这些共同点也让布洛赫与诸如奥特马尔·施潘（Othmar Spann）等保守派天主教徒拉开了距离。[1]然而，更重要的是，我们应该看到，面对社会民主传统，布洛赫从未真正接受过，而是运用了一种完全不同的语言－概念和主题。文章的开篇提出，俄国革命是以国家独裁为原则的典型，它与民主制所体现的，与个人自由结合在一起的正义原则完全相反。（“每个国家都是要实现其理念中的权力……每个健康的国家都是独裁。”[2]）理想的社会主义国家正是源于两种极端情形的碰撞与融合——完全的独裁与完全的民主——布洛赫“二战”后的作品主要就是从理论上为这一危险的语义综合体代言。[3]这种融合如何实现？“个人化的无政府”如何在不摧毁民主

1　参见奥特马尔·施潘，《真正的国家，关于损害和重建社会的讲座》（Othmar Spann, *Der Wahre Staat, Vorlesungen über Abbruch und Neubau der Gesellschaft*, Jena: G. Fischer, 1938）。

2　赫尔曼·布洛赫，《作为民主理事会制度的宪法独裁》，载于《哲学作品》（Hermann Broch, “Konstitutionelle Diktatur als demokratisches Rätesystem”, *Politische Schriften*, Frankfurt: Suhrkamp, 1978, 11-23）。

3　我指的是 1949 年的文章《奴役时代的民主》（“Die Demokratie im Zeitalter des Versklavung”），同上，110-191。这篇文章开篇的预设与《政治：一篇简论》相同，结论则是我们需要一种《“极权化”民主》（“‘Totalisierung’ der Demokratie”）（同上，161）。也可参见 1950 年的《尽管如此：人文政治。乌托邦的实现》（“Trotzdem: Humane Politik. Verwirklichung einer Utopie”），同上，361-396。

的情况下与“国家的无政府”结合在一起？布洛赫给出的实际解决办法是，选择两院制（bicameral system），确保能够代表所有的经济团体，这与他的朋友保罗·施雷克（Paul Schrecker）提出的方案基本一致。[1]

但是，对作者的“政治哲学”而言，确保这一明显毫无可能性结构的出发点则更为重要：彻底否定的去政治化（*Entpolitisierung*）原则。去政治化之所以必要，是因为无产阶级的解放仅为实现某种目标（全人类的解放）的途径，因为“只有将文化中的善社会化，人类的解放才能实现：只有通过去政治化，才可将国家转化为社会。就像只有在这种自由之人的去政治化中，我们才能解释为何无政治必然是政治和社会民主思想（经济基础）的关键”。[2]《道路》中已经介绍过去政治化这一范畴，而这一篇则清晰地呈现了去政治化的目标（布洛赫建议让选民直接与众议院代表联系在一起，无须借助政治党派这样的官僚式的中介[3]）与其结果之间的矛盾。布洛赫研究中有一个隐含的设定，即没有哪种政治实践可以有效地实现政治 - 正义理念。然而，

1 布洛赫所涉及的著作是保罗·史瑞克，《莱布尼茨：他对国际关系组织的看法》（Paul Schrecker, *Leibniz: Ses idées sur l'organisation des relations internationales*, London: H. Milford, 1937）。

2 布洛赫，《哲学作品》（Broch, *Politische Schriften*, 15）。

3 同上，19。

这一矛盾实际却是将这一否定性的根本前提转化为肯定性事物的途径（但仍然有着一种否定的形式：去政治化）——所以，与试图实现但却无法有效实现这种转化的革命不同，对现实加以去政治化才是应对政治的（或说政治理念的）绝对严肃性的唯一方案。不过，重要的是，布洛赫也已强调过，去政治化与政治的冷漠的完全相反。面对必然会违背正义理念的政治运作（成功的革命最不可避免），唯一可能的解决方案就存在于非政治无效应的抗腐败性（incorruptibility）中：

> 理事会制的目标就是将人类彻底的去政治化，而当人类摆脱了政治枷锁后它便会消失。那些为革命而革命的人，将政治插入了理事会制度中，而他们也会为其幼稚的急躁和贪婪而付出血的代价，其中最严重的罪过便是人类的堕落。只有当无政治的理念可以被灌输到政治化的国家中时，它才会变成一个自由人的社会。[1]

鉴于这些前提，布洛赫顺理成章地在这一时期第二部分“政治”作品中开始深挖革命的概念，一个在第一部分

1 同上，22-23。

被视为否定性的概念；和“诸众”概念一样，革命概念也是布洛赫作品中固定的主题（*topos*）。在此，我指的是布洛赫 1922 年的文章《“革命”一词的认识论意义与黑格尔辩证法的复兴》（“Die erkenntnisttheoretische Bedeutung des Begriffes ‘Revolution’ und die Wiederbelebung der Hegelschen Dialektik”），其中评论了新康德派学者亚瑟·利博特（Arthur Liebert）的两部作品（《来自革命的精神》[*Vom Geist der Revolution*] 和《批判哲学如何可能？》[*Wie ist kritische Philosophie überhaupt möglich?*]）。[1] 从题目就可看出，布洛赫在此似乎又舍弃了《道路》中极端的理解方式，更倾向于和解的精神（借此将利博特的康德主义与黑格尔的辩证法结合在了一起），他早期作品中强烈的反对－革命的偏见也有所缓和。

不过，布洛赫在此并没有完全改变其否定的态度和二律背反的观念，这些在他成熟时期的小说中展现的更为明

1 赫尔曼·布洛赫，《“革命”一词的认识论意义和黑格尔辩证法的复兴》，载于《哲学作品 1：批评》（Hermann Broch, “Die Erkenntnistheoretische Bedeutung des Begriffes ‘Revolution’ und die Wiederbelebung der Hegelschen Dialektik”, *Philosophische Schriften 1. Kritik*, ed. Paul Michael Lützeler, Frankfurt: Suhrkamp, 1977, 257-263）。这篇文章最早于 1922 年在《布拉格新闻》（*Prager Presse*）上发表。利博特的作品为《来自革命的精神》（Liebert, *Vom Geist der Revolution*, Berlin: Pan-Verlag, 1919）;《批判哲学如何可能？》（Liebert, *Wie ist Kritische Philosophie Überhaupt Möglich? Ein Beitrag zur Systematischen Phaenomenologie der Philosophie*, Leipzig: F. Meiner, 1919）。

显。在此，二律背反的界定（受利博特影响）成为了其文章的引子。他在《史学理论与历史哲学》（*Theorie der Geschichtsschreibung und der Geschichtsphilosophie*）中就已经呈现了新（*das Neue*）与旧（*das Alte*）的二律背反（所涉及的是一种二律背反 [*Antinomie*]，更准确地说是一种冲突 [*Kampf*]）。解决方案有如下几种：区分“单一系统”（其中所有的不连续性都被吸收到其完整统一的框架内）与“多样系统”（pluri-individual systems）（借助新 [*novum*][当其展示自身时] 才能成型）；借助“惊奇”“发现”或“变动”等心理现象；或出现一个有着历史直觉的“天才主体”。[1] 在关于革命的文章中（也有着利博特的足迹），这种二律背反戏剧化地变成了“历史生成”（*das geschichtlich Gewordene*）与“非历史的绝对”（*das ungeschichtlich Absolute*）之间的碰撞，[2] 革命正是对这种冲突本质的表达。自然，布洛赫急于说明，当人们从全方位人类自主层面角度谈及“无历史的绝对”（ahistorical Absolute）时，所涉及的必然都是人类在历史中制造的问题，所以分析的最后

---

1 布洛赫，《史学理论与历史哲学》，载于《哲学作品 2》(Broch, “Theorie der Geschichtsschreibung und der Geschichtsphilosophie”, in *Philosophische Schriften* 2, 94-155)。

2 布洛赫，《“革命”一词的认识论意义》(Broch, “Die Erkenntnistheoretische Bedeutung des Begriffes ‘Revolution’”, 258)。

都还是成为一种历史现象。但也恰恰是在这种既受历史所限同时又是无历史的绝对中，“所有革命的悲剧”（*die Tragik aller Revolutionen*）由此而生。也就是说，革命无法解决二律背反，因为它正是由其构成：

> 但是，这里……也是每一场革命的悲剧所在。之所以称之为悲剧，不仅因为历史生活的连续性无法容忍激进的断裂，而且还因为革命的逻辑正是要消除这种断裂。本质上，每一场革命根本都是一起“紧急事件”（exigency）。无论如何，紧急这一概念的成立，都要以某种它与之有着合法关系并可使其普遍成立的事物为前提；即某种顺应紧急事件的事物。但是，这一“事物”仅仅只是历史生活——一种应当由革命摧毁的复合体。[1]

换言之，新与旧、连续性与非连续性、静态与动态之间的二律背反，是内在而非外在于革命本身之中。或更准确地说，二律背反就存在于革命绝对无条件的形式与其绝对历史性的内容之间：“在此，在两种绝对性的碰撞中，革命二律背反原理最深层的根源和独特的根基展现了出来：

1 同上，260。

这是形式与内容之间逻辑上的二律背反。”[1] 革命在逻辑和历史层面上的死结无法可解：不管是布洛赫对黑格尔辩证法形式上的借鉴，还是他追随沃兰德（Vörlander）、马萨里克（Masaryk）[2]、阿德勒（Adler）（还有响应着利布曼[Liebmann]“回到康德！”[3] 倡议应对资产阶级的利博特）的足迹对马克思主义和康德主义的混合。这个死结深陷于他早期作品的方法论陷阱中，但最终也挣脱了桎梏，以质朴无华地形象出现在了《梦游者》最后一部分中。

1922 年文章中的所有范畴，我们同样也可以在《梦游者》反复出现的逻辑 - 历史补充说明中看到，其标题为“意义的瓦解”（disintegration of values; *Zerfall des Wertes*)。但是，出现在这里的范畴被普遍化和激进化了，致使其抵制任何一种和解、妥协或任何辩证式的改善。对于大多数革命本身的观念而言，这就是事实，革命具体的含义被扩展了，完全与“欧洲精神”——作为变动的现代性——相吻合。这已经不再是《基督世界或欧洲》（*Christenheit oder*

1　同上。

2　参见 T. G. 马萨里克，《当今马克思主义中的科学和哲学危机》(T. G. Masaryk, *Die Wissenschaftliche und Philosophische Krise innerhalb des Gegenwärtigen Marxismus*, Vienna: Konegen, 1898)，与《马克思主义的哲学和社会学基础》(T. G. Masaryk, *Die Philosophischen und Soziologischen Grundlagen des Marxismus*, Vienna: Konegen, 1899)。

3　奥托·利布曼，《康德及其模仿者》(Otto Liebmann, *Kant und die Epigonen*, Stuttgart: Schober, 1865)。

Europa）[1] 中的梦想，一个普遍存在于当时德国天主教之中的愿望（可以回忆一下前文中对瓜尔蒂尼的讨论）。在此，欧洲，或欧洲精神，是新教“革命”（或作为革命的新教）的欧洲。而也正是这个欧洲，通过一种抽象的“大海”和天主教的“陆地”之间的对立，将世界从古老的政治神学羁绊中解放了出来；将其零星的小岛粘合成了大陆，小溪汇聚成了大河：

> 两千年来，完全的抽象（the absolute Abstract）只是贫民区的一股暗流，在生命大河面前就像是一道涓涓细流无人察觉，现在却将变成主流；好像两千年来所有被掩盖得微不足道、缩减到最低限度的抽象的可怕冷漠，又被新教思想的激进性催化得毒烈了，好像它释放了仅仅潜藏在纯粹抽象本身之中的无限延展的绝对权力，爆炸性地粉碎了我们这个时代，将抽象思想这个一直以来备受忽视的典狱长，变成了我们这个分崩离析时代的典型化身。[2]

当新教革命克服后期经院哲学的二律背反，并由此开

1 参见诺瓦利斯，《夜颂中的革命和宗教——诺瓦利斯选集卷一》，林克等译，北京：华夏出版社，2007 年。——译者注

2 赫尔曼·布洛赫，《梦游者：三部曲》（Hermann Broch, *The Sleepwalkers: A Trilogy*, 526）。

启人之逐渐内在化的进程时，它却落入了相反的极端倾向中：纯粹的抽象化。从这一点出发，与传统的决裂就变成了背叛。在关于革命的文章中，布洛赫辩证式地调和的对立的两极在此被彻底极端化，它们毫无联系却悖论式地相互转化。借此，“相对”（“欧洲精神”造就的价值多神论）本身成为由自己制造的绝对。随着相对的绝对化，当前已分裂的古老天主教推理法（*organon*），每一部分都显得“完全独立自主，每一个都决心通过激进的彻底性，从出发点推演出逻辑的最终结论，”直到每个都可以“拥抱全世界”，压倒其他所有的价值，“像一群蝗虫摧毁田地一样”铲除它们。[1] 沦落成纯粹技术的政治自主性，正是这样抛弃了世界，彻底将其去政治化。

我们没有什么可惊讶的。很简单，两个对立的向量构成了人的自由，它们在 1922 年的文章中是协调共处的（一方面是生命 [*Leben*] 的非理性冲动，另一方面是精神 [*Geist*] 的理性冲动），而现在，无情的斗争将每一方都变成另一方苍白的模仿。[2] 每一个体系都只是部分而非整体的体系，都从其“逻辑起点或逻辑基础”出发，被迫“成了革命性

1 同上，448。

2 布洛赫，《“革命”一词的认识论意义》（Broch, “Die Erkenntnistheoretische Bedeutung des Begriffes ‘Revolution’”, 258-259）。

的，”[1]并因其专业化的趋向而表现为某种合理化的逻辑。但是，为了避免分裂成碎片——避免从内部摧毁它的深层的碎片化——这些体系必须从其反对的非理性大众中找出一些“好的”非理性力量，依靠它们发动一场非理性的理性化与旧理性的非理性化之间的斗争。

> 因为革命是恶对抗恶，非理性对抗理性，同时也是伪装成极度合逻辑推论的非理性对抗得意地用非理性情感为自己辩护的理性机构：革命是非现实与现实、暴政与暴政之间的斗争，一旦超－理性（super-rational）得到释放，并随之带来非理性的释放，一旦价值观的瓦解已经波及最后一个整体单位，波及个人，革命便无法避免；孤独而自治的个体，在除去一切偏见后，他完全无法抵挡非理性的入侵。[2]

在这个不可避免会扭曲的革命中——根据那个吞掉自己的蛇的经典形象——那些被放逐者，那些首先“被剥夺了价值”的人，“必然也会首先听到谋杀的声音”。[3]对立的双方汇聚于此。过去的受害者变成了新的刽子手，过去

1 布洛赫，《梦游者：三部曲》（Broch, *The Sleepwalkers: A Trilogy*, 636）。

2 同上，636-637。

3 同上，637。

的刽子手变成了新的受害者；政治的循环触碰到了它的零度，一种在布洛赫《政治：一篇简论》中通过“尘世的绝对”这种双重隐喻被描绘的零度。与那篇文章一样，此处的极限点——最低点——是一种打造新型政治认同形式必需的矛盾化的冲击力：

> 它看起来就像是同一种逻辑的必然，任何价值体系向新价值体系的转变，必然穿过这个原子也会分解的零点，必须经过一个与新旧体系都毫无关联的代际，这一代对他人的痛苦无比淡然，有着近乎疯狂的冷漠，其价值观的荡然无存，为革命时期对一切人性的残忍拒绝提供了伦理和历史上的正当性。[1]

但是——结论总是如此——只有在这一代人是“沉默的”这个前提下，因为“只有这样沉默而自足的一代，才能忍受绝对的征兆和冉冉上升的自由之光。”[2]这一代应当静默，避免用肯定地方式言说自身的力量（潜能 [*potenza*]）。但它也应该是盲目的，避免在误导性的场景中表现这种力量。这一代必须准备接受其生存的“政治”意义——《无罪》

1 同上，645。

2 同上。

（*The Guiltless*）[1]中的“我们”——但它只存在于一个映象中，像是“黑暗水池中的影像”，或是位于“人与人之间不可穿透、死一般静默的墙上的颤动，没有任何声音能够越过或穿过，而人在瑟瑟发抖。”[2]

伦理之国

正是从这种沉默中，布洛赫笔下的维吉尔才于死亡之时开口说话。从外部看——没有这种相反视角下的“声音”，没有这种表达沉默的“声音”——我们很难去理解维吉尔与奥古斯都（Augustus）之间冲突的真正意义，这一冲突既是《维吉尔之死》中最重要的部分，同时也是布洛赫对政治及其命运思考的某种总结，一种象征化的设定。此书批判性的探索主要集中在两点：奥古斯都的矛盾形象，以及与之相关的奥古斯都战胜对手维吉尔的事实——这不仅是“历史的”胜利（《埃涅阿斯纪》[*Aeneid*] 中取得的最终胜利），同时也是逻辑上的——甚至作者也完全支持后者。

---

1 “我们应该不是第一批站在那种高度的人 / 也不是最后一批；不，一些我们这样的人 / 将会不断加入我们，美好的一天 / 我们应该说我们，我们应该 / 忘记我。那么可能 / 我们应该说因此：……”赫尔曼·布洛赫，《无罪》（Hermann Broch, *The Guiltless*, trans. Ralph Manheim, Boston: Little, Brown and Company, 1974, 237）。

2 布洛赫，《梦游者：三部曲》（Broch, *The Sleepwalkers: A Trilogy*, 645-646）。

然而，要理解这两个问题，从传统范式的视角出发却有些困难：在此，奥古斯都被视为将政治从伦理理性中解放出来的倡导者和承担者，而维吉尔则是一个建立在伦理基础上的政治的捍卫者。

在我看来，这个观点似乎需要完全颠倒过来。奥古斯都更加是代表了伦理国家（我们会看到，他只是部分上在为某些人的观点辩护，这些人面对其所倡导的国家类型，认同的更加是黑格尔式而非独裁式的脉络）："你让时间为人的行为负责，"他反驳维吉尔，"你认为它甚至要对认知的丧失负责……由此，你要让人，当然也包括你自己，都不再承担任何责任；这很危险……我更希望人对所处的时间负责。"[1] 奥古斯都为人类自由意志辩护——伴随着各种伦理上的后果——还有更深的内涵。人类行为，只有在让时间流逝拥有了意义时才会与伦理有所关联（回想一下布洛赫从新康德主义角度在伦理学与历史理论之间建立的联系）。更准确地说，是伦理行为赋予了时间以形式。这就是为什么，当维吉尔观察到"我们以一种神秘的方式被时间俘虏，时间在神秘地流逝……一条空洞的水流……流

---

1 赫尔曼·布洛赫，《维吉尔之死》（Hermann Broch, *The Death of Virgil*, trans. Jean Starr Untermeyer, New York: Vintage Books, 1995, 351）。

于表面，我们既不知其流向亦不知其深度”[1]，奥古斯都反驳说，人比时间更强大。他不“受制于时间”，而是“掌控时间”。[2]为了确证他作为伦理主体的本质，人必须“塑造”时间。但为了做到这一点——奥古斯都进而论证道——他必须将自己组织进一个国家。国家是时间真正的形式:“我不同意义务会随着时间而改变……人要对他的义务和职责（其行动目标）承担责任；任何时候，他都必须让其符合共同体和国家的需要，如果他不这样做，那么时间就会失去形式。然而，人必须塑造时间，他在国家内部塑造时间；这就构成了他最高的义务。”[3]

奥古斯都持此种立场，因为在他看来，国家是伦理主体最高最确切的实现形式，而非其否定和压缩。奥古斯都，他的实体存在（physical presence），他的权威（*auctoritas*）都来自国家——不管是在历史表现上还是在逻辑的连贯性上——布洛赫－维吉尔不管做多大努力，似乎都无以反驳。奥古斯都的伟业——改变了社会，将农业国家变成了商业国家，带来了帝国（因此以至世界）的和平——就铭刻在维吉尔不可辩驳(从伦理-政治角度)的伦理－政治逻辑上。

1 同上。

2 同上，352。

3 同上。

自由甚至都无须唤起，因为国家承载着历史的使命（telos），它的任务就是生产和拓展自由：

> 自由？当然，当然，我当然要为罗马人的自由负责；无论是安东尼（Antonius）还是其他任何人，都无法改变它。这是罗马的任务，为此必须坚定不移。让人民参与到国家的发展中，我们会给予他们人类为之奋斗的自由感，因为这种渴望就内在于人性之中，势必要得到满足。国家的共同福祉（commonwealth）是自由感唯一的避难所：它属于所有人，甚至是奴隶，而且，它不仅仅是你们所谓的土地上的自由；它还是一种神圣秩序的自由！[1]

奥古斯都继续说，不同于主流意识形态中的自由，国家带来的自由才是真正的自由，因为前者激进主义式的姿态只是浮于表面，其背后不过是某个社会阶级所被赋予的特权（奴隶或农民）。国家给予的自由则并非是针对个人或群体的自由，而是作为全体人民的自由。所以，这是一个自由的国度，奥古斯都的国家，在字面意义上就它属于人民而言，也是人民的国家。国家，不管其合法代表（并非其拥有者）是谁（如奥古斯都自己）：“我们自己是人

1 同上，363-364。

民的一部分，是至高无上国家的所有物，我们一切所是、一切所有都属于国家。我们属于国家，也就属于了人民；正如国家是人民的化身，人民也是国家的化身，如果说国家对我们及我们的成就有着无限的所有权，那么这种无限的权利也同样属于人民。”[1]这就是奥古斯都眼中国家的根本特质：它所承担的义务与所赋予公民的权利相互对应（甚至还包括为了国家牺牲《埃涅阿斯纪》及其艺术价值的义务）。自由的国家，人民的国家，首要地，也是*法*（*diritto*）的国家。由此，个人的逻辑要服从集体的逻辑，进而，正是在这种服从的要求下，个人也要取悦众神：“众神并不关心个人，毫不在意他以及他的死亡；众神转向了人民，他们的不朽转而也成为了众神意图维护的人民的不朽，也许是因为众神意识到，他们自己会随着人民的消逝而消逝。”[2]

人民的权利是连接国家与它的众神之间的纽带。正是国家的持存，保证了神的存在，而神的存在同样也维持着国家。众神高高在上，他们深深扎根于国家的“大地”性中：“罗马的现实是俗世（earthly）的，它的人性也是俗世的，”[3]

1　同上，368。

2　同上，370-371。

3　同上，367。

国家仰望天空，因为天空根植于大地。天空笼罩着这个大地。这种关系将权力（potere）神圣化，保证了奥古斯都“政治神学”所要求的权力与至善的统一，与罗马教会所倡导的再一次不谋而合——既是至善的权力，也是权力的善。国家的正义（right）和司法权（*jurisdictio*）属于这种神学，所以虽然它们属于尘世，但同时也是不朽的“象征”：“只有成为一种象征，易朽的才能融入不朽之中，一种（像罗马一样）凭借其现实凌驾于一切象征之上的不朽。”[1] 不朽不仅传递给了人民，成为他们自身力量 [*potenza*] 的形象，同时也会通过代表他们的人，拯救了不朽固有的罪恶：

> 国家，在它的双重现实中，不仅仅要作为众神的象征；这不足以支撑起彰显众神荣耀的卫城（Acropolis），因而，它还必须为其现实构成的另一半——人民——树立起一种象征，一种人民能够看到和理解，并由此可以反观自身的有力的象征，如同他们所向之屈身的自身的权力，他们会认识到，世俗世界的权力均倾向于作恶——安东尼就是一例——但也会看到，世俗权力的拥有者同时也是不朽的象征，他会阻止这种危险的发生。[2]

1 同上，372。

2 同上。

奥古斯都在此极为夸张地表达了自己的诉求；他的黑格尔式政治神学的结论也就在于此。起源的神圣，让权力能够化恶为善。但这也是另一种完全不同的逻辑－语言规则的立足点，布洛赫－维吉尔借此颠倒了其本意。这个新的立足点并非完全与奥古斯都的解释无关。它不是通常所理解的政治的伦理基础，而更加是一种诺斯替式的策略，将政治的一切都视为某种预设，通过一种反面论证（*argumentum e contrario*）的方式重读并推翻了奥古斯都的主张。而为了达到这种效果，它反转了奥古斯都主张的形式而非其内容。在此，恶并非是由权力所转化（为至善），而更加是变换或揭示了权力真正的本质。因此，权力与恶之间形成了一种不断转换的机制，但它的主客体位置却完全颠倒了过来。可以说，从其背后的视角来看，奥古斯都的话语由此完全变了。而也正是从这种特定视角的翻转来看，奥古斯都形象蕴含的这种“双重语义的基础”便终于可理解了：他那迷人的微笑似乎成了“某种恶毒而残忍的东西”[1]，他那件紫色的外袍突然间似乎已经“变成了黑紫色”，包裹着的身影，在他走来的背景衬托下，变得“严肃、

1 同上，306。

冷酷、严厉”。[1]“存在是静止的，那个一动不动站在窗口的人，不再是屋大维（Octavian），而是一个柔和、坚毅而又异常僵硬的画面，凌驾于所有人类之上，国家的光芒照耀四方。”[2]

笼罩在这种新的“黑暗”、恶魔般的光芒中，曾经作为伦理的政治化体现的国家，现在呈现出了它的真面目（国家曾经确实是伦理的政治化，而也正是由于这个原因，布洛赫在《道路》和《政治：一篇简论》中认为，它同时也是伦理的堕落）。它伪装成了“奥古斯丁式的”，而非黑格尔式的形式：它是人之城（*civitas homini*），甚至是魔鬼之城（*civitas diaboli*）。它发展目标的真正性质，表现出来的“历史决定论”，都表明其完全倾向于变成一种纯粹的虚无主义：“可能是我见证了太多的死亡，真的，我的朋友，因为生命和死亡一样微不足道；生必有死，两者都等于零。”[3]如果奥古斯都的哲学是虚无主义，如果生与死都毫无意义，那么国家所赋予的主体性——奥古斯都所谓国民们的（*subjects'*）国家——也便无从谈起。这不是国民的

1 同上，317。

2 同上，367。

3 同上，322。

国家，而是屈从的国家，一种对国家的屈从：[1]“实际上，让国家必须奉献出人道真的很难，让国家服务于共同福祉（commonwealth）更难，借此，国家得以人格化，并要求个体反过来为国家服务，完全屈从于国家的权力，是的，进而，每当共同体的安全需要生命来保护时，国家都有权对其权力保护下的生命提出要求。”[2]在此，我们已经远离了（绝对的）霍布斯式的国家。确切而言，这里没有“绝对性”（absoluteness）的概念；有的更加是全体伦理在政治中的转化，在这一过程中，它实现的条件就是要消除个体：

> 当然，我一直在积极改善奴隶的命运，但是帝国的福祉需要奴隶，他们自己必须接受这一现实，无视被压迫者应有权利的诉求；的确，我非常不愿意这样，也违背我仁慈的本意，但我自己不得不借助法律限制他们大范围的解放，如果他们反抗，另一个斯巴达克斯（Spartacus）就会起来成为他们的领袖，而我就要像克拉苏（Crassus）那样将成千上万的人钉死在十字

1 布洛赫阐述的观点与他战后所写的文章中的观点并无二致：“世界的分裂”，《政治作品》（“Die Zweiteilung der Welt” (1947), in *Politische Schriften*, in particular at 278-279），在此，布洛赫从国家需要保护公民这一前提出发，最后得出的结论是，国家作为一个“权力机器”不可避免地会走向极权主义。

2 赫尔曼·布洛赫，《维吉尔之死》（Hermann Broch, *The Death of Virgil*, trans. Jean Starr Untermeyer, New York: Vintage Books, 1995, 366）。

> 架上，作为对他们的警告，也为了让他们回心转意，让他们——他们永远都要准备好面对残酷和恐惧——心存敬畏地意识到，与统率一切的国家相比，个人是多么的渺小。[1]

人民国家、群众国家最隐秘、最深层的含义正在于此。正是由于国家是由一体化的诸众所组成（“我不得不面对既成事实，同时我也绝不能忽视任何可能与群众一体化相关的事情”[2]），由此，它也成倍加剧了内心“恐慌”（“我”的收缩）与“狂喜”（“我”的膨胀）之间的矛盾情绪，一种布洛赫（与其他人）在其他地方所认为的“合乎科学”的情境。结果就是，大众的力量（potenza）来自领导者的权力，两者之间有着一种相互认同、无法割裂的关系。但是，个体[3]的人却无法看到这一现实，因其不得不面临政治固有的归一（*reductio ad unum*），一种个体被排除在外的形式。个体，正因是一个孤零零的个体，无法“进入权力、神圣性、广泛的自由，以及高居宫廷之上的唯一的永恒之中”[4]。

如果这就是奥古斯都的国家，如果其法律在字面上就

1 同上，368。

2 同上，363。

3 同上，48。

4 同上，50。

否定着其他法（*diritto*），那么，维吉尔就完全是站在它的对立面上。这也是本雅明极力反对的情形。面对此种法律——诸神维系着其尘世的关联——只有正义绝对的“无界”（unboundedness）可作出回应：“尽管你可能仍不得不维护着国家的边界，哦，恺撒，王国是无界的；尽管你现在仍感觉权利有主次之分，但正义不容区别对待，专注个体，共同体便脆弱不堪，但个体的正义却需要共同体来捍卫。”[1]它的自由将会是无限的，“因为你的国家将会成为一个自由的王国，一个真实的王国，它将不再是普罗大众的王国，甚至也不是人民的王国，这一王国是某种由觉醒之人、人类个体的灵魂、他们的尊严和自由，及其由展现着某种神圣相似性的力量支撑而起的共同体。”[2]从政治神学角度打造法（*diritto*）的国家“表面上”符合正义的国度。这是布洛赫在《政治：一篇简论》中提到的“肯定的一极”。但和那篇文章中的一样，它在这里也呈现出了一副完全不同的面目。准确而言，它的面孔，恰是没有面孔。所有正义国度的“形象和相貌”只能是一个没有外表的相貌（resemblance without image）。这就是维吉尔屈服于皇帝，

1 同上，367。

2 同上。

屈服于其逻辑的至高无上和其法（*diritto*）的合理性的原因。《埃涅阿斯纪》终归奥古斯都——毕竟，这难道不是给他的诗吗？——毫无迹象表明是两位对话者之间的和解，而更是两种话语决绝的分离。权力被交还给唯一能表现它的语言—— 一种否定的语言——而“肯定的一极”则拒绝了任何一种可表现性。如果“世间的死亡无可避免……[同时]比邻而居的人也在权力的争夺中四分五裂，”[1]那么，“它就是在平静大地之上，而非星辰环绕的国家之上，”[2]因为“我们生來自由；国家是尘世间滑稽可笑的东西。”[3]

伦理与政治的不可和解，这是布洛赫在《维吉尔之死》中唯一要表达的内容。在此，布洛赫抛弃了所有建构的方略，彻底接受这种不可能性，完全没有整合两者的愿望。伦理和政治之间横亘着一道任何历史理论都无法弥合的鸿沟——布洛赫在后期虚构作品中重申的历史理论更是如此，其矛盾点更多，也更难令人信服——因为不断铸就这一鸿沟的正是历史。《维吉尔之死》的结尾处，不出意外地让行将就木的主人公瞥见了单一且饱含深意的共时性，从而拒绝了历史致命的连续性。“他扭头望向曾放下的浩瀚，

1 同上，338。

2 同上，359。

3 同上，364。

看到的是此时此地的广袤，前后望去，聆听过去和未来，过去的窸窸窣窣早已被遗忘，遁入无形，现在却又重新浮现于当下，变成共时性的创造之流，永恒栖身于中，最初的图像，图景的图景。他被震撼了，巨大的震撼，终结也颇有益处，因为时间的圆环早已闭合，结束就是开始。图像已沉落，消失不见，但轰鸣声仍未断绝。”[1]

戈雅的画布

布洛赫的非政治探索似乎在《维吉尔之死》的尾声处抵达了终点。早期作品中，历史哲学的研究（旅美后期的作品中又卷土重来）让他一直对伦理－政治事业持乐观态度，而在这部小说中，它似乎被一股否定的强力从内部掏空了，这股势力将政治“肯定的一极”推出了可被表现的范围之外。然而，这里的结局同样也划出了另一道不可逾越的界限，更加鲜明地展现了布洛赫作品从未彻底解决的内部矛盾。事实上，这部书大部分内容都是在记述那种超越（beyond）图像和语言的无法表现的元素（尽管它们还是得到了表现），精益求精的从理论上解释不可解释之物，命名不可命名之物。结果，两种做法达成了某种形式上的

1　同上，480-481。

妥协：一方面程式化的宣称不可定义性，而另一方面，布洛赫在实际操作中又否定了这一认知，尝试着作出界定（如“人道”“团结”和“互惠”等概念）。这正是布洛赫的努力陷入困境的原因，而非其探究的问题本身——这在所难免，同时也造就了完全不同的结果，我们将会在本书最后一章加以讨论。

布洛赫的工作中找不到解决这一僵局的答案。如果有，它也必定是在其工作的外部界线处才能找到；我们会看到，在他最好的阐释者和朋友埃利亚斯·卡内蒂（Elias Canetti）（他“越过”了布洛赫，处在一个与阿伦特反向对称的位置上）的作品中，这一僵局被赋予了一种提问的形式。卡内蒂思想自传第三部分中有几页内容，以无与伦比的缜密清晰展现了他与这位朋友（某种程度上也是他的老师）之间的巨大差异——恰好通过他们在思想上的相近。这一部分名为“一种矛盾的开端”[1]，某种程度上展现了卡内蒂“神话”世界中反复出现的布洛赫形象：一只“美丽的大鸟翅膀被剪断了”[2]“飞行受阻”。[3]卡内蒂在此设计

1　埃利亚斯·卡内蒂，《眼睛的游戏》（Elias Canetti, *The Play of the Eyes*, trans. Joachim Neugroschei, London: Pan, 1991, 31-55）。

2　埃利亚斯·卡内蒂，《语词的良知》（Elias Canetti, *The Conscience of Words*, trans. Joachim Neugroschei, New York: Seabury Press, 1979, 9）。

3　埃利亚斯·卡内蒂，《眼睛的游戏》（Elias Canetti, *The Play of the Eyes*, trans. Joachim Neugroschei, London: Pan, 1991, 33）。

了一个对话，极为清晰地解释了这一矛盾，同时也更为鲜明地展现了两者思想上复杂的概念差异（如两者对弗洛伊德心理分析学说的不同见解）。对话其实是布洛赫对卡内蒂的批判，在此，卡内蒂的作品被指责为某种对恐惧的“强化”甚至“内化”（尤其是戏剧《婚礼》[*The Wedding*] 和小说《迷惘》[*Auto da Fé*]）：“但你不能借地狱来恐吓人，你描绘了生活中地狱的景象。你没有客观地展示，没有给人们提供更为清晰的认识；他们因此只会觉得生活在地狱中，活得战战兢兢。作家难道就是要带给这个世界更多的恐惧吗？这样做值得吗？”[1]

与卡内蒂式的做法不同，布洛赫有另一套叙述模式：从伦理层面将“不同的价值观体系，好的和坏的”并置在一起，立场上有所“让步”，可以“部分缓解恐惧”。[2] 从而形成了一种卡内蒂所谓的“安慰”效果——近乎抵消——缓解了卡内蒂“恐怖”作品对读者致命的影响。从两位作家“方法”的不同选择上，我们可以窥见他们“哲学”理念上分歧的全貌。（尽管我们要让哲学有更宽泛的容纳性，才把卡内蒂视为哲学的。）而且，两人对（布洛赫所谓的）

1　同上，38。

2　同上。

“肯定一极”和“否定一极”关系理解方面的巨大差异，在此也有所体现。我们可以再多看一下布洛赫的相关论述：

> 你坚决要把人们吓得惊慌失措。在《婚礼》中，你确实做到了。但之后，剩下的就只有毁灭和灾难。你想要这种灾难吗？我觉得你要的恰好相反。你很乐意帮忙找到出路。但你却袖手旁观；在《婚礼》和那部小说中，你都是冷酷无情的以毁灭作结。我很欣赏其中毫不妥协的品质。但这真的意味着你自己就没有找到出路，抑或怀疑是否有出路存在？[1]

卡内蒂的回应充分揭示了这一问题不同理解的关键。对于布洛赫的政治哲学，及其所立足的历史哲学，[2]“希望”——“肯定的一极”——必须在否定的一极之外寻找。“善与恶”之价值体系放置在一起，才能形成鲜明的对比。但在卡内蒂这里，它们显得既复杂又“惊人的”简单。肯定的一极，它所关涉的不灭的希望，不仅无法从肯定的角度探讨和表现（布洛赫早已知晓），同时还完全会被否定面的光芒所吞噬和束缚。卡内蒂选择的立场相当于完成了

1 同上，38-39。

2 卡内蒂，《语词的良知》（Canetti, *The Conscience of Words*, 5）。在此，卡内蒂写道：“他第一部渊博的作品《梦游者》三部曲是他历史哲学的文学表现形式。”

布洛赫的使命——同时也推翻了后者。假若否定的一面可以被呈现（布洛赫的“恶”，或卡内蒂的“权力”），只有从这种恶出发，巨细靡遗地分析其表现形式，肯定一极的沉默才能间接地呈现出来；在其映像或回音中。

布洛赫指责卡内蒂思想极端，正是与此有关，在此，卡内蒂将显现的世界简缩成一种它所呈现出来的否定性（“恐惧”充斥其中，打破了表面的平静），使得两者无差别地混融在了一起。这可能也是卡内蒂最后一次热情地形容布洛赫时所指涉的内容，出自他在布洛赫五十岁生日时的致辞：那个“无情而极端的要求”要他去成为“他那个时代的小人”，但同时，又要“站出来反对这个时代”。[1] 从他自己的时代内部反抗这一时代。正如卡内蒂对戈雅的评论，认为他身处现实的恐惧之中，囚禁了希望，所有的希望：如此才能将现实的恐惧带到希望的边缘：

> 格吕内瓦尔德（Grünewald）的《基督》（*Christ*）问世后，再也没人可以像他那样来描绘恐惧，也没有人能够超越他——这恐惧比任何拯救的承诺都更加令人作呕、心碎且刺痛——但戈雅并没有屈服于这种恐惧。他带给观众的压力，他笔下那直透人心的目光，

1 同上，6。

都是希望的精髓所在，即使没人敢用这个名字称呼它。[1]

正是这种将希望置于绝望之中，视绝望视为希望的倾向；这种将死亡、邪恶和否定作为唯一“探索领域”的趋势；这种让希望走下舞台，不假外物袒露心声的做法，恰可以解释卡内蒂偏爱“伟大敌人”言论的原因。这就是伟大的“否定”思想家（尤其是霍布斯、德·迈斯特 [De Maistre] 和尼采）的论点，他们和他一样（尽管与之相反），在分析这一可怕的现实时排除了任何从中“逃离”的可能：“所有以人类罪恶为研究起点的思想家都极具说服力。他们听起来更老练、勇敢且真实。他们直面现实，从不畏惧直呼其名。人们到后来才会发现，现实并没有展示全貌。我们要更敢于正面另一种现实的萌芽，而非对其加以伪装或美化。但是，承认这一点，他必须更加了解罪恶，融其于身，从自我之中寻找和发现它，成为一个诗人。”[2]

卡内蒂的另一番话可与之放在一起来看，“如果我没有使用过权力，没有在权力的运用中成为其受害者，就永远无法真正了解权力。”[3] 两段话共同展示了卡内蒂思想中

1 卡内蒂，《眼睛的游戏》（Canetti, *The Play of the Eyes*, 293）。

2 埃利亚斯·卡内蒂，《人之域》（Elias Canetti, *The Human Province,* trans. Joachim Neugro-schel, London: Picador, 1986, 218）。

3 同上，84。

最为“晦涩”的一面，也揭露了其作品中潜藏的非政治转向（之所以为潜藏，部分是因为批评家从未关注过，他们一般更热衷于追寻其作品中的乌托邦意味，但这位作者实际却展现了生活中真实且特有的反乌托邦面目）。与阿伦特不同，有些地方也不同于布洛赫，卡内蒂的非政治并不是伴随着一种超政治的“反击”而来。在前者那里，面对更为去政治化的现实，它会隐藏自己，扮为其反向对称的一面，以此保持政治性（并由此而拯救了自己，至少布洛赫就是如此）。卡内蒂的非政治则完全相反，它涉及的是某种完全在单一政治符码（即权力）中构建而成的现实，关注这一现实中被隐藏的面孔、未言明的声音或遗忘的根基。如果说有一位作家是从政治角度阐释心理、人类和社会现实的方方面面，那他一定就是卡内蒂。[1] 但也正是由于他如此的锲而不舍又面面俱到，导致其政治研究话语之中出现了一个语义上的空洞（不是在它之外，亦非要取代它），每个词之中同时还呈现着其反义的一面。这就是卡内蒂研究中为何存在隐藏维度的原因；一个其中沉默、完

1 在这个方面，卡内蒂与阿多诺的一段电台对话非常有意思。参见《群众与权力：与埃利亚斯·卡内蒂的对话》，载于西奥多·阿多诺，《奥斯维辛之后是否能生活？哲学读本》（Theodor Adorno, “Crowds and Power: Conversation with Elias Canetti”, in *Can One Live After Auschwitz? A Philosophical Reader*, ed. Rolf Tiedemann, trans. Rodney Livingstone and others, Stanford: Stanford University Press, 2003, 182-201）。

全否定性的共存者，目前尚没有相关的研究（顺便说一下，这是典型的犹太传统做派）。与这一否定性维度相伴的，是一种视历史为一连串具体、已发生事件的观念："历史展现了一切，貌似除此之外别无其他可能。然而，它却有着上百种不同的选择。历史只是站在了已发生的一边，从强者的角度与未发生的拉开了距离。在所有的可能性中，历史依靠于存活下来的一方。因而历史总是看起来是为强者而生，因为那确实已经发生了；它不会是未发生，只可是已发生。"[1]在此，重要的与其说是所有其他历史可能的在场，不如说是其具体的缺席：唯一真实历史的胜利，其他可能均无力与其相争。[2]

卡内蒂的非政治由此呈现出两种独特的性质。首先，它拒绝一切将至善与权力联系在一起的政治－神学向度。

1 埃利亚斯·卡内蒂，《人之域》（Elias Canetti, *The Human Province*, trans. Joachim Neugroschel, London: Picador, 1986, 124）。

2 在这一方面，卡内蒂不仅与阿多诺相近，同时还与本雅明有许多共同之处。相关研究可参见优素福·伊夏布尔，《自我思考者卡内蒂的变化》，载于《文学与批评》（Youssef Ishaghpour, "Variationen über den Selbst-Denker Canetti", *Literatur und Kritik* 18,1983: 385-393）以及富里奥·耶西，《埃利亚斯·卡内蒂的作品与人类学》，载于《新主题》（Furio Jesi, "Composizione e antropologia in Elias Canetti", *Nuovi Argomenti* 42, 1974: 332-354）。关于卡内蒂作品中的寓言，耶西的文章理应得到更多的关注，他正确地从非表现的角度对其进行了解释："在卡内蒂这里，寓言仅与自身有关。除了它自己，它没有表现任何其他事物。它的背后一无所有，而也正是因为如此——因为它对自己一开始就没有面具的事实完全非-不加掩饰（un-unmakable）——它有了巨大的揭示意义"（336-337）。

只是现实自身，现实的历史，它只是在某些细微的层面上有着一种严格意义上的政治－神学结构，一种“权力的宗教”。[1] 其次，历史中除权力的语言之外没有任何可供替代的选择——尤其是救赎的可能。之所以不可能，并非因为其他选择都深受为卡内蒂所诟病的历史进步观之害，那些有着人道之名的最恶劣的反人类罪行均与此进步观有关。相反，我们要知道，这完全出于语言的本质，因为语言必然是作为主体（*subject*）而归属于任何反权力的主题（subject）：语言自身就必然是强有力的。在此，我们触碰到了卡内蒂话语中最黑暗的部分。权力语言无法被取代，这源自主体性结构导致的权力与反权力、支配者与被支配者、受害者与施暴者的同一化。卡内蒂观点的激进之处在于，他认为这种同一化——诸多思想家（从尼采到布洛赫均如此，更不用说之前的思想家）认为其发生在某一特定历史节点之时——是生物定律（biological law）的结果。对卡内蒂而言，这一问题涉及的是生命，以及生命与死亡之间牢不可破的纽带。“随着越来越多的人意识到我们只是栖息在一堆尸体之上，既有人类的也有动物的，意识到我们的自信实际只是在以那些短命之人为食，”卡内蒂 1956

1 卡内蒂，《人之域》（Canetti, *The Human Province*, 26）。

年写道，“随着这一观点的迅速蔓延，我们发现越来越难以找到一种问心无愧的解决方案。我们不可能背离生命，背离它带给我们的价值和期望。但我们同样也无法以其他生物的死亡谋求生存，因为它们的价值和期望并不比我们低劣。”[1]

确切而言，“无法”解决的原因与卡内蒂反对布洛赫政治的“两分”（否定的和肯定的）有关，也与善—恶、受害者—施暴者、生命—死亡在意义上产生的重合有关。如果死亡滋养了生命自身，没有死亡怎么可能活着？如果生命源于不容置疑的死亡，怎么可能将所有的死亡排除在生命之外？这是典型的卡内蒂式的问题。一个人怎么才能不靠幸存于其他人而活着（活着，而非幸存 [*vivere senza sopravvivere*]）？我们怎么才能实现这一不可能的“化圆为方”（squaring of the circle）？——这一著名格言，读起来似乎它最终还会产生出其他各种可能。“胜利者的满足，他的贪婪、意满，长久的舒适享受。人有许多事都不应该做，但只有一个是永远都不能做的，那就是成为胜利者。一个人战胜了每一个他认识的人，幸存了下来。胜利就是幸存。一个人怎么才能无须成为胜利者就活着呢？从道德上化圆

1　同上，166。

为方。”[1] 如果圆可以为方，那我们就可以无须成长就可以活着，或无须吃东西就成长：“一个无须吃东西就茁壮成长的人，在智力和情感上就表现得更像人类，尽管他从来不吃东西——这是能想到的最高级的道德实验；而只有有幸得到解决方案的人才会认真思考如何克服死亡。”[2] 但实际上，成长塑造生命，吃东西促进成长。也就是说，正是权力打造了主体：包括反权力的主体。卡内蒂的语言带着所有可能的希望烂在了肚子里（因此也关闭了所有的乌托邦空间），这就是不可避免的事实。希望的空间完全笼罩在阴影之下。但是，它同时也沐浴在阴影产生的知识之光中：“生命的耻辱：最终，人接受了那些他曾骄傲过的、极力憎恨过的一切。因而他回到了年轻时的起点之处，进入同样的旧环境，蜕变成它。但是，这个人现在在哪？看到了什么，出现了什么，他都难以说清。”[3]

这就是卡内蒂的最终答案，不过，在得出这一结论之前，他还是在权力－主体、屈从于权力（subject-to-power）的问题上有所抵抗和周旋，尽管这些努力最终都证明于事无补。不过，其中有一概念最为重要，影响也最为深远，

1　同上，138。
2　同上，105。
3　同上，248。

这就是“变形”（metamorphosis; *Verwandlung*），各种文学批评中已经有了大量的讨论（但几乎都被标注为“乌托邦－解放性”），它所拥有的各种能力（多重性、转换或变化）使其成为语义层面可与权力顽固的同一性原则相抗衡的事物：

> 有两种人；一种对生活中的职位感兴趣，可以成为妻子、学校校长、经理、市长。他们的目光就集中在头脑里的这些观念上，以此来审视他们的同胞，一切都只是职位，其他的都不重要，毫无疑问可被忽略掉。另一种想要自由，尤其是远离职位的自由。他们对变化感兴趣；更喜欢穿越各种孔隙，而非往上爬。他们无法抗拒任何一扇门窗，但他们的方向总是向外。他们要从宝座上飞下来，第一类人中没有一个会这样，一旦他坐上宝座，哪怕一毫厘他也不可能离开它。[1]

也许，任何一条道路都无法让主体在面对两种可能性的岔路时有更大的选择空间：一条是静态、保守、向心之路，另一条则是动态、变革、离心之路。前者紧张兮兮地专注于维护自己的身份；后者则时刻准备着自我增殖和变形。卡内蒂似乎非常肯定地给出了自己的反对意见，这也决定

1 同上，61。

了他自己对过去思想家的评价："糟糕的作家会抹去变形的痕迹；而优秀的作家会表现出来。"[1]亚里士多德是第一类的典型，因为他"将人类的热情和变形排除在外"[2]，弗朗西斯·培根（Francis Bacon）也是如此，一个典型的"封闭心智"的鼓吹者（培根在这一点上与亚里士多德很像，"总是拿他来衡量自己"[3]）。这些作家均将世界视为知识，而知识就是一系列盒子，可将所有事物置于其中加以系统化："一件事物只需放在这里即可，在盒子里一动不动。亚里士多德是个杂食动物，他向人们证明，了解如何分类后，没什么是不能吃的。"[4]

卡内蒂将这些"秩序化"的心智——创造了相同与差异、目录与排除在目录之外的规则——与另一些"启发性"的观念做了比较：[5]赫拉克利特（Heraclitus）和德谟克利特（Democritus）、布鲁诺（Bruno）和斯宾诺莎（Spinoza）。尤其是斯宾诺莎，他用力量（*potenza*）取代了权力（*potere*），是卡内蒂真正经典的来源。将 power 视为 *potere*，意味着设置界限、底限或禁止，而作为一种 *potenza*，则是流动、

1 同上，55。
2 同上，31。
3 同上，37-38。
4 同上，31。
5 同上，200。

异质和连接。前者是介质，而后者则是直接、想象和偶然。这是肯定与否定、外部与深度、身体与意识之间的区别。卡内蒂 1951 年那段关于哲学家的警句，就是其身体观的写照，即身体不是传声筒，它并非一种存在的本体，而是一种生命的现象："关于哲学家，我最反感的是他们将过程空洞化（emptying）的思考方式。他们使用基本术语的频率和技巧越高，他们周围世界所仅存的就越少。他们就像诸多精彩作品堆积而成的，高大宽敞的大厦中的野蛮人。他们衣着光鲜，有条不紊、坚定不移地将把所有东西都扔出了窗外，椅子、图画、盘子、动物、孩子，直到一无所有只剩空荡荡的房间。有时还会最后把大门和窗户也扔出去。剩下光秃秃的房子。他们觉得这样破坏之后反而更好。"[1]

众所周知，这种空洞化的过程——《迷惘》第一部分的标题"没有世界的头脑"也与之相关——正是作品主人公彼得·基恩（Peter Kien）的缩影。作为执迷权力－主体的最佳例证，彼得沉迷于自己的幸存规划（project of survival），导致其专业化原则（标志着现代劳动分工）也有了异样的后果：故意对周围的一切都视而不见。他抹去和排除自身之外的一切，不管是人还是物，仅致力于维护

1 同上，126。

和加强自己的个人身份。这种对经验的截肢是在为“我”服务，深受两种关联紧密的机制的影响：将事物化约为观念，而将观念化约为一种僵化的形式化语言，肆意整合现实的复杂性。彼得是一种压抑式的论断，而他的哥哥乔治则完全相反——但也仅仅只是在表面上可作为一个替代性的选择——体现了一种自由化的语词。彼得是封闭和排斥，而乔治则是开放，可与人和物保持交流。这种开放性整合了主体与客体，真正恰切地实现两者的合并和换位。“大猩猩”序列是其中最好的例证：“他的想法是，慢慢地让分为两派的病人——他体现着他们——彼此慢慢靠近，然后再渐渐地将他们重新融合在一起……由此，他同时生活在无数的不同世界中。”[1]乔治这一角色凸显了转变的能力，一种可瓦解“屈从于权力”之重复和排他逻辑的能力：“无数的部件都已变成他的第二天性。他有着渴望快速转变的精神。”[2]实际上，乔治的诸众观——转变的产物，同时也引发了转变——正是他对彼得的被动式个人主义思想的回应：

> 这是历史上最深远，最特殊的推动力，人类意欲上升为更高级类型的动物，上升到大众，完全沉浸其中，

1　埃利亚斯·卡内蒂，《迷惘》(Elias Canetti, *Auto da Fé*, trans. C. V. Wedgwood, New York: Stein and Day, 1964, 365)。

2　同上，372。

> 以至于忘记了单个的个体曾经存在过，他们并不知道。他们曾是受过教育的人，而教育本身现在是一条警戒线（*cordon sanitaire*），个体据此可在他的灵魂中反抗大众。
>
> 我们发动所谓的生存之战，是为了毁灭我们自身之中的大众灵魂，这同为了渴望和爱而战一样。在某些情况下，它会变得非常强大，会强迫个体无私奉献甚至违背自己的利益。很久以前，“人类”就已经以大众的形式存在了，后来，它才被构想，并淡化成了一种观念。[1]

彼得的单一世界，乔治变形的世界，两者之间最大的不同正在于此。前者用“一”掩盖了“多”，而后者则反过来，揭示了诸众中蕴含的“一”。卡内蒂建构了两种完全针锋相对的观念，而一方是否真的可以替代相对立的另一方，我们仍有所怀疑。鉴于作者的一以贯之的做法，他将两种范式对立起来，似乎只是为了强调两者之间的互补性。在某种程度上，当乔治的“使命”证明失败之时，他甚至让乔治认识到：“对情感的记忆和对事实的记忆——因为这就是你的记忆——两者结合在一起，就可塑造出一

1　埃利亚斯·卡内蒂，《迷惘》(Elias Canetti, *Auto da Fé*, trans. C. V. Wedgwood, New York: Stein and Day, 1964, 377)。

种全人（universal man）。也许是我对你的评价太高了。如果你我可以拼合在一起，那就是一个精神上完整的人。”[1]乔治之所以没有完成其使命，因为他并没有真正理解彼得，因而也没能拯救他，乔治只是将自己的观念强加在了彼得身上，也因此失去了他。由此，他的失败，不是因为其变形之术无关痛痒，却恰恰是由其导致的。这一决定成败之处尤为重要。乔治的方法并非没有达成其目的，而是实现了目标，同时又反转成了其对立面。因此，乔治目标的实现，不是一种生命的策略，而是死亡的产物。借此，卡内蒂清晰地展现了变形的吊诡之处——它是鲜活的、自由的，但同时又是致命、毁灭性的——他提出，变形实现的同时，也必然会复活权力：“人必须学会有意识地成为许多人，并把他们团结在一起。后者是一项更为艰巨的任务，也会赋予他一种特征，但他会以他的多样性将其损害。他必然会去统御自身的各种人格（personae），而非去统治其他人；他们都会有自己的名字，他会认识他们，也能命令他们。他对权力的渴望不再需要其他人；当一个人想要控制多少人就控制多少人，这似乎很卑鄙。”[2]那么，

1　同上，402。

2　卡内蒂，《人之域》（Canetti, *The Human Province*, 76）。

变形看起来就不是在消除“权力之欲”，而是转移和强化（*potentiation*）。它可能只是一种新型“主体化”模式中的合并（incorporation）。

卡内蒂作品中最具悲剧性同时也是最为真实的一面终于现身了，任何块茎－解放式（rhizomatic-liberatory）的努力在此都无济于事（变形对抗身份，诸众对抗个体，生命对抗死亡）。原本相互对立的概念，现在却彼此重叠、互相成就。这在《群众与权力》（*Crowds and Power*）的一章中表现得颇为清晰，此章阐述了遮蔽和去蔽的辩证关系，认为权力与变形实为同义词。在此，“神圣国王”的权力（身份的监管者）与“萨满”（变形大师）的权力结合到了一起——而不是对立。

> 变形大师成为萨满后便有了真正的权力。降神会上，召唤的精灵臣服于萨满；他会讲它们的语言，变得如同它们其中的一员，可以用它们能够理解的方式发出号令。进入天堂之时，他会变成一只鸟，沉到海底之时，他又会变成一种海洋生物；对他而言一切皆有可能。他不断地抖动、震颤，不停地变形，直到变成一种他需要的形态。[1]

1 埃利亚斯·卡内蒂，《群众与权力》（Elias Canetti, *Crowds and Power*, trans. Carol Stewart, New York: Farrar Straus Giroux, 1984, 381）。

但是，这一变形的概念本质上是自相矛盾的，卡内蒂在处理时完全有理由慎之又慎。[1]很明显，卡内蒂意识到了它与“增长”之间相辅相成的关系，后者是一个与权力领域相关的概念：“因此，我们不能高估增长与变形之间联系的紧密程度；两者休戚相关。变形一旦固定下来，有了确定的形态，就会成为一种传统，它确保了两种生物都能增长，也让它们可以在变形中成为一体，不可分割。其中之一就是人类。借助图腾，人类也能保证另一种动物的增长。”[2]这段话（顺便说一下，它看起来与弗洛伊德《图腾与禁忌》[*Totem and Taboo*] 的联系要更为紧密，但卡内蒂并不愿承认这一点）最终所揭示的，就是变形与增长、增长与生产、生产与变形之间的联系，一段相互指涉的链条，一组“伴随着变形的生产”[3]，即伴随着死亡的变形的等式。

也正是这种链条，将诸众与“我”辩证地联系在了一起：从另一个角度来看，它同样也与强势主体相对立。《迷惘》中就已经很清楚了，在乔治支持诸众的论述之后，有一段

---

1 卡内蒂，《人之域》(Canetti, *The Human Province*, 190)“我认为我找到了读解变形的钥匙而且也插到锁孔里了，但我一直没有转动钥匙。门还是关着，没有人可以进入。我们还有非常多的问题。”

2 埃利亚斯·卡内蒂，《群众与权力》(Elias Canetti, *Crowds and Power*, 110)。

3 同上，368。

文字可以让我们瞥见其立场同时拥有的另一张相反面孔："它泛起白沫，一只巨大、热情、充满活力的温暖的动物出现在我们中间，比母亲还要深情……同时，我们中的群众正要发起新一轮攻击。终有一天，它将不会再被拆散，可能会从一个国家开始，然后逐步向四周蚕食，直到没人会再对其心存怀疑，因为将不会再有我、你、他，而只有群众。"[1] 这另一张面孔，在卡内蒂关于白蚁群的一则寓言中表现得更为清晰，寓言揭示了群众真正的破坏性和自我毁灭的本质，象征性地预兆了彼得后来在"群众"火焰那里遭遇的结局。群众的破坏性绝不能否定其解放性的一面，因为后者是其隐藏但确定无疑的根基："每个人都会是他自己，疯狂从成百上千的他们那里开始蔓延，他们的疯狂，巨大的疯狂，士兵弃城而逃，整个山丘被焚毁。"[2]《群众与权力》最为清晰地展现了这一根基，本书标题中的两个术语都与变形紧密相关。尽管它们相互对立，但从本书的第一页开始，当群众有了权力的所有特性——增长、耐久和破坏欲——时，每一个都会不断地变成另一个。群众同时是（1）权力的敌人，（2）权力的工具，（3）权力的

1　埃利亚斯·卡内蒂，《迷惘》(Elias Canetti, *Auto da Fé*, 377-378)。

2　同上，398。

对象，以及（4）权力本身。群众是“一”（One）（权力显现出的主体 [the Subject]），同时又是“一”在群体层面（*en masse*）的实现形式。它是一种新的统一体，源自一，指向一，同时又需要一作为其领导者和受害者。实际上，卡内蒂的巨著中有两条相互作用的运动轨迹。一条是将权力变成了其对立面，无限地摧毁着权力——也正是由于这个原因，它也放弃了任何拯救的可能，这从结语“幸存者的终结”（“The End of the Survivor”）中可以看到，[1] 另一条则是将反权力（变形、群众）变成一种新的、更强势的权力。卡内蒂的作品就深深陷入在两种转变的诅咒中，毫无逃脱的可能，也证明了作者恐惧地设想出的场景绝无出路。概而言之，任何反对权力的主体——甚至也包括反权力、流变或变形的主体——都具有自觉的且无力解决的自相矛盾的本性。这是主体的一个问题：它是如此强大，以至于它与其批判对象沆瀣一气，或内在于其批判对象之中。

至此，所有关于权力终结的乐观设想都烟消云散了，那些将权力的危机误会为权力彻底解体的看法也随之而去了，我们又回到了开始讨论卡内蒂时的那个问题的最尖锐处。我们怎么能不杀生就吃到东西？我们怎么能不吃东西

1 卡内蒂，《群众与权力》（Canetti, *Crowds and Power*, 465-470）。

就成长？我们怎么能不成长就活着？总之：我们怎么能不需要幸存而活着？有可能存在一个真正反对权力的主体吗——或者，权力就是主体的绝对境况吗？

4　苦修的政治

维也纳太阳和“植物化之人”

上一章结尾处的问题——是否有可能将主体从权力之中解脱出来？——答案是否定的，由此，卡内蒂世界另一个侧面的内容浮上了水面。虽然它并非主要内容，表现也不够鲜明，作者本人更是几乎从未明确表达过，但卡内蒂思想的这一维度，正是我们当前重申的非政治现象学。主体既无法与其本源，即权力（power; *posse*）相分离，也不会从中获得拯救。权力深深地植入在主体构成中，以至于两者完全成为了一体。无论何时，主体都“能做”（can do; *potere*）——而且主体也禁不住“会做”（be able; *potere*)。主体与权力之间的纽带——它们实际也是一体——会损害卡内蒂作品中组织的第一种策略，即变形。变形并不能将主体从权力中解放出来，因为主体自身根本无法逃离与权力的纠缠；不管是增殖、增长还是聚积（*amassment*）。转变成另一种事物，结合某物，或者让自身被合并，都只是一个主要的实体与另一个补充的他物相加 (*summation*)。它是绑定、结合、加固（consolidate; *accorpare*）。由此，即使它有了一种解放性和悖论性，这一身体（body; *corpo*）的语义学仍然还意味着一种增强的过程。它可能会强调多样、流动、外部，以此作为权力语言的对立面，但准确来看，它仍然是在强化主体——通过将其具体化（*embodying*）——因而同时也增强了构成主体的权力。

因此，从这个意义上说，主体的潜能（potentiality; *potenza*）无法阻止自己的命运，最终都会变成权力（power; *potere*）。实际上，人们越试图摆脱或改变权力的命运，其背后权力的阴影就越浓重。不过，我们还有另外一种理解力量（power; *potenza*）的方式：激情、苦难、忍耐。总之，它也可以是一种*被动的力量*（*passive power*）。主体－权力模式中蕴含的是力量“积极”（active）的一面。只要坚持这一点，潜能就总是会转化为增强、增长，成为一种强大主体性的产物。而只有在被动之时，潜能才会破坏权力——从其主体的内部挖掘开始——并彻底将其转化它的对立面：*无力*（*impotence*）（只有从积极性 [activity] 的角度来看时，它才是其反面）。“品尝力量之后所有的无力感；用新的成就取代过去所有的胜利；改善你的软弱；失败了也要都赢回来。”[1] 在权力与“苦难”造就的无力之间的辩证法中，

1　埃利亚斯·卡内蒂，《人之域》（Elias Canetti, *The Human Province*, trans. Joachim Neug-roschel, London: Picador, 1986, 80）。

卡内蒂最终发现了一个空间，一个远离而非取代权力机制的空间。他选择了权力被动的一面，一个可将权力与其对立面结合在一起的方向，而非简单地反对权力和无力（这里无疑存在着一种“软弱的伦理学”）。

这里的关键之处在于，一种自我否定的辩证法破坏了强势主体最为明晰的特质：首要地是意志，然后还有思想。[1] 这并不意味着要与思想远离或“分开”，而是一种强烈、专注、专心（*attentive*）（我们会在本章解释为何采用此种表述）的思考，它可将思考的客体吸纳入自身之中。或者，这同样也是一种完全迷失在其客体之中的思考。对卡内蒂而言，这就是为什么“（人）只有徒劳地思考才能保持自由”[2]。如果他能不抵达任何思考的终点，只是处于思考本身，如果他能做到，最好是可以什么都不思考——或思考无（*the* nothing）：“一个人生活在这样的信念中：每一经过他心智的东西都是有毒的，他必须就像这一刻一样永远地避免它们。他获得拯救的唯一可能，就是将所有存在的事物都化归为已知。为了保护未知，他发明了一种思考无（thinking nothing）的方法。他成功地实现了这一点；周围的世界再

---

1 同上，137。卡内蒂写道：“我想让意志远离我。”从这一奇特的辩证法出发，卡内蒂论证的焦点不再是死亡，而是一种完全内在于自身的生命，它生产了死亡。

2 同上，101。

次绽放。”[1]世界之所以能够重新绽放，原因就在于思想——主体最显著的特征——通过自我反思将自身变为被动（对反思对象的缺席加以反思），从而创造了一种空无，为世界留出了空间。这一空间并不属于思想，也不是为了别的什么思想——其他的思想。而是一种思想已经不再希望被思考的空间，由此，思想转而反对自身，消解了其虚无主义的潜能（因为这完全无法避免）。这是一种自我压抑的思想，它由此才不会变成压迫：“对于思考之人而言，真正的诱惑是陷入沉默。思想在沉默中实现了自己的无上荣耀：它没有更长远的目标。它解释不了什么，也不会膨胀。沉默的思想自身拒绝任何联系。这种思想或许可以杀人。但它并不知道，也不希望如此。它不会坚持一定要存活下去。”[2]

意志和思想涉及颇多。我们关注的是无思想（non-thought）的意志和无意志的思想（a thought that does not will）。但是，卡内蒂在讨论做和行为（action）——力量主动的一面——时都带有自我否定的意向（*intentio*）（至少，这是在此种独特的卡内蒂解读方式中展现的意向）。他对行为的非政治式排斥，正是其一系列警句的核心内容，关注着行动（act）/ 侵犯、侵犯 / 吃掉、吃掉 / 杀戮这一同

1　埃利亚斯·卡内蒂，《人之域》（Elias Canetti, *The Human Province*, trans. Joachim Neugroschel, London: Picador, 1986, 106）。

2　同上，243。

义词链条。“每一种事业”，卡内蒂开始写道，“经由纯粹的大众，都会是暴力行动。”[1]因此，“很有可能，做与杀戮不再会是两码事；如果这个世界不愿意在辉煌中走向衰落，人类就必须放弃这样的行为。”[2]不过，这里有一段重要的文字，我们应该完整地复制过来，因为它对我们的讨论有着重要的意义：

> 植物生长缓慢,这是它们相对于动物的一大优势。被动式的宗教，如佛教和道教，都想帮助人们像植物一样生活。他们可能无法完全领会这种美德的特质；但他们极力反对那种动物性的行为生活。植物并不野蛮；它们天性中准备或梦想的部分远远高于其意愿。但在这一领域，有些东西能让我们想起自身。花朵就是它们的意识。它们比大多数动物都能更早到达这里，因为动物们的行为让其毫无意识的时间。最聪明的人，将他们的心智视为花朵，行为却落在身后。而植物开花却可以漫山遍野、日新月异；它们的精神是多样的，且似乎还摆脱了人类一元性可怕的暴政。在这一方面，我们永远无法效仿。我们深陷在一元性中，永远也摆脱不掉。艺术家有一些零零散散的花朵的作品；植物

1 同上，69。

2 同上，24。

带来的都只是同一，而现代艺术家却在多样化的狂热中饱受折磨。[1]

这段话包含了我们迄今为止概述过的所有内容：从潜能（*potentia*）“被动”与“意愿”层面的对立，到由此而生的行为与意识之间的对立。然而，在这一植物的比喻中，“最聪明的人”指的是谁？我们能在卡内蒂作品中找到相应的答案吗？是否有一种正在逐渐消失，不同于一般意义上的物种——一种“植物化之人”（plant men），其“行为落在身后”？

我相信我能给出准确答案，至少还可举出两个例子。第一个是卡夫卡，卡内蒂很早就赋予了他某种形象：“一个比起成就，更重视某种无法得到的东西的人，因此其成就看起来就在不断缩水，直至消失。”[2]实际上，收缩和消失就是卡夫卡展示无力[3]的范畴，而这种无力正是他与菲丽

1 同上，53。

2 同上，245。

3 不过，这种无力总是与力量联系在一起，这构成了无力思考和存在的条件——卡内蒂在卡夫卡与菲丽斯·鲍尔的通信中注意到了这一点。埃利亚斯·卡内蒂，《卡夫卡的另一场审判》（Elias Canetti, *Kafka's Other Trial: The Letters ta Felice*, trans. Christopher Middleton, London: Penguin Classics, 2012, 94-95）。这方面的内容参见卡夫卡 1920 年 11 月 1 日的信，收于弗兰兹·卡夫卡，《给菲丽斯的信》（Franz Kafka, *Letters to Felice*, ed. Erich Heller and Jürgen Born, trans. James Stern and Elisabeth Duckworth, New York: Schocken Books, 1973, 21）：“我这么瘦，在所有我认识的人中，我是最瘦的（也就是说，我挺适合进疗养院的），除此之外，写作对我而言是一件奢侈的行为，过度的奢侈。如果有一种更高的力量想要利用我，或者使用我，仅仅将我当作一个趁手的工具，那我只能任其摆布。如果没有，那我就什么都不是，会立刻被抛进可怕的虚无中。”

斯·鲍尔（Felice Bauer）往来信件中的主要基调和根本特色，[1]卡内蒂在《卡夫卡的另一场审判》（*Kafka's other Trial*）中对其进行了"改写"。"我们很熟悉（卡夫卡）作品中弱者式的小人物"[2]，他们最想"变得更小、更安静、更轻，直至消失不见。"[3]因此，卡夫卡对婚姻的苦恼恰恰在于"其排除了一个人可以渺小到消失的可能性"[4]。这也解释了为何卡夫卡作品中有一种从其内部腐蚀它的"反常"特质：对于屹立不倒的拒绝，[5]视瘦弱为生存之境况，[6]将人类降格为动物形态，[7]这一点在鼹鼠的故事中表现得最为鲜明，也是卡夫卡去权（disempowerment）过程的高潮："通

---

1 "一种犹豫……恐惧、冷漠的感觉，这就是对他爱情最真切的描绘……"卡内蒂，《卡夫卡的另一场审判》（Canetti, *Kafka's Other Trial*, 32）。

2 同上，47。

3 同上，39。

4 同上，37。

5 同上，96。"屹立不倒意味着人有了一种胜过野兽的力量；但人也正是由于有了这种最为明确的想法，他就变得可见且易毁。因为这种力量同时也是罪恶的，只是当一个人躺在地上，置身于走兽之间，他才能看到星辰，这将他从这种可怕的力量中解脱。"

6 同上，97。"面对四面八方的权力，他的冷漠有时能给他一丝喘息的机会。但如果力不从心、抵挡不住，他就会试着让自己消失；在此，他那瘦削的身材颇有助益，尽管他经常以此为耻。借助身体的缩小，他从自身之中清除了力量，更少地置身其中；这种苦修主义，也是对权力的反抗。"

7 甚至就是降为木头，卡夫卡 1913 年 2 月写给菲丽斯的心中写道："当我躺在床上睡不着的时候，我常会陷入这种幻想和愿望中：成为一根大木头，厨师两手拿着刀压住她，沿着她坚硬的边（大概就是我臀部的位置）切下木屑，用来引火。"卡夫卡，《给菲丽斯的信》（Kafka, *Letters to Felice*, 201-202）。

过收缩，他有了两个优势：变得过于矮小，从而避开了威胁，也避免了各种不必要的暴力手段；他想变成的小动物都是无害的。”[1]脱离身体，向往着身体彻底的缺席，卡夫卡经历的或许是唯一一种并非上升的变形，也是唯一一种不受制于“形式”回归的转变。这一操作必然与行为毫无关联——甚至都不涉及逃离行为的“不及物”（intransitive）行为（仍然是一种逃离的行为）。卡夫卡“可能几乎就是从道教作品的角度”描述这一转变：“（在此，他）概述了‘渺小’的意义：‘两种可能性：使其自身无限小，抑或保持原貌。第二种是完美，即消极，第一种是开端，即行为。’”[2]

松内（*Sonne*）是卡内蒂涉及权力被动性的第二个重要人物，“如此神圣的一个词……光芒万丈、炽热难当、展翅高飞，所有生命的源起和归宿，”[3]整个《眼睛的游戏》（*The Play of the Eyes*）的世界都是围绕着他展开的。松内是一个明星人物，神秘莫测而又明确具体，在他这里，卡内蒂的表现力似乎达到了顶峰。不过，这种表现力同时又消散了，融入在两个人物身上，而松内就处于两者中间，其中每一

1 卡内蒂，《卡夫卡的另一场审判》（Canetti, *Kafka's Other Trial*, 98）。

2 同上，103。

3 埃利亚斯·卡内蒂，《眼睛的游戏》（Elias Canetti, *The Play of the Eyes*, trans. Joachim Neugroschei, London: Pan, 1991, 206）。

个都隐秘地体现着他的特性，但又不至于简化为其本人，从而形成了一种加倍的效应。第一个人物是卡尔·克劳斯（Karl Kraus），松内不仅像克劳斯——他*就是*克劳斯："这是相似而非替身，因为当他站着或走路的时候与卡尔·克劳斯并没有任何共同点；但当他坐着读报纸的时候，两者绝对是相似的。"[1]松内是克劳斯，但只是一个从相反角度来看时的克劳斯——从这个角度来看，他与克劳斯根本不像。他更加是表现为其反面："他面容庄重，不像卡尔·克劳斯一副冷漠的表情。"[2]"我感受到了他的专注，仿佛他曾一直就是卡尔·克劳斯，但是一个我从未遇到过的沉默的卡尔·克劳斯。"[3]更具体来看，松内是克劳斯不知如何成就的那一部分，一个其在场——或者更确切一点，他的言语（*word*）——不断否认的部分。松内是克劳斯之中未曾被听闻的事物：他的沉默。一种无法辨认、无以名状的沉默，最终，它将卡内蒂从在此之前支配他的言语暴政中解救了出来：

> 我很高兴他没有名字。因为一旦我知道了他的名

1 同上，114。

2 同上，113。

3 同上。

> 字，他就再也不是卡尔·克劳斯了，我所热切渴望的变形也与这个伟人再无瓜葛。直到后来，我才意识到，沉默关系带来的只有裂痕。渐渐地，我对卡尔·克劳斯的崇拜之情疏远了他，而转向了他那沉默的相似物。我的心灵深处发生了巨大的变化，崇拜不再居于首位，而也正因为其发生在沉默之中，变动只会更为剧烈。[1]

如前所述，克劳斯并非唯一一个基于他的不同而叠加在松内身上的人物。对克劳斯的否定（或否定克劳斯转而否定的事物）并非松内“任务”的全部。松内还与另一个名字联系在一起；只不过，他所借助的并非其外貌而是声音：罗伯特·穆齐尔（Robert Musil）。在此，我们所涉及的还是一种反面的（*e contrario*）认同。在松内这里，克劳斯的沉默就是穆齐尔的言语：

> 一段时间之后我才看出两者的关系。松内博士讲话，如同穆齐尔写作。但这并不意味着，出于某种原因，松内博士不愿发表家中所写的作品，只是在后来的聊天中才有所涉及。他没有坐在家里写作；而是在聊天

1 同上，115。薇查·卡内蒂（Veza Canetti）印象也十分有帮助：“当她在画家格奥尔格·默克尔（Georg Merkel）家里第一次见到他时，她对我说：‘他可不像卡尔·克劳斯。你怎么会这么说？他更像是卡尔·克劳斯的木乃伊。’他指的是他的低沉、苦行者似的面孔以及他的沉默。”（同上，140）

> 时出口成章。那种完美的条理性，穆齐尔在写作中才能达致。我很幸运，能够日复一日地聆听《没有个性的人》(*Man Without Qualities*) 另一种版本的若干章节，其他人都未曾听闻过。他讲给其他人的——他确实给其他人讲过，尽管不是每天——是完全不同的内容。[1]

我们很快便可看到另一种版本的意义所在——它们是《没有个性的人》原文的延伸。在此，我们有必要重点强调一下克劳斯与穆齐尔之间相互对称、千丝万缕的关系，卡内蒂将其精心掩盖在了松内的“面具”之下。在此，卡内蒂试图借松内的沉默否定克劳斯的言语：他声称，语言包含了判断必需的各种价值观；语言的伦理-话语基础——它本身也依赖于语言和自然之间的同源性——使言语成为一种必须执行和捍卫的法律；他所谴责的速度和强力同时也是一种执行，它们就包含在前后相继、紧密焊接为一体的语句中，形成了一道无法逾越的障碍。不过，经由松内的言语，卡内蒂也否定了穆齐尔，批判（尽管带着明显的、近乎敬畏的崇拜）其“对生存所持的自然抑或传统的态度”[2]，那个随时准备划清界限，不相信“合并与联合，

1 同上，136。

2 同上，166。

多余与过剩”的“坚强的人”[1]，谴责了他对“非必要联系”的拒绝和“掌控自己身体”的决心，[2]也质疑了穆齐尔处理外部事务时都有一种精心设计、深思熟虑的计划——打造“完美”的“自我”。

> 穆齐尔为功业所累。事实上，绝对的思想自由并没有让他放下自己的执念，不论这可能带来的任何后果；他从不拒绝任何一种体验，他了解自己的身体，借此跻身于世界之中。他自己是作家，但还关注着其他自诩为作家之人的一举一动；看到他们的徒劳无功就横加谴责。他尊重学科，尤其是科学学科，但他自己也不拒绝学科其他形式的可能。[3]

由此，穆齐尔站在了松内世界的对立一端:“另一方面，松内无欲无求……他不抱任何目的，也不与任何人相争。”[4]卡内蒂着迷的正是此种特质，第一次在咖啡博物馆（Café Museum）相遇他便惊讶不已，当时松内完全藏在了报纸背后：彻底的非个体性（*impersonality*）。“一方面，他完全不具个人性。他从不讨论自己，也从不用第一人称，很少

---

1 同上，165。

2 同上，166。

3 同上，143。

4 同上，143-144。

直接称呼我。他用的是第三人称，借此与周围环境拉开了距离。”[1]松内不会用“我”这个代词。这是一种拒绝——一种排斥——不仅针对意志（直指目的的理智，自我的拓展和规划），同时还有身体本身：缩小的身体（借助于卡夫卡），一具缩减到足以释放纯粹思想的身体：思想的思想。“我对松内一无所知；他完全就是他的言辞，我也从不期盼还能对其知晓更多。他的生活里毫无可供消遣的细节，没有疾病，也没有抱怨。他就是各种观念，丰富到人们无暇顾及其他。”[2]他没有什么可说的，因为最后，“他”不存在了：他完美地与自身之外的事物结合在一起，彻底融入其中；将自己像只手套一样里外翻转，完全地客体化：“他似乎是最脚踏实地的人，原因并不在于他有多在乎世间的财物，而是他对自身无欲无求。”[3]

对自身无所欲求——或者说，他想变成无——这就是松内将自己交付他人，过他人生活的方式：不是抛弃这个世界，而是消泯自身于其中。“我怎么会不知道，松内早已放弃了在这个世界上有所行为。但是，他还留驻（remained）在这个世界中，通过自己的种种思考攀附着它。

1 同上，133。

2 同上，140-141。

3 同上，144。

他不会行动，但却不会抽身离去；即便是那些不偏不倚中立的言辞，我们也能从中体会到他对这个世界的热情，我感觉，他之所以什么都不做，只是因为他想公正对待每一个人。”[1] 在此，消极的非政治主题又回到了前台。或者，这是一种“潜在的”、消极的行为：一种停留在其自身潜能中的行为，无法变得积极，让自身成为一种“行动”。这种行为越“确切”、越自觉——同时思想也使其越专注、紧张、机警——它就越可脱离有效的命令或安排：无欲的行为。在此，思想立刻转向了《没有个性的人》第三部分(“进入千年之国”）中的狂喜的社群，另一种状态（*Ekstatische Sozietät, the anderer Zustand*）。我们之前提及过的这些段落，似乎才是松内会说的话——尽管两人相去甚远（或许也恰是其结果）。

> 在这一王国中，你必须保持安静。你不能因任何想法而离开房间：想提问也不行。你还必须放弃执行任务时惯习的认知方式。你必须剥去所有内部工具的自我。在她这里，外部的墙壁和栏杆似乎都缩入了她的内部，世界也进到了她的眼中，犹如泪水。[2]

1 同上。

2 罗伯特·穆齐尔，《没有个性的人》(Robert Musil, *Man Without Qualities*, trans. Sophie Wilkins and Burton Pike, New York: Vintage International, 1995, 2:1, 383）。

被动的力量

穆齐尔的这段文字中提到了泰然让之（*Gelassenheit*），在此背景下，我所有的分析都可归结和集中到这一点。从穆齐尔“进入千年之国”到卡内蒂思想中沉默的太阳，从卡夫卡－“鼹鼠”到布洛赫－维吉尔，没有个性（*ohne Eigenschaften*）之思想整体鲜明的主题无疑就是对专有（proper; *proprium*）的批判。不是“专有的”（proper; *proprio*）（令人垂涎欲滴，可以被挪用 [appropriated] 或吞噬）就无法渗透在世俗语言（worldly language）或世界的语言（the languages of the world）中。但正是由于这个原因，非专有（improper）就成为一种可以彻底探询语言的视角。在维吉尔破坏《埃涅阿斯纪》的计划中（它最终还是交给了奥古斯都，表明其计划完全无法实现），这种探询展现得最为鲜明。它也同样在以下元素中找到了共鸣，并可能更为阴郁：卡夫卡日记中枯燥、乏味的片段；松内极度的冷漠；乌尔里希（Ulrich）和阿加特（Agathe）之间不可能的结合（*coniunctio*）。如果这种结合能够实现（“付诸行为”），被动力量就会由此遭到否定，而这种被动力量却恰恰可以在一种短暂、闪光、狂喜的瞬间，消除这些角色的人格形象（人格都与形象、展现有关）。如果这种结合能够实现，主体（暂时）放弃主体性根本要素——专有的法则——时产生的权力－真空，由此也被重新引入了一种专有性（propriety）的元素。

自我（Ego）结构与专有（*proprium*）形式之间有一种很强的客观联系：法律（law; *diritto*）、法（*Nomos*），它将一切矛盾性的事物都排除在话语范围之外。话语是一种无矛盾的法则（*legge*），而最大、最令人不安的矛盾就是拒绝“归属”（belonging）与主体之间的内在关联。主体首先是“归属”的主体，因为它同时也是权利不可分割的主体。归属创造了法律（*diritto*），而非法律创造归属——尽管归属根本上并“不公正”。实际上，不公正性是法律的基本构成要素，也是法律与正义相悖与对立之处（完全外在于“专有”的领域）。这就是为什么，对“专有”“公正的”拒绝一直都显现为一种对维持着它的主体的拖欠（defaulting）；消除——总是自我－消除——主体专属存在形式的所有权。在卡内蒂最为“极端”的描述中，消除有两种相互关联的有效途径：消解所有行为的意志，或有所意欲的行为；相应地，将思考机能集中在反思上，从而在方法论上摆脱所有定论：将注意力从感觉和想象的主观性衍生物上转移。

目前我所提到的作者，他们都讨论过——或倾向于（趋向 [*clinamen*] 之意）——这一主题，抛开各种文学或文体风格不论，我们也都看到了它在各种作品中的组织形式。不过，在另一位当代思想家那里，这一主题的理论阐述最为完整且有意味，她在文化背景和职业上都与其他思想家有所不同，却与他们有着千丝万缕的潜在联系（与卡内蒂的联系也许最为意料之外）。这位作者就是西蒙娜·薇依。在薇依的作品中，所有的引用、评论和典故，似乎都是在从语义层面表现了卡内蒂的文本（有时比他的本意更甚）。薇依的作品成为明确的并可不断加以思考的对象，并在20世纪中的任何时间点上，都经历了最为清晰且彻底的范畴分析。薇依对主体性和权力之间的形而上学关系的追问就是最好的一例："我能故我在（I have power, therefore I am; *je puis, donc je suis*）。""存在、思考、认知是单一现实仅有的部分：能够做事情……我能做的决定了我所是。"[1]"我"（I）（相较于主动的我 [*je*]，受动的我 [*moi*] 可能更为确切）首先是权力。这就意味着，它总是在不断扩张——对卡内

1 西蒙娜·薇依，《笛卡尔的科学与认知》，载于《作品选，1929—1941》（Simone Weil, "Science and Perception in Descartes", in *Formative Writings,1929-1941*, trans. Dorothy Tuck McFarland and Wilhelmina van Ness, Amherst: University of Massachusetts Press, 1987, 59）。

蒂而言，群众的“增长”同样也是一种个体的冲动——同时它也会发现，他人的存在无法阻碍这种扩张。扩张之时，“我”只能摧毁其他人（避免自身遭到摧毁）。从这个意义上来看，“我”本质上就拒绝与其他存在共存，尽管世界本由此组织构造而成。[1] 有一种想象将这种共存的内容剥去，将其对象否定。这种想象将受害者都藏在阴影之下——或同样地，将它们转为主体增长所需的食物——（对于薇依而言，想象是主体最为“特有”的属性）共存就毫无实质内容可言，也没有了什么对象：“以存在的死亡为生”，薇依在一段极为卡内蒂式的段落中写道：“意味着去吃掉它。反之则被吃掉。”[2]

这就是主体所处的困境——确切而言，这一困境也给了主体以生命：吃或被吃。除非，它可以在自己的技能库中划上一道“斜线”，打破这一辩证法。我指的是凝视（*gaze*），一种不再以食欲考量他人的态度。一定程度上，这是一种美学态度：“一个人会想吞掉所有意欲的客体。美则是另

---

1 关于这一问题，参见米克罗斯·维托，《西蒙娜·薇依的宗教形而上学》（Miklós Vetö, *The Religious Metaphysics of Simone Weil*,trans. Joan Dargan, Albany: State University of New York Press, 1994）。这是研究薇依形而上学思想最好的著作（但其中过于重视康德主义对薇依思想的影响）。

2 西蒙娜·薇依，《西蒙娜·薇依札记》（Simone Weil, *The Notebooks of Simone Weil*, trans. Arthur Wills, New York: G. P. Putnam's Sons, 1956, 1:329）。

一种情况，它是一个人意欲但却不想吞掉的对象。”[1]凝视接受、巩固并保护着他人的存在，而也正是由于这个原因，它才完全反对自我为中心的摄食机制：“人类最大的痛苦，就是看与吃成了两种不同的操作，从婴儿期开始便伴随其终生。”[2]人类必须在两者之间做出选择，同时也知道选择的结果决定了其主体性的“权重”（weight）：选择吃而非看，主体便会扩张；选择看而非吃，为他人留足生存所需，主体就会缩减。照看他人，意味着接受他人的凝视，与他们的视角相合——去除个体自身凝视的中心性（中心就是主体的位置）：“一个人站在十步距离之外，意味着我们被距离（十步）隔开了，但从另一个视角来看，万物正在此涌现。”[3]采用任意视角，这种做法的风险在于，任意的视角最终还是会被当作唯一的视角，且由此成为消除其他视角的基础；最终认为整个宇宙都 + 只在这一视角下运作，且由此抹消了整个宇宙。

对中心主义视角的批判是薇依整个思考的重要主题，与天主教人格主义截然对立（我们可回想一下瓜尔蒂尼对世界观 [*Weltanschauung*] 的讨论）。借助于“视角”的完满，

1　同上，2:335。

2　同上，637。

3　同上，1:24。

天主教徒作为自由意志的主体，在本体论层面有了鲜明的特征，而薇依的方法就是：拒绝唯意志论。确切而言——她的典型做法是，追溯一条思想脉络，直到发现其对立面——薇依让唯意志论转向了其反面：对必然（Necessity）的推崇（虽然并非尼采意义上的*爱命运* [*Amor fati*]）。这让薇依更加远离了阿兰（Alain）的唯意志论（从这个角度来看——但仅仅只是从这个角度出发——德·诺思 [Del Noce] 似乎比佩特雷蒙 [Pétrement] 更为正确，因为后者认为薇依实际仅延续了其老师的工作）。[1] 实际上，这仍不足以说明，阿兰的文章就超然物外，而薇依则更为悲观且暴力（因为痛苦仍在），[2] 也难以证明，两者真正（且唯一）的区别就在于他们对神恩（Grace）的理解不同。[3] 实际上，两者的不同更加是来自薇依对阿兰认识与词汇框架的彻底更改，并借此从阿兰基本的后康德视域转向了后尼采视域

1　参见奥古斯托·德·诺思，《西蒙娜·薇依对当今世界的解释》，载于《世俗化的时代》（Augusto Del Noce, "Simone Weil interprete deI mondo di oggi", in *L'epoca della secolarizzazione,* Milan: Giuffrè, 1970, especially 154）。

2　参见西蒙娜·佩特雷蒙，《论阿兰的宗教观（兼论西蒙娜·薇依的宗教观）》，载于《形而上学与伦理学研究》（Simone Pétrement, "Sur la religion d'Alain [Avec quelques remarques concernant celle de Simone Weil])", in *Revue de Métaphysique et de Morale* 60, no. 3, 1955: 306-330）。也可参见西蒙娜·佩特雷蒙，《西蒙娜·薇依传》（Simone Pétrement, *Simone Weil: A Life*, trans. Raymond Rosenthal, London: Mowbrays, 1976, 436）："'阿兰的短板'，她告诉我，'是拒绝了痛苦。'"

3　佩特雷蒙，《论阿兰的宗教观》（Pétrement, "Sur la religion d'Alain", 329）。

（尽管也有一些联系，两者由此也有了一定的共识）——某些方面甚至都可视为后海德格尔视域。毕竟，海德格尔同样也认为古希腊与现代社会对一般主体（*subjectum*）[1] 之表象（*repraesentatio*）的理解完全相反。[2]

或许，我们更应当关注一下某个具体的哲学领域（或哲学家）：斯宾诺莎。在此，薇依和阿兰之间似乎有了共识。阿兰曾在薇依文科预备班（*khâgne*）第一学年的课程中教授过斯宾诺莎的《伦理学》（*Ethics*），据其所称，薇依认为斯宾诺莎"无与伦比"[3]。她的学生沙透（Chateau）、伊波利特（Hyppolite）以及佩特雷蒙都确认过此事（尽管佩特雷蒙略有微议）。[4] 薇依在其《札记》（*Notebooks*）中

1 海德格尔认为，subjetum 是希腊文 ὑποκείμενον 的翻译，意为基体、基底，指的是"眼前现成的东西，它作为基础把一切聚集到自身那里。"最初，该词与人并无任何关系，但从笛卡尔开始，人（及其"我思"）成为确立一切存在者存在的基础，subjectum 变成了只有人才能成为的"主体"。"人成为存在者本身的关系中心"，而世界就是呈现在人这种一般主体（subjectum）面前的图像。（参见马丁・海德格尔，《林中路》，孙周兴译，上海：上海译文出版社，2008 年，第 76-77 页）——译者注

2 很明显，我指的是海德格尔的《世界图像的时代》，载于《技术之追问以及其他论文》（Heidegger, "The Age of theWorld Picture" , *The Question Concerning Technology and Other Essays*, New York: Harper & Row, 1977）。

3 参见佩特雷蒙在《西蒙娜・薇依传》中的引文；也可参见阿兰・戈尔德施拉格，《西蒙娜・薇依与斯宾诺莎评述》（Alain Goldschläger, *Simone Weil et Spinoza: Essai d'interpretation*, Sherbrooke: Naaman, 1982, 121）。

4 参见西蒙娜・佩特雷蒙，《西蒙娜・薇依传》（Simone Pétrement, *La vie de Simone Weil*, Paris: Fayard, 1973, 1:88, 2:173）。这里和另外一些地方引用了法语原版，因为英文译本中缺少了一些段落。

引用斯宾诺莎达十五次之多，甚至称自身的思考为“极端斯宾诺莎式”（ultra-Spinozist）。[1]除了这些历史－传记方面的证据，薇依与斯宾诺莎之间还有两个地方需要加以强调（实际上，两个思想家的作品都可列入阐释学范畴）。第一个是薇依伦理学的数学化特质——用几何学方法论证（*ordine geometrico demonstrata*）——及其常用概念词汇的理性化（同样也抽象化）特质。“世界的秩序，在上帝——神圣之人——这里，可将其称为制序之言（the ordering Word）或世界的灵魂（Soul of the World），那么，在我们——兄弟们——这里，必然性是行为中的关系、思想。斯宾诺莎说道：‘灵魂的眼睛本身就是证明。’我们无权更改直角三角形边的平方之和，但是，如果心智不通过论证来得出答案，那么也就没有了总和。”[2]从这个角度来看，斯宾诺莎的数学主义虽是一种科学，却在感觉－想象层面赋予了非展现关系以优先地位，正是它促使薇依走上了诺斯替主义的方向。

1　薇依，《札记》（Weil, *Notebooks*, 2:446）。

2　西蒙娜・薇依，《古希腊的基督教暗示》（Simone Weil, *Intimations of Christianity among the Ancient Greeks*, ed. And trans. Elisabeth Chase Geissbuhler , London: Routledge and Kegan Paul, 1958, 187）。关于这一点，参见 A. A. 德沃，《西蒙娜・薇依眼中的自由和必然性》，载于《神学与哲学杂志》（A. A. Devaux, “Liberté et nécessité selon Simone Weil”, *Revue de Théologie et de Philosophie* 1，1976: 1-11）。感谢安德烈・德沃（André Devaux）让我查阅西蒙娜・薇依的传记资料。

但是，在必然性问题上，薇依与斯宾诺莎之间有了更多的共同之处，他们都认同自由–意志（freedom-will）的领域，并将两个概念视为一组同义词。众所周知，斯宾诺莎将自由排除在了自由意志的可能性之外，同时还用必然性之理性彻底打碎了自由。[1] 在斯宾诺莎这里，自由并没有让行为的必然性有所减损，相反，自由正是其前提。薇依亦如此，自由与必然性之间并非简单的对立。在她看来，从超自然的角度来看，人类毫无挣脱必然性牢笼的可能，而后者正是一种对上帝的遵从。人类只能选择是否同意这种必然的遵从，即是否意愿。[2] 从这种更为客观的视角来看，这种不遵从根本不存在——仅有意愿或不意愿遵从（而无法称之为不遵从）。两种遵从之间的不同尤为重要，因为其产生了两种性质上截然相异的必然性。如果遵从并非其意愿，那么它对世界的掌控实质上只是一种机械式地必然

1 例如，《伦理学》第四部分附录第 32 段："但是，人的力量是有限的，外因的力量却无限超越于其之上，所以，我们并没有绝对的力量能让外界事物为我所用。然而，如果我们觉得我们已经尽了自己的职责，知道我们的力量不足以避免一些事情的发生，那么，我们就能耐下心来，接受各种有违我们自身利益的事情。如果我们能够清楚地认识这一点，我们那个由认知决定的部分（我们更好的部分）就会完全顺服，并且还会努力去坚持这种顺服。因为一旦我们认识到了，我们就只会渴望必然所是的东西，也（绝对）只会安于真理。只要我们坚定这种认识，我们更好的部分的努力就会与整个自然秩序和谐一致。"

2 阿兰，《斯宾诺莎》（Alain, *Spinoza*, Paris: Gallimard, 1949, 147-148）中已经提出了完全相同的观点。

性。而如果遵从是其所意愿的，那么它就可被纳入超自然领域的法则之中，尽管客观上它与非意愿的遵从同属一类。第二种必然性则是一种从约束式的必然性经验中的解放："遵从是至高的美德。热爱必然性。必然性与 dharma（法）[1] 是一回事。dharma 就是所爱的必然性——当与个人联系在一起时，必然性是最低级的——强迫、强力、'严苛的必然性'——普遍的必然性则从中而来。将 dharma 视为必然性而非义务，就是将个体提升至高处。"[2]

因此，必然性可将自己从其自身——自身更为低劣的形式——之中解放了出来。由此，必然性与其自身分离之处，自由显露。但是，之所以存在这种不同，仅是因为必然性的主观状态与意志有关——更准确地说是主观状态分成了两种形态。在现实中，人类对必然性的感受，要么是一种对意志的阻碍，要么是一种意志的满足，从这一角度来看，必然性总是与意志的行使有关。为了客观地解释

1 "dharma"，巴利语作 dhamma，即达摩。印度教、佛教和耆那教名词。其含义甚多：根据印度教义，法既是支配个人行为的宗教伦理规范，也是处在不同等级、不同地位、不同人生阶段的人应追求的人生四目的之一。佛教认为，法是佛陀所揭示的适用于任何时代任何人的普遍原理和真谛；法、佛陀和僧伽一起构成佛教信仰的要素三宝。在耆那教哲学中，法除了作道德解以外，还指永恒的质，它是使万物得以运动的介质。（引自美国不列颠百科全书公司，《不列颠百科全书（国际中文版）》（卷 5），中国大百科全书出版社不列颠百科全书编辑部编译，北京：中国大百科全书出版社，1999 年，第 268 页。）——译者注

2 薇依，《札记》（Weil, *Notebooks,* 1:96）。

必然性，我们必须将其从所立足的现实环境中抽取出来，视为一种多种形态相互交织的纯粹的理念复合体——这正是研究现实整体科学的目标，即数学。[1] 自然，在“数学化”（即，唯一严格的方式）的必然性中，人类的存在是不具有必然性的，只有思考必然性这一操作。或者，能够思考必然性的条件，就是思考的绝对非个人性（absolute impersonality）：思考渐渐扩散到无限的现实海洋之中。

从斯宾诺莎为必然性与自由建构的关系角度出发——一种自由的必然性（a free necesity），以及一种使事物自由的必然性（a necessity that frees）——我们无疑会联想到“去－创造”（decreation）。[2] 这同样也是斯宾诺莎式的主题（伊萨克·鲁里亚 [Isaac Luria] 和艾姆·维达尔 [Haïm Vital] 的影响，经埃雷拉 [Herrera] 到斯宾诺莎）。然而，薇依和阿兰最终在这一斯宾诺莎式的观念上分道扬镳，因其渐渐鲜明地拒绝了意志，而薇依也正是在这一点

1　关于这一点，里昂·布伦士维格在《斯宾诺莎与他的同时代人》（Léon Brunschvicg, *Spinoza et ses contemporains*, Paris: Presses Universitaires de France, 1923, 292-293）中已经明确指出过了，而这也是除阿兰的作品外薇依不得不关注的重要著作。

2　关于“去－创造”（decreation），参见维托，《西蒙娜·薇依的宗教形而上学》（Vetö, *The Religious Metaphysics of Simone Weil*）。除鲁里亚和维达尔，维托还涉及了谢林（Schelling）和阿曼（Hamman）。参见劳尔夫·库恩，《去－创造：哲学、宗教和文学新词释义》，载于《宗教历史与哲学杂志》（Rolf Kühn, “La décréation: Annotations sur un néologisme philosophique, religieux et littéraire”, *Revue d’Histoire et de Philosophie Religieuses* LXV, no. 1, 1985: 45-52）。

上更接近于阿兰的老师朱勒·拉尼奥（Jules Lagneau）（同为斯宾诺莎主义者，但与阿兰不同）。[1] 许多专家学者都知晓“去－创造”的现代起源。它取自颇受争议的清洁派（Cathar）与卡巴拉教（Kabbalistic）（我们也不应忽视埃克哈特大师 [Meister Eckhart] 相应的“去－生成”[*entwerden*; annihilation]，后来塞巴斯蒂安·弗兰克 [Sebastian Franck] 和 A. 希莱西乌斯 [A. Silesius] 又重提和转引过），早已为查尔斯·佩吉 [Charles Péguy][2] 所接受（另一些人稍有不同，如莫里斯·布朗肖 [Maurice Blanchot][3]、斯坦尼斯拉斯·布雷顿 [Stanislas Breton][4]、保

1 参见朱勒·拉尼奥,《斯宾诺莎注解》，载于《形而上学与伦理学杂志》(Jules Lagneau, “Quelques notes sur Spinoza”, *Revue de Métaphysique et de Morale* 3, no. 4, 1895: 375-416)。阿兰认为拉尼奥是最深刻的斯宾诺莎专家，参见安德烈·卡尼维，《朱勒·拉尼奥：19 世纪末哲学教授的境况研究》(André Canivez, *Jules Lagneau: Essai sur la condition du Professeur de Philosophie jusqu'à la fin du XIXe siècle*, Paris: Les Belles Lettres, 1965, 1:382)。

2 参见查尔斯·佩吉,《笛卡尔与笛卡尔哲学注解》，载于《作品集，1909—1914》(Charles Péguy, “Note conjointe sur M. Descartes et la philosophie cartésienne”, *Oeuvres en Prose, 1909-1914*, Paris: Gallimard, 1961, 1385 and 1405)。然而，佩吉对该词的理解与薇依完全相反。

3 莫里斯·布朗肖,《将临之书》(Maurice Blanchot, *The Book to Come*, trans. Charlotte Mandell, Stanford: Stanford University Press, 2003, 227)。在这一页中，布朗肖作品的英译版错误地将动词 *décréer*（一种独特的诗意表达方式）翻译为 “to decree”，而非 “to decreate”。

4 斯坦尼斯拉斯·布雷顿,《信仰与逻辑理性》(Stanislas Breton, *Foi et raison logique*, Paris: Éditions du Seuil, 1971, 257)关于布雷顿的作品，还可参见《西蒙娜·薇依的前基督教式直觉。十字架的柏拉图式思考》，载于《基督受难与哲学》(Breton, “Les intuitions préchrétiennes de Simone Weil. La meditation platonicienne de la croix”, *La passion du Christ et les philosophies*, Teramo: Eco, 1954, 61-80)。

罗·利科 [Paul Ricoeur][1]，更不用说列维纳斯 [Levinas]）。薇依对此概念的理解颇为独特且具原创性。对她而言，去－创造是对“我”的消除，更准确地说，是纯粹先验的“主动的我”（*je*）与感觉、意愿式的受动的我－自我性（*moi-egoité*）的去耦合化（decoupling），一方面，它与背弃可创造的上帝有关；另一方面，它还要补偿这一背弃。

薇依的形而上学在此无法详细展开，但我们仍可清楚地看到其概念含义——“去－创造”——上的矛盾性（或矛盾修饰法 [oxymoronic] 的运用）。“去－创造”是一种自我消除式的创造，一种创造性的自我消除。更普遍看来，它同样也是一种不具积极性（activity）的行动，一种维持着“潜能”状态（参考我们提到的“被动权力”概念），不在“行动”中实现的有为性：薇依实际将“去－创造”视为一种被动的积极性（*passive activity*）。意志领域——对薇依而言类似于肌肉运动——则完全与之相对。这一类比也解释了为什么当意志不再对抗而只是顺从自身天然的倾向或天命时，它就会无处安身：“很明显，带有我们自身倾向性的行为无需意志的参与。在遵从上帝的行动中，

1 保罗·利科，《当前语言研究的神学影响》（Paul Ricoeur, *Les incidences théologiques des recherches actuelles concernant le langage*, Paris: Institut Supérieur d'Études Oecuméniques, 1969, 47）。

我们是被动的；不管克服了多少困难，也不管我们的有为性看起来有多大，都不能视为一种肌肉运动；有的只是等待、专注、沉默、不变的悲喜……薄伽梵歌（Bhagavad-Gita）和老子（Lao-Tse）完美地展示了这种被动的积极性（最高级的被动的积极性）。”[1]

正是在这里，薇依彻底颠覆了阿兰的唯意志论，将阿兰思想（意志居于首位）中鲜明的世俗道德排除在外：“意志无法带来拯救，因而，世俗道德的观念就是一个笑话。所谓的道德，它只能仰仗意志最为肌肉化的一面。宗教则恰恰相反，它是对渴望拯救的欲望的回应。”[2]在薇依这里，意志的反面是“等待”或*忍耐*（*hypomonè*）（它与*卑微* [*tapeinôsis*] 或谦卑 [humility] 同为基督教中沉默的两种方式之一）——一个可追溯到*耐心*（*patientia*）的词，但两者也稍有不同。[3]但其中最为重要的是（薇依多次强调），

1 西蒙娜·薇依，《等待上帝》（Simone Weil, *Waiting for God*, trans. Emma Craufurd, New York: Harper Perennial, 2009, 126）。

2 同上，127。

3 参见薇依写给乔·布斯凯（Joë Bousquet）的《七十封信》（Weil, *Seventy Letters*, trans. Richard Rees, London: Oxford University Press, 1965, 137）：“翻译者用了 *in patentia* 这个词，但 ὑπομένειν 却完全是另一回事。它意味着保持在原地，一动不动，充满期待，面对外界的刺激毫不动摇，岿然不动。”这封信也可见于西蒙娜·薇依，《西蒙娜·薇依》（Simone Weil, *Simone Weil*, ed. Eric O. Springsted, Maryknoll, N.Y.: Orbis Books, 1998）。

这是一个态度问题，“与所有形式的积极性都不同”，[1]除非我们将积极性视为一种被动的形态。被动的有为性观念通过一种极为矛盾的方式——因而对薇依而言也是最真实的——展现了去－创造虚己（kenotic）程式的结构。所以，正是因其二律背反的特质，该概念囊括了支撑薇依形而上学的三要素：专注、无对象的欲望以及消极的行为。等待的“有为”部分就是“专注”（尽管任何从哲学层面对其加以描述的尝试，都必然有违薇依的本意）。我们绝不能将专注与寂静主义者（quietist）的立场（如德·诺思[2]）或各种惰性混为一谈。相反，它是一种积极的被动，专注就是其积极的一面——一种思想的悬置，清空思想，让客体渗透其中。它是“空洞、等待，不寻求任何东西，但也准备着坦然接受渗透于其自身之中的客体。”[3]

很明显，专注是一种完全否定性的努力，但仍然需要能量。这种能量就是欲望（薇依三要素的第二个范畴），但是一种完全被剥夺了其对象的欲望（否则它无疑就会扩张受动的我）。不过，仅剥去个体的欲望对象，并不足以实现这种剥夺，我们必须将整个意图明确的结构加以悬置。

1 薇依，《等待上帝》（Weil, *Waiting for God*, 128）。

2 参见德·诺思，《世俗化的时代》（Del Noce, *L'epoca della secolarizzazione*）。

3 薇依，《等待上帝》（Weil, *Waiting for God*, 62）。

然而，意志至少有一个部分是积极的——甚至高度有意识——我们不应将其视为一种纯然冷漠（与另一位“斯宾诺莎主义者”费奈隆 [Fénelon] 的冷漠 [*indifférence*] 相同）的停滞状态。这一积极的部分与神圣意志完全相符；即一种实现意志的必然性（或者，它就是必然性）。最后，三要素中的第三个在此也走上了前台：“消极的行动”[*azione non agissante*]。我们需要着重详细分析这一点，因为它可以带着我们进入最为关切的问题：薇依对政治的思考——非政治。首先，大致看来：行动问题从一开始就是薇依极为重要的主题(我们只需回想一下薇依对工作主题的兴趣)。从那时起，这一问题就与思想有关。所有意图看透现实的思想、意识、哲学——同样还有语言——都必须及时变成行为：“哲学（包括认知问题等）完全就是一种行为和实践之事，”《超自然认识》（*La connaissance surnaturelle*）的最后几页中写道。[1]

这几乎就是一种马克思主义式的观点，薇依也恰当地称其为“实践哲学”：真正的思想必须在行为中加以实现。这一点没有特别新颖之处。但是——薇依的概念经常

1　参见西蒙娜·薇依，《第一和最后一本札记》(Simone Weil, *First and Last Notebooks*, trans. Richard Rees, London: Oxford University Press, 1970, 362)。

陷在这一旋涡中——如果顺序颠倒过来，这一关系仍然成立。对薇依而言，行为本身就是个体认识世界的一部分，而且，就其最普遍（最纯粹）的形式而言，行动甚至与思想是同一的。这一观点可追溯到她 1926 年 4 月在学校中的第三篇发言，名为《唯一的行为就是思想》（“That the Only Action Is Thought”）：“行为无法与思想分开。实际上，只要有自由，就有完美的意识，没有缺陷也没有任何不确定性。”[1] 尽管这只是早期的一篇文献，但已清晰地展示了薇依成熟时期论证的方向，在此，行为转化为思想（或称行为融入思想中）描绘了一条路径，即话语从个人 - 主观（personal-subjective）层面行进到非个人 - 客观（impersonal-objective）层面。沿着这条路径——我们很清楚——薇依将意志消融（或转化）到了必然性之中，她断言，个体不必在每次可能之时都采取行动，而是仅当必然之时：“以此类推，要对事态有所辨别，看到可能性所昭示的必然性，尽管初看时并不如此清晰。只有在这种情况下才采取行动。”[2] 顺应必然性，人类肯定会丧失自身之中所有个

1 这篇作品只有一段残篇留存，参见西蒙娜·薇依，《全集，卷 1：早期哲学作品》（Simone Weil, *Oeuvres complètes, Tome 1: Premiers écrits philosophiques*, ed. G. Kahn and R. Kühn, Paris: Gallimard, 1988, 316）。

2 薇依，《西蒙娜·薇依札记，卷 1》（Weil, *The Notebooks of Simone Weil, Volume 1*, 224）。

人化的事物。当精神以必然性为基础运作时，它不仅不再需要本体论层面受动的我的支持，同时还必须像处理笨重的行李一样摆脱它。这样的行动，意味着摆脱个体的主体性，难道不就是一种被动状态中的行动吗？实际上，消极的行为显然就是被动的行为：[1]“行动，不是代表了某种目的，而是某种必然性的结果。否则我便什么都做不了。这不是行为，而是一种被动性。非－积极（Non-active）的行为。”[2]

由此，所有被动权力——其语义正是我们讨论的线索——引申出来的范畴都一清二楚了。必然性的行为总是被动的。尽管如此，它仍然是一种行为：一种并非对现实漠不关心的“力量”（power; *potenza*）。相反，对于想象的“我”，它是唯一真实的东西（“我”可以想象，也可被想象为真实存在之物）。早在1925年的第一部作品中，薇依已经提到行为中存在一种消极性与力量的关系，行动就是一种消极力量。在《格林童话中的六只天鹅故事》（“Le conte des six cygnes dans Grimm”）中，六兄弟被继母变成了天鹅，然后又被他们的妹妹变回了人形。为完成这一任务，

1　关于“被动状态”，我们有必要参考一下费奈隆的《对被动状态的思考》（Fénelon, *Mémoire sur l'état passif*），作为附录收于珍妮－莉迪·格雷，《费奈隆的冷漠观及其来源》（Jeanne-Lydie Goré, *La notion d'indifférence chez Fénelon et ses sources*, Paris: Presses Univer-sitaires de France, 1956）。

2　薇依，《札记》（Weil, *Notebooks*, 1:124）。

妹妹必须用白海葵缝六件衬衫，六年不能说话。薇依写道："行动从来就不难：我们就是行动得太多，不断在无序的行动中迷失自我。用海葵缝六件衬衫并保持沉默：这才是我们获取力量的唯一途径。"[1]沉默地行动，被动地行动，不行动（*in not acting*）地行动，这是获取强力的途径（"唯一的强力，唯一的智慧，就是避免行动"[2]）。由此，薇依第六篇札记中的一些段落就容易理解了："语词——完全强大，也完全被动。从一开始就万事皆备；羊羔开始就被杀。人类：力量与被动的混合。作为一个生物，一个部分的存在，他只能在纯粹的被动中找到纯粹。"[3]在此，认同这种被动中的力量，这种为了力量的被动性，我们就摆脱了现代传统中的力量——也与通过"虚弱"（weakness）远离了任何逃离权力的观念。[4]软弱是人类的强力，如同必然性是人类的决定——必然的决定。但是，如果决定是必然的，

---

1 参见薇依的短文《格林童话中的六只天鹅故事》（"Le conte des six cygnes dans Grimm"），载于《全集》（*Oeuvres Complètes*,1:58）。

2 同上，59。

3 薇依，《札记》（Weil, *Notebooks*, 1:246）。

4 从这个角度来看，达尔·拉格（Dal Lago）文章虽有助益但也有误导性：亚历山德罗·达尔·拉格，《虚弱、西蒙娜·薇依与虚无主义的伦理学》，载于《虚弱的思想》（Alessandro Dal Lago, "On the Ethics of Weakness, Simone Weil, and Nihilism", in *Weak Thought*, ed. Gianni Vattimo and Pier Aldo Rovatti, trans. Peter Carravetta, Albany: State University of New York Press, 2013, 111-137）。

如果行为不可避免，那么决定怎么才能避免成为“欲望机器”的一部分，避免自然而然地指向“我”的扩张？换言之：具体以何为基础时，行为－决定才能变成必然的，积极性才能变为被动性，行动才能变为潜能？

这一问题（薇依政治哲学中的问题）最完美的答案，就包含在《薄伽梵歌》（*Bhagavad Gītā*）[1] 阿周那（Arjuna）的寓言中。“是我依据不同的德（constituents）和业（actions）创造了四个种姓，”克里希纳（Krishna）对阿周那说，“要知道，我既是创造者（*kartāram*），又是无为者（non-actor; *akartéiram*）且亘古常恒。我既不追求业的结果（*phala*），又不为诸业（actions）所玷污。这样认识我的人才不会受到业的束缚。”[2] 薇依对上述问题的回应可能是，我们可以通过“屏弃”（renunciation）和“舍弃”（abandonment）的区分，而分辨出不同点。当然，此区分也存在于《薄伽梵歌》中：“智者认为屏弃（renunciation; *samnyāsa*）即弃尽欲求之业；灼识者所谓的舍弃（abandonment; *tyāga*），即对诸业之果的弃绝。”[3] 同《薄伽梵歌》中一样，薇依想

1 参见毗耶娑，《薄伽梵歌》，张保胜译，北京：中国社会科学出版社，1989 年，第 54-55 页。后文所有《薄伽梵歌》引文均出自该译本。——译者注

2 《薄伽梵歌》（*Bhagavad Gita* IV:13-14）。

3 同上，XVIII:2。

用 *tyāga* 替代 *samnyāsa*，即用舍弃取代屏弃。薇依思想中的非政治观，在此得到了最集中的体现。舍弃诸业之果并不意味着屏弃行为——这其实是阿周那命中注定背负的十字架，但同时也是拯救："您的责任就在于履行职责，任何时候都不要追求它的结果，切勿使追求业果成为动因，也不需要将那无为（inaction）执着。"[1]阿周不应追求业果，但这并不妨碍他必须行动——且尽可能有效（*efficaciously*）。薇依的作品中毫无行为美学的倾向——仅为行为而行为（她强烈反对无端行为的逻辑）——也拒绝所有康德式的、全无内容的形式上的责任。个体必须行动，必须有效地行动。因而，薇依认为："非暴力只有在有效时才是好的。因此，年轻人问甘地其妹妹的问题。答案应该是：使用强力，除非你碰巧不需要诉诸暴力就很可能成功地保护她；除非你肌肉中的能量能够全部释放（也就是，在严格的物质意义上说的，潜在的效力）。"[2]这就是为什么阿周那必须战斗。他必须"被动地"这样做，不计个人回报，但他必须战斗——他命中注定需要如此。他在做决定时必须认识到，他的命运就蕴含在一种必然性中，要有一种永不言弃的激情："这

1 同上，II: 47。

2 薇依，《札记》（Weil, *Notebooks*, 1:96）。

就是阿周那错误之处。参加战斗之时，光也明照于心，因为他准备坚决进行到底。即使没有更多的光照进来，他也应当坚定不移；否则他就会掉入更低的层面，而非上升到更高一级。眼中充满怜悯，能量就会消散——光不会这样照来。”[1]

“强力之外别无他力”

这些段落都出自薇依后期的作品——不管是时间上还是观念上——有助于我们更为全面地认识她的工作。至少，它强烈质疑了一种传统观念：随着时间的推移，薇依早期对政治的兴趣渐渐变弱并最终消失了，取而代之的是一个更具探索性的领域——也被视为她真正独有的事业——一般称之为神秘主义。一边是马克思主义批评，一边是天主教批评，我们暂且将这两个不同甚至对立的观点放一旁（分别持否定和肯定态度），来看一下它们共有的阐释模式：薇依从接受政治的现实主义态度过渡（如果不是直接跨越）到了一个更为鲜明的“非现实主义”“理想主义”以及“神秘主义”的领域。

我认为，我们应该从头到尾重新审视这一地图——需

1 同上，324。

要注意的是，他们对“神秘主义”的理解并不充分。这并非因为薇依学术生涯中没有进展或断裂，亦非因这种断裂并未引起任何值得我们注意的概念词汇上的变化，而是因为断裂的后果恰恰与上文所述的相反。随着时间的推移，从第一阶段到第二阶段（“神秘主义”），薇依的政治语言变得*更加*（而非*更少*）现实主义了——将一种欧洲政治哲学传统的范畴用在这里，可能并不完全合适。当然，变化确实存在。但绝非薇依对政治的兴趣，因为直到她去世前的最后几个月，这种兴趣依然浓厚。如果说有什么变得更加生硬、尖刻，变成了谨慎的“马基雅维利主义”——1940 年代的一些作品，还有更早之前那部关于《伊利亚特》（*Iliad*）的作品都足以表明[1]——这也与她分析的准确度无关。变化的更加是她思考的立足点。它不再位于政治之内，而是在此之外。关键在于，这种变化并不是“倒退”（即薇依对政治的关注在观念和意义上都有所弱化），恰恰相反，正是由于这种新的立足点落在了政治之外，她的观察变得更加专注且深入；

1　西蒙娜·薇依，《伊利亚特，或强力之诗》（Simone Weil, *The Iliad, Or the Poem of Force*, trans. Mary McCarthy, Wallingford: Pendle Hill, 1956.）。麦卡锡（McCarthy）的译本 1965 年再版。参见西蒙娜·薇依，《伊利亚特，或强力之诗》，载于《芝加哥评论》（Simone Weil, “The Iliad, Or the Poem of Force”，*Chicago Review* 18, no. 2, 1965: 5-30）。也可见于薇依，《古希腊的基督教暗示》（Weil, *Intimations of Christianity among the Andent Greeks*）。

能够更加尖锐地观察其——现已位于外部的——对象。

不过，假如说薇依选择“非政治”后，其政治对象变得有所模糊，那我们就只能将其“政治哲学”的贡献局限在1930年代早期的作品中。在此，薇依作品的主题内容虽然个人化色彩比较浓厚，但也并没有偏离当时的思想环境，与当时法国政治文化的反对派相一致（反对工人运动的官方政党和工会）。但是，薇依在1930年代中期左右就渐渐脱离了这一背景，完全走上了不同的道路，进入了她政治思考最具原创性的时期。我们在1934年的文章《自由与社会压迫的原因》（“Causes of Liberty and Social Oppression”）中就能清楚地看到这种转向，不过，此前的三篇文章也可初见端倪：论德国的局势，（越来越不可能的）无产阶级革命以及战争。实际上，这些文章最令人瞩目的是薇依建构问题时采用的*非辩证法*（nondialectical）（也包括她对以苏瓦林[Souvarine]、卢宗[Louzon]、莫纳特[Monatte]、劳拉特[Laurat]、拉扎列维奇[Lazarévitch]为代表的革命左派经典主题的论述——如苏联革命中职权的腐化、官僚主义泛滥的风险以及从整体上对马克思主义和进步观的批判）。薇依认为，她所指出的每一个矛盾都无法得到解决，首当其冲的就是政治的无孔不入（all-pervasiveness），[1] 上述文章中的第一篇（《论德国的局势》[“L’Allemagne en attente”]）就有所涉及，认为它就是诡异地导致这一僵化局势的原因：

> 这种能量是潜在的。在这种局势——完全类似革命的局势——下，一切都变得被动了。一切都会让观察者震撼不已，一方面，思考都聚焦于政治问题，而另一方面，所有的躁动、街头巷尾的热议都消失了，人们不再焦虑地沉溺于报纸，也不再仓促地谋划甚至探讨各种行为。这一自相矛盾的情形，就是当下局势的本质特征。德国人民既没有气馁也没有睡去；他们没有脱离行为；但也没有行动；他们在等待。[2]

他们在等待什么，或者说等待他们的是什么，我们现在知道得太多了。但薇依自己似乎并未仅仅只是简单一瞥，她更加是要探索这一瘫痪状态最深层的原因。德国民众的瘫痪、惰性、软弱——这一观念在后文中将越来越重要——只是面对意图相互平息的各方力量汇聚时时出现的一种逆

1 薇依，《论德国的局势》，载于《无产阶级革命》（Weil, “L’Allemagne en attente”, in *La Revolution Prolétarienne* 138, October 25, 1932）以及《自由的决心》（*Libres Propos* 10-11, October 25 and November 25, 1932）；收于薇依，《全集》（Weil, *Oeuvres complètes*, Paris: Gallimard, 1988, 2:120-137）。

2 同上，122-123。

效应(coutereffect)或反映。首先是由知识分子、小资产阶级、职员和农民混合而成的国家社会主义运动，他们在一种敌视胜利者的爱国主义和反资本主义情绪下结合在了一起：“实际上，国家社会主义运动能吸引他们 [德国工人]——同样也适用于知识分子和小资产阶级——就在于他们感受到了它的力量。但他们并不知道，这种强力之所以如此强大，只是因为不属于他们，它属于统治阶级，他们‘资产阶级’敌人的强力。他们指望这种强力可以弥补自己的弱点——尽管并不知道怎样做——以此实现自己迷茫的梦想。”[1]第二股力量是社会民主党，它和其改革派同盟都是随着资本主义社会的发展而成长起来的，其强力正是由此而来，也仿佛受到了催眠：“资本主义经济遭受危机的冲击越大，工会（他们一直都是将自身的发展壮大视为最高目标，而非为工人阶级提供服务）就越会蜷缩在唯一能够稳定局势的强力——国家权力——背后。”[2]最后是共产党，由于其依赖于第三股强力——俄罗斯官僚专政——而无能为力，只“扮演”一个维护自身利益的政党的角色。德国工人运动由这三股相互对立又专横跋扈的力量建构而成，同时又

---

1 同上，126。

2 同上，127。

被它们左右拉扯，而怠惰就成为其最完美的状态。

薇依的观点新颖、有力且全面。最初，这种情形只发生在德国，但很快就覆盖到了整个欧洲政治版图（然后是整个现代社会的政治），强力就位于这一版图核心。这种强力是外部的（最终看来，强力一直都是外部的）。由于屈从于新苏维埃国家的外部强力，共产党被削弱了——更确切地说是被消灭了。无独有偶，这一国家也在上文提及的三篇文章中的第二篇中成为分析的对象（《前景：我们正在走向无产阶级革命吗？》[“Prospects: Are we heading for the proletarian Revolution?”]）。在此，最重要的不是详细追溯苏维埃国家恶性循环的过程——在特洛基(Trockij)看来，它的问题已经难以纠正，变成了某种与工人国家完全不相符的东西（拒绝任何内部批评、一党制国家、官僚行政机器霸权、警察的无限权力）。而是薇依在这篇文章中展示的一种全新的压迫体系，过去的压迫体系或以武装力量为基础，或以可转化为资本的财富为基础，而这种新体系则是以某种功能为名组成而成，即生产的强力。

在合理化和专业化的名义下，新的压迫体系仍会压迫那些从事自己工作的工人。由此，它将工厂中的人分成了两类，一种是执行但不指挥工作的人，另一种是指挥但不执行工作的人，此外，现在又多了第三种角色：日益增长的官僚行政阶层，其旨趣在于保证消费服从生产，并引导着生产去满足战争的需要。[1] 一系列的推理论证后，战争成为薇依分析中常见的主题之一。不过，更重要的是，战争在此与该体系中其他各种要素紧密联系在一起，它更加是一种国家内部的政治现象，而非一个外交政策事件。

这种理解上的转变在 1933 年的论文《对战争的反思》（“Reflections on War”）中清晰地展现了出来，迥异于法国后革命传统和马克思主义传统。在此，薇依对战争事件的分析及其整个的政治哲学思考，似乎都不得不在危机四伏的道路上义无反顾地走下去。将当代战争与过去各种各样的冲突相区别，这是其最为鲜明的特征，除此之外，它通过两条脉络将当代战争与生产的结构形态联系在了一起。一方面，战争仅仅是政治经济的延续，或者，它更加是竞争的政治的延续（不是克劳塞维茨 [Clausewitz] 秉持的

1　在此，薇依语言的特色展露无疑：“所有的人类组织，它们权力的运用绝不是为了服从者的幸福，而是增强这种权力……如果说，资产阶级生产的最终目标是自由竞争，那么，在技术之人组织而成的国家官僚机构这里，生产的最终目标就是准备战争。”参见西蒙娜·薇依《前景：我们正在走向无产阶级革命吗？》，载于《压迫与自由》（Simone Weil, “Prospects: Are we heading for the proletarian Revolution?”, *Oppression and Liberty*, London: Routledge, 1958, 15）。

广义上的政治）。另一方面，政治经济学总体上可以有效地导向战争："在军事与经济不可分割的混合体中，武器是为竞争服务，而生产则服务于战争，战争再造的只是构成政权结构的社会关系，但会使其大幅提升一个层次。"[1] 但是，还有一些东西更能说明现代战争，这就是战士对作战工具的绝对服从。"机器"在技术上的威胁再次抬头——它还会以此从根本上凸显其歼灭的潜力，因为"一国与另一国之间的战争，会立即转化为国家和军事装备针对自己军队的战争。"[2]

现在，我们又处于一个在"战争体系"内外都无法解决的矛盾的边缘——革命战争也无济于事，这种人民战争至少在理论上是一种没有官员的战争。薇依鲜明地指出，革命战争（再次完全与左派的历史文化格格不入）是"革命的坟墓"。这就是为什么每一场诞生于战争的革命或发生在战争过程中的革命——如苏维埃革命——都必然会腐化，或祸起萧墙："革命卷入战争后似乎只有一个选择，或屈服于反革命的致命打击，或通过军事斗争机制将自身转化为反革命。革命的前景似乎非常有限，因为革命能够

---

1 薇依，《作品选，1929—1941》(Weil, *Formative Writings, 1929-1941*, 241)。这里的引文摘自 1933 年的文章《对战争的反思》("Reflections on War")。

2 同上。

避免战争吗？”[1]

薇依很快就在来年的一篇文章中回答了这一反问句——当然是肯定的语气。这篇文章实际是一个极限点，因其内容涉及的就是政治的极限，也来源于此极限。它虽仍局限在政治范畴之内，但已经在展望其切近的困扰。或者，文章更是看到了这些问题的恶化，它对政治人类学根基的抨击，在某种程度上不禁会让我们想到布洛赫或卡内蒂，尤其是卡内蒂，其幸存者的毁灭与自我毁灭的辩证法几乎完全呼应了薇依之前文章中介绍的压迫机制，在这篇文章中称为“否定的灵魂”。不过，我们也要看到这一分析最深刻的影响，它抨击了特权（不论是社会、经济、科学或者技术上的）的属性和本质，同时还发现了一些更深刻的东西，不平等形态本身所造成的后果。力量（power; *potenza*）及其引发的斗争：“尽管如此，特权本身并不足以导致压迫。不平等很容易在弱者的反抗，以及强者对公平的同情下有所缓和；如果没有更多因素——力量斗争——的介入，最糟糕的状况无非就还是自然需求本身。”[2]

这是非常具有卡内蒂特色的斗争，“力量是种灾难，

1 同上，245。

2 薇依，《压迫与自由》（Weil, *Oppression and Liberty,* 62）。

不管是对发号施令的人，还是对遵从力量的人，它都一样无情。”[1]薇依继续写道，“它［力量］通过机构奴役前者，同时压迫着后者。”[2]力量的增长导致了这一“不幸”状况的产生：对于掌握权力的人，力量的增长是保有权力的必要条件，只有打败那些意图反抗权力的人，他才能将权力维持下去。这是一个恶性循环，“主人因为害怕奴隶才施加恐惧，反之亦然。”[3]要想打破这一循环，唯一的途径就是消灭不平等，但这是不可能的，因为它违反了自然。或者，建立一种能够在命令者与被命令者之间达成稳定平衡关系的权力。不过——矛盾在此又折回了自身——唯一可能的途径就是消除力量的“积极”性，整个被动潜能（*potentia passiva*）传统批判的对象：

> 但人类本质上是积极的存在，有自我决定的机能，他们永不放弃，即使他们渴望如此，除非有一天，死亡将临，他们才会回到怠惰状态；所以，每次赢得的胜利都蕴含了可能失败的萌芽，除非将其斩草除根。

1 同上。

2 同上。阿兰对力量的思考与此相近：参见阿兰，《政治》（Alain, *Politique*, Paris: Presses Universitaires de France, 1952, 109）；全面的阐释参见阿兰，《关于权力的讨论：政治伦理的要素》（Alain, *Propos sur les pouvoirs: Éléments d'éthique politique*, Paris: Gallimard, 1985）。

3 薇依，《压迫与自由》（Weil, *Oppression and Liberty*, 62）。

> 但是，铲除力量的对象也就铲除了力量。因此，力量的本质中存在一种根本性的矛盾，永远无法实现其真正的意义。[1]

薇依深刻的分析展示了力量最惊人的特质：力量之存在的不可能性。或者，力量的非存在（*nonexistence*）才“真实”——对于薇依而言，这属于一个斯宾诺莎式的想象世界，[2] 对应着非存在（nonbeing）领域。力量（power; *potenza*）与占有范畴无关。我们不可能拥有力量，因此也不可能将其稳定地建构成某个人的权力（power; *potere*），因为“从来都没有权力，有的只是权力的竞赛……没有任何术语、界限、构造可用于这种竞赛，也没有任何界限或构造适用于其所需的努力；那些为之献身的人，总是强迫自己做得比他们的对手更好，而他们的对手也会反过来努力比他们做得更好，不仅必须牺牲奴隶的存在，同时还包括他们自己以及他们最亲近、最爱的人；因此，阿伽门农（Agamemnon）牺牲了他的女儿，资本家也同样如此，他

---

1 同上，63-64。

2 当然，斯宾诺莎对想象的讨论要更加复杂，例如，《神学政治论》的第一章（“论预言”［“on prophecy”］）。参见本尼迪克特·德·斯宾诺莎，《神学政治论》（Benedict de Spinoza, *Theological-Political Treatise*, trans. Michael Silverthorne and Jonathan Israel, Cambridge: Cambridge University Press, 2007）。

们为维护自己的特权，漫不经心地默许了可能会夺走他们儿子生命的战争。”[1]

薇依很快就将阿伽门农的命运扩展到了所有的希腊人（他们打了一场“没有目标”的战争），她的讨论也转向了一个颇为激进和极端的话语领域，以至于“对战争的反思”的后文并未有所弥补，更具建构性的文章《自由社会的理论图景》（“Theoretical Picture of a Free Society”）[2] 也是如此（所以，该文章没有发表，这并非偶然）。实际上，薇依“神秘主义”转向最终让其在去世前几年进入了非政治式的“苦修的政治”。在这一转向之前的最后的作品，正是被叫作《不要重现特洛伊战争》（“Ne recommençons pas la guerre de Troie”），它在某种程度上仍然使用着政治语言。[3] 在此，权力根基中虚幻、神秘以及幻觉式的特征，薇依已将其推广到了整个政治领域。在《革命与进步理念之批判》（“Critical Examination of the Ideas of Revolution and Progress”）中，薇依详细讨论了革命潜在的变化结果，

---

1 薇依，《压迫与自由》(Weil, *Oppression and Liberty*, 64)。

2 同上。

3 “不要重现特洛伊战争”。薇依这篇文章的英文版为《语词的力量》，载于《作品选，1934—1943》(Simone Weil, “The Power of Words” , in *Selected Essays, 1934-1943*, ed. and trans. Richard Rees, London: Oxford University Press, 1962)，也收于西蒙娜·薇依，《西蒙娜·薇依：作品选》(Simone Weil, *Simone Weil: An Anthology*, ed. Siân Miles, New York: Grove Press, 1986)。

强调其周期－恢复（cyclical-restorative）的性质就隐藏在古老的词源中。[1]在接下来的一个片段《服从与自由的沉思》（“Meditation on Obedience and Liberty”）中，薇依对诸众的分析，与后来卡内蒂的论述颇为相近。针对埃泰纳·德·拉博埃西（Etienne de la Boétie）永恒难解之问——奴役的“自愿”性，薇依坚信，所谓的诸众的权力纯粹是一种想象：“不管我们多么想确信，数目仍只是种弱点……大众不会屈服，尽管他们只是数目，但他们也只是个数目。”[2]但在《不要重现特洛伊战争》中，薇依有了一种真真正正的质的转变，传统的政治范畴在此变得无足轻重，也失去了深层的意蕴。特洛伊战争——或所有的战争——没有任何目标，因此也失去了任何衡量、均衡或对比的可能。战争是无限的，也缺乏合理的存在（对薇依而言，合理的存在是唯一正当的理由——她在此也是斯宾诺莎主义者）。我们不指望能理解战争的动机，原因并不在于它已被官方意识形态或其他一些东西所掩盖（传统马克思主义者的解读），而是因为战争就本质而言根本就不存在。它是一个

---

1 薇依，《压迫与自由》（Weil, *Oppression and Liberty*, 131）：“血腥的斗争用一个体系换了另外一个体系，实际上，它已经完成了变革加冕礼的一大半，将权力递交到一大半早已拥有这种权力的人手中。”

2 摘自《服从与自由的沉思》（“Meditation on Obedience and Liberty”），同上，135。

空洞的盒子，所有的箴言都宣称，我们的政治世界充斥了各种真切但又是想象中的“怪物”：战争、革命、进步、民主。“看上去，几乎我们所有政治词汇中的单词和语句都是空洞的。”[1]

我们提到了质的变化。很明显，薇依在此之前都是一种对政治既定内容——或盒子——的具体的批判，现在则似乎在语言和术语上都远离了政治。她极具破坏性的冲击力，分析的力度都指向了整个政治语言——或者，更加是作为语言的政治。语言之外无政治：但这是一种缺乏一切理性合法性的语言。虚无充斥其间，能够玷污乃至销毁周围的一切，包括其运作的空间：“资本主义反对者与捍卫者之间的斗争，是一场不知道要做什么的改革者与不知道要维持什么的保守者之间的斗争；它是一场盲人在虚无中的斗争，而也恰恰出于这个原因，它很容易就变成一场灭绝之战。”[2]薇依的作品，乃至其生活中的僵局（impass）都源自这一状况：1938 到 1943 年，她处在恶劣的“死亡的五年”中。僵局导致了她与政治的决裂，这清晰地铭刻在其思想的核心之处，不过，她仍位于政治的外部边缘上。

1 薇依，《语词的力量》，载于《西蒙娜·薇依：作品选》(Weil, “The Power of Words” , in *Simone Weil: An Anthology*, 230)。

2 同上，233。

对于薇依而言，重要的既非参与政治，亦非对政治漠不关心，而是“沉思”结尾处所提出的建议：“对于所有真正关心公共福祉的人而言，这种情形只会给他们的精神带来深刻而难以弥补的折磨。面对能够控制历史进程的力量游戏，参与（即使是远距离的参与）其中必会深受其害，或招致某种失败。如果有高度的责任感，他就无法在冷漠或象牙塔中泰然处之。”[1]我们抵达了一个边界之处，分隔着政治形式与其不可呈现的根基：用薇依 1942 年总结自己过往活动的术语来说，一个“毗邻”（bordering; *côtoyer*）政治的门槛。[2]而也正是这一门槛，使不可呈现的根基让那些简单存在的事物有了新的色彩。

至高权力的至高权力

无疑，根基的不可呈现性打开了薇依思想的一个侧面，能够最大程度地展现其话语整体的范式与含义。在反－偶像崇拜的主题中，薇依整个历史与政治观都集中变成了单

---

1 薇依，《压迫与自由》（Weil, *Oppression and Liberty*, 137-138）。

2 西蒙娜·薇依，《全集》（Simone Weil, *Oeuvres complètes*, Paris: Editions Gallimard, 1997, 6.2:434）。该段落英译版中 côtoyer 的翻译并没有埃斯波西托所读解的“bordering”之意。但可能见于薇依，《西蒙娜·薇依札记》（Weil, *The Notebooks of Simone Weil, Volume 1*, 311）。

一的非政治模式——我们甚至可以说，薇依将对政治的（非政治）批判与对偶像崇拜批判结合在了一起。而且，在薇依涉及历史和古今哲学宏大主题的立场（通常是固执地一边倒）上，尤其是在对马克思的不断讨论中（这是薇依大多数作品潜在的——但经常也是明确的背景），这种批判也渗透其中。

首先是 1934 年的一篇重要文章，薇依在此总结和概括了批判的关键要素。马克思主义的劳资对立在文章中被技术 - 官僚机构与工人劳动力之间的对立所取代。除此之外，薇依还拒绝了所有既定的历史哲学，一切试图将权力冲突简化为阶级斗争的努力——尤其是以诸如战争等动态因素为借口。这些批判与当时的反马克思阵线有许多共同之处，展现了薇依与马克思在哲学和形而上学立场上的不寻常的对立。是什么导致了这种对立？答案基本应该是柏拉图主义，至少对薇依而言，这是一种彻底的二元论。然而，吊诡的是，在薇依的政治现实主义中，我们却发现同样的元素又可以回答为何她对马克思主义范式充满了兴趣（从另一个角度来看，这也是一种马基雅维利主义）。马克思与柏拉图的共同之处在于，他们都将必然性强加在了社会现实之上。而这种必然性也彻底地将二者分成了两派：对于柏拉图而言,社会现实更加是需要而非排斥另一种存在——超自然现实(它是政治上无法实现的完美状态,但并未因此而更为不真实),而在马克思这里,社会现实是唯一可思考的现实。所以,薇依进而认为,马克思注定会将至善(表现为历史进程的彻底解放)融于现实之中。这是关键。为了将至善融合于历史,马克思必然会陷入偶像崇拜,因为他认定物质世界可以变得完美(因而可将罪恶转化为至善)。换言之,马克思将超自然领域与必然性领域混同在了一起。对于薇依而言,这就是偶像崇拜的题中之义——最高的罪——它“将无限之物引入了一种本质上有限的领域。”[1]

从这个角度看,薇依回避了通常意义上等同于多神论的偶像崇拜。在她看来,该定义难以令人满意(多神论宗教——如古希腊,并非如一神论宗教——如犹太教——一样存在偶像崇拜)——除此之外,她也认为这种定义自身只是偶像崇拜的产物,因为它只是从权力而非至善的角度去解释一与多之间的关系。“那些有着背弃、自愿远离、自愿取消上帝(他表面上的缺席以及秘密的在场)的观念的宗教,这些宗教才是真正的宗教,将伟大的启示(the

1 薇依,《等待上帝》(Weil, *Waiting for God*, 4)。

great Revelation）转译成了各种语言。那些将神圣性表现为命令（不管在哪，只要有权它便会这样）的宗教看起来都是虚假的。即使这些宗教是一神论，它们也是偶像崇拜。”[1] 当权力与至善混同在一起，或更糟——当至善的理解涉及权力时，人们就必然陷入偶像崇拜。宗教领域中出现这种情况，特别是对于某些宗教而言，这是相当危险的（我们很快就能看到），社会领域也同样如此。在这一点上，薇依确信社会自身本质上就是偶像崇拜式的，带着一种绝对必然性的印记："缺乏偶像，我们就常常不得不每天（或几乎每天）在空虚中劳作。没有超自然的面包，我们就无法坚持下去。因此，偶像崇拜是洞穴中至关重要的必需品。即使是我们当中最优秀的人，它必然也应当为思想和心灵设置一定的界限。”[2]

对薇依而言，赋予社会一种偶像崇拜的性质有着十分重要的意义（一直都与柏拉图的"社会兽性"[social beast]意象有关，但吊诡的是，它在某种程度上也与马克思乃至曼海姆 [Mannheim] 的意识形态概念有所关联），因为这一判断是她后期作品非政治转向背后的驱动力。如果个

1 同上，89。

2 西蒙娜·薇依，《重负与神恩》（Simone Weil, *Gravity and Grace*, trans. Emma Crawford and Mario von der Ruhr, London: Routledge, 2002, 60）。

体至少在理论上可以借助超自然逃离偶像崇拜的诱惑，那么，社会、“我们”基本上就已经被判了死刑：“社会领域完全属于这世界的王（Prince of this World）”；更加是“因为它使用了伪造的善的形式，而非玷污了它的恶。”[1]薇依重点强调了这一点。恶并不会表现为恶，而是会穿上至善的外衣：它是混合体（*confusio*），至善与恶的结合（*coniunctio*）。当社会变得绝对，成为人类特定的居所后，我们就被迫从至善（当下或未来的至善）的角度去解释它，而工具就是有着进步观、历史观的偶像崇拜架构。当社会被视为唯一存在的平台——离开这一平台，我们便无法建立任何关系——时，至善才会融合于社会之中。对薇依而言，如果说有一种事物完全与偶像崇拜现象对立，那就是“关系”：“社会将绝对凌驾于相对之上。补救的方法就蕴含在关系的观念中。关系从社会中打开了一条出路。它是个体的自主。社会是个洞穴。出路就是独处（solitude）”。[2]偶像崇拜典型的做派就是，排除事物与其外部的关系来解释事物。这就是为什么只有将看上去彼此孤立的现象恢复联系后，我们才能降低（如果不能消除）日常生活中偶像

1　薇依，《札记》（Weil, *Notebooks*, 1:296）。

2　薇依，《重负与神恩》（Weil, *Gravity and Grace*, 165）。

崇拜的程度。

这似乎与薇依的另一观点——不能混淆必然性与至善——有些自相矛盾。不过，恰恰相反，它是这一需要最直接的后果。我们必须谨慎对待这一问题。薇依热衷于关系的建制，但不能混淆必然性与至善，这一立场与世俗化带来的现代立场截然相反：后者倾向于割裂世俗与神圣，同时将宗教与政治混同在一起——这种倾向最终导向的是极权主义。两个进程不仅步调一致，同时还在某种程度上相辅相成，正是第一个层面上关系的断裂或缺失，造成了第二个层面上的混同。因此,关系的危机造成了区分的失败。薇依批判世俗化，并不是因为其对宗教与政治的区分（上文中已指出，这种区分十分必要），而是因为现代社会隔断了公共与私人之间的关系。在这种关系的割裂中，集体利益会在个人领域被彻底的私有化（和挪用）。极权主义的出现就是要解决这一个体与公共利益之间缺乏关联的现象——或薇依所谓的自然与超自然需要——因此，极权主义是一种有害的弥补方式，它用一种偶像崇拜式的架构将政治与宗教结合在了一起。极权主义的权力，源自其一种变态的能力，可借助偶像崇拜填补现代世俗化留下的联系的空白，而在政治上，这一切都可通过极权主义式的去根得以实现（这是薇依《扎根》[*The Need for Roots*] 中法西斯研究的关键所在）。

不过，产生这种空白的并不仅是现代世俗化——或者，它并非首创者。有一种观点隐含在对世俗化的理解中——薇依在方法论或阐释上并未拒绝这一点——现代只是置换、转换和完成了暗藏在基督教（本质上属于犹太教历史）起源中的那些元素。这段历史与罗马的历史融合在一起，标志其从“神圣教育学”(divine pedagogy) 过渡到了“政治神学”。对于犹太教，薇依通常都持一种激进、偏执，当然也有些偏狭的负面评价（尽管在其培养过程中接触过犹太教的全部）。[1] 她的这种评价只是其清洁派－诺斯替主义（Catharo-gnostic）倾向的症状（如非结果）——从这个角度来看，她对马吉安主义（Marcionism）的同情，似乎是出于马吉安对《旧约》的疏远。[2] 实际上，薇依之所以赞同将清洁派与诺斯替派联系在一起，是因为它们对上帝与世界之间差异的解释，即上帝的在场是一种在世界的缺席；

1　一些批评家在薇依反犹太主义的认识方面也有些偏颇——如保罗·吉诺维斯基，《西蒙娜·薇依：或者，自我憎恨》(Paul Giniewski, *Simone Weil: Ou, la haine de soi*, Paris: Berg International, 1978)。在这一方面，列维纳斯要更加谨慎且公允。参见伊曼努尔·列维纳斯，《西蒙娜·薇依反对〈圣经〉》，载于《艰难的自由：论犹太主义》(Emmanuel Lévinas, “Simone Weil against the Bible”, in *Difficult Freedom: Essays on Judaism*, trans. Sean Hand, Baltimore: Johns Hopkins University Press, 1990)。

2　参见佩特雷蒙，《西蒙娜·薇依传》(Pétrement, *La vie de Simone Weil*, 2:302)。

世界被邪恶的权力和强力所统治。*只要这些权力是权力*，它们就是邪恶的。上帝与这些权力不同，也与世界的权力及作为权力的世界不同，他本质上完全是至善。

这就是薇依与犹太教最为不同的地方。犹太教上帝的基本属性是全知全能，形成了一个沉重、自然、综合性的上帝。对薇依而言，即便他有着一神性也于事无补。相反，在犹太教的一神论中，至善与邪恶、至善与必然性、至善与权力都统一在对上帝的认识中。偶像崇拜正是由此而生——上帝与怪兽同一，因此，上帝既是诸国的缔造者，同时又是征服者。这不仅仅是偶像崇拜，同时更加是偶像崇拜中最恶劣的一类，它选择了一种反－偶像崇拜的形式，用民族、国家、种族这样的偶像取代了图像或木刻的偶像："真正的偶像崇拜是贪婪（πλεονεξία, ἥτιζ ἐστιν ἐιδωλολατρεὶα *COL.*, Ⅲ , 5），在肉欲满足的渴望中，犹太民族的罪正在于此，伴随其上帝崇拜的始终。希伯来人的偶像并非由金属或木头制成，而是种族、民族，尘世中的那些东西。他们的宗教本质上与偶像崇拜并无不同，因其自认为'选民'。"[1] 这些内容无需多做评价，尽管其完成之

1　西蒙娜·薇依，《给神父的信》(Simone Weil, *Letter to a Priest*, trans. A. F. Wills, London: Routledge & Kegan Paul, 1953, 16)。译文有改动。

时简直是不可思议（还出自犹太人之笔）。我们更应关注其极端反－政治－神学的意义。在以色列，偶像崇拜与政治神学结合在了一起，而政治神学也是其逻辑上唯一的结果（同样是一种邪恶的结合）：犹太人将耻辱与罪恶（相应地，还有好运与美德）结合在了一起：

> 《旧约》全书中，只有一小部分（以赛亚书，约伯记，所罗门之歌，但以理书，多俾亚传，以西结书的一部分，诗篇的一部分，智慧书的一部分，创世记的开始……），以及散落在其他各部分的极少数理念，可以为基督教精神所吸收。其余的则难以消化，因为它并未涉及基督教的一个核心问题（希腊人完全理解这一点）——无辜者受难。[1]

在希腊人这里，薇依又多了一层与犹太范式的不同。希腊人承认神圣性与必然性无关，甚至在某种程度上从属于必然性（《伊利亚特》中宙斯的行为就是明证），而犹太教的选民观则将尘世的命运与神圣意志联系在了一起。极端－政治－神学的犹太教立场在上帝与人民之间建立了一种直接而内在的纽带（人民的上帝，更甚于上帝的人民），

1　同上，64。

由此，我们可以看到以色列与古希腊（以及大多数异教遗产）之间另一个巨大的差异。这就是对基督中保（Mediation）（道成肉身以及受难）形象的拒绝。对基督的排斥——因而也排斥福音——是犹太教上帝观的一部分。薇依写道："以色列选择了一个民族式的上帝，同时拒绝了中保；它曾可能走向了真正的一神教，但它总会不得不又倒退回部落的上帝。"[1] 正是这一选择，后来极大地影响了天主教会盲目又狭隘的教义及行为——逐出教门（*anathema sit*）。

但是，在希伯来政治神学与天主教政治神学之间，还有一个强大的世俗力量支撑着未来的政治神学：罗马国家和帝国政治神学。罗马是最适宜政治神学种子（在以色列萌芽）存活的土壤，后来在 18 世纪和 19 世纪的法国不断生长繁殖，并最终成为希特勒的极权主义。[2] 因而，罗马是薇依整个非政治思考针对的对象。

与以色列的情况一样，人们普遍认为，薇依对罗马的评价非常"不公"（她的古代和现代资料来源既有限又偏狭：波利比乌斯 [Polybius]、西西里的狄奥多罗斯 [Diodorus Siculus]、恺撒、亚历山大的阿庇安 [Appian of

1 薇依，《重负与神恩》（Weil, *Gravity and Grace*, 160）。

2 西蒙娜·薇依，《巨兽：对希特勒主义起源的思考》，载于《作品选》（Simone Weil, "The Great Beast: Reflections on the Origins of Hitlerism", in *Selected Essays*, 89-144）。

Alexandria]；夏多布里昂[Chateaubriand]、米什莱[Michelet]、杜卢伊[Duruy]）。不过，更明显的证据是她话语重心的范畴。这一重心汇聚着薇依对罗马的三重“控诉”——强力、威信和宣传，并且在专有(*proprium*)形象中，作为法律与暴力之间的联系而得到了最为充分的体现。具体而言，这就是罗马继承自以色列，并在罗马法律框架的支持下（既是法律-神学也是法律-政治学）传播到西方基督教世界的东西：“流亡之前的文本中，耶和华与希伯来人在法律上就是主人与奴隶的关系。他们曾是法老的奴隶；耶和华将其从法老的掌控中解放了出来，并成功地继承了法老的权利。他们是他的财产，他对他们的统治就像普通人统治奴隶，只不过，他可以赋予更大的报酬和惩罚。”[1]

罗马夺走了耶和华的奴隶——因此罗马人对犹太人的上帝抱有敌意——但却没有改变他们的境况，仍当作占有的物品：“从奥古斯都时代起，皇帝就被视为罗马帝国所有居民的主人，就像奴隶的所有者一样。”[2]毫不奇怪，“罗马人将奴隶制视为社会的基本制度”（薇依憎恶的亚里士多德及其门徒阿奎那均如此，[3]也进一步证明了她与卡内蒂

1 西蒙娜·薇依，《扎根》（Simone Weil, *The Need for Roots*, trans. Arthur Wills, London: Routledge, 2002, 265）。

2 同上，268。

3 同上，238。

之间关系的亲密[1]），“在他们心中，没什么可以拒绝一个人声称对他们拥有主人的权利，也没有什么可以阻止他动用武装力量来捍卫。”[2]武装力量是专有结构的基础。但更重要的是，政治－神学来自专有，因为武力以法律（*diritto*）为基础。它是法律的强力。由此表明，罗马公众信仰本质上属于偶像崇拜，同时也展示了罗马法在历史上的力量：法律是权力，同时也是神话：“在罗马人的观念中，主权者的权利就是财产权，或者，它们本质上完全一致。赋予上帝一种毫无义务的主权者权利，就是将其完全等同于罗马的奴隶主。”[3]

在薇依这里，这种法律与义务的对立延伸颇广，贯穿其后期作品（从《扎根》到伦敦时期的随笔）的全部主题。《扎根》中首次确认：“义务的观念先于权利的观念，后者是相对的且从属于前者，”[4]在涉及“人与神圣性”（“the person and the sacred”）的文章中，她猛烈地“炮轰”法律概念，驱除了西方法律传统加诸其上的“光晕”。薇依明确将法律置于市场与强力关系的正中央：“权利观念与

1　卡内蒂不仅与薇依一样厌恶罗马，同时也从政治神学的角度阐释了罗马与基督教的关系。参见卡内蒂，《人之域》（Canetti, *The Human Province*, 27-29）。

2　薇依，《扎根》（Weil, *The Need for Roots*, 269）。

3　同上，272。

4　同上，2。译文有改动。

分享、交换、测量的观念有关。它充满商业气息，本质上是在召唤一种合法的诉求和论调。权利总是在争论中才得以伸张；而争论之时，它必须依靠背后的强力。”[1] 薇依想说的是，法律（*diritto*）总是偏颇的（*partial*）——部分人的法律，甚至可能是党派的（*of the party*）法律。（顺便一提，这也解释了薇依晚期思想中尤为厌恶政党的原因。）[2] 法律永远都不是整体的法律。整体不需要法律，因为法律只是一种公正的划分 (just division)（就像个体一样，但是，整体可能需要公正）。但是，法（*jus*）在此开始自相矛盾了，只有当宣称权利的各方有着同等的力量之时，划分才能做到公正。否则，结果就必然是不公平的，因为实力较强的一方自然会获得更大的权利。

在这一明显带有尼采特色的论证结尾，薇依将法律与强力联系在了一起。没有强力，法律“就会被嘲笑。”[3] “本

---

1 文章起初名为“人的人格性，公正与不公”（“La personalité humaine, le juste et l’ injuste”），后来的名字“人格与神圣”（“La personne et le sacré”）更为人所知，英译为薇依，《人的人格性》，载于《作品选》(Weil, “Human Personality” , *Selected Essays*, 9-34）；也可见于西蒙娜·薇依，《论道德两篇》(Simone Weil, *Two Moral Essays*, ed. Ronald Hathaway, Wallingford: Pend le Hill Publications, 1981）；最新的选集为薇依，《西蒙娜·薇依：作品选》(Weil, *Simone Weil: An Anthology*, 49-78, from which this quotation is drawn at 61)。

2 西蒙娜·薇依，《废除所有的政党》(Simone Weil, *On the Abolition of all Political Parties*, trans. Simon Leys, Collingwood: Black, 2013)。

3 薇依，《西蒙娜·薇依：作品选》(Weil, *Simone Weil: An Anthology*, 61)。

质上，个人服从集体，权利依赖强力，”[1] 即使强力反过来还需要法律上的合法性——依据是我们之前提及的神话结构。强力与市场、暴力与正当构成了完全互补的——法（*nomos*）之链条隔开的——两极，对此，薇依认为，法律根本上所指涉的是两种主体实体：集体（不是整体，而是部分：集体的部分 [the collective part]、部分的社会）与个人。法律最终都只是人格的（*personal*）事务，反过来，个人在法律上才是一个人格，这种论调支撑起了整个天主教人格主义传统。法律文化中必然充斥着这一传统，从莫尼埃（Mounier）[2]（《人权与共同体权利宣言》[*Déclaration des droits des personnes et des communautés*] 发表于 1942 年）到马利坦（Maritain）（《权利宣言》[*Déclaration des droits*] 发表于同一年），薇依提及他，是因为其政治 - 神学带有浓厚的“罗马”色彩：“权利观念远甚于道德义务观念，因为面对其造物，上帝享有至高无上的权利却无道德义务

---

1 同上。

2 需要指出的是，薇依与莫尼埃总体上有着不错的关系，他们同在《精神》小组中。关于这一点，参见薇依手稿中的三封信，其中一封由热拉尔德 · 勒罗伊（Géraldi Leroy）发表：西蒙娜 · 薇依，《给伊曼纽尔 · 莫尼埃的信（1937）》，载于《西蒙娜 · 薇依手册》（Simone Weil, “Lettre à Emmanuel Mounier [1937])”, *Cahiers Simone Weil* 4, 1984: 315-319）；也可参见莫尼埃，《西蒙娜 · 薇依：扎根》，载于《精神》（Mounier, “Simone Weil: L’enracinement”, *Esprit* 163, 1950: 172-174）。

（尽管上帝对其自身而言有义务赋予造物生存所需）。”[1]

可以看到，法律与人格相互构成，因为法律、“人”(person)（尽管该词也有精神层面上的意义）均与所有权（proprietà）紧密联系在一起。（薇依曾与《精神》[*Esprit*] 杂志关系密切；但她也与雷努维耶 [Renouvier]、拉贝赫多里艾 [Laberthonnière] 以及丹尼斯·德·胡热蒙 [Denis de Rougemont][2]——“新秩序”[*ordre nouveau*] 的激进分子）过从甚密，这一点还需详加考查）。与无法和“我”分离

1　薇依，《扎根》(Weil, *The Need for Roots*, 272)。马利坦的全文为：“人类拥有权利，因为他是一完整的人，能够掌控自身及其行为，进而，拥有权利并非一种实现目的的手段，它本身就是需要被如此对待的目的本身。人类的尊严？只有当这一表达意味着由于自然法的存在，人类的权利能够得到尊重，是一个拥有权利的权利主体时，它才有意义。”随后，他又通过典型的政治 - 神学“类比”逻辑阐述道：“最后，所有生物的行为都基于其准则，后者是一种纯粹的行为；所有名副其实(即公正)的权威也都基于存在的准则约束良知，这是一种纯粹的智慧；因此，人类拥有的所有权利都只是基于上帝拥有权利，这是纯粹的正义，而人类也可以在知识对存在的尊重、遵从和热爱中看到上帝智慧的命令。”参见，雅克·马利坦，《人权与自然法》(Jacques Maritain, *The Rights of Man and Natural Law*, trans. Doris C. Anson, London: Geoffrey Bles/The Centenary Press, 1944, 37-38)。也可参见薇依与马利坦在 1942 年 7 月和 8 月之间的往来信件：西蒙娜 · 薇依与雅克 · 马利坦，《西蒙娜 · 薇依与雅克 · 马利坦通信集》，载于《西蒙娜 · 薇依手册》(Simone Weil and Jacques Maritain, “Un échange de lettres entre Simone Weil et Jacques Maritain” , *Cahiers Simone Weil* 3, 1980: 68-74)，在 69 页第一封信中，他对薇依可能有一丝尖酸、挑衅式的讥讽，但总体上两者还是相互尊重的：“基督教的教义有一种让我很着迷的美；这种迷恋随着时间的推移而不断增长，已经变成了一种依赖——一种出自爱而非索要的依赖。”

2　丹尼斯 · 德 · 胡热蒙将权力领域与人格结合在了一起，反对人格主义传统中权利与人格的结合。参见他的《人格的政治》(*Politique de la personne*, Paris: Je sers, 1946, 54)。可能是胡热蒙的反偶像崇拜立场让其与薇依有了极为亲密的关系，出现在他对神学政治“偶像”的批判，104。

的身体不同，我们的人格归根结底是我们拥有的某种东西，像是一种特点、特性、能力——一切我们能够掌控的非本质性的东西，但同样也可能会失去。因而，薇依认为，“如果一个孩子做算术却做错了，那这个错误就会带上他人格性（personality）的烙印。如果他算术做得准确无误，其中就完全不会有其人格性的存在。”[1] 人格是不完美的根源。因此——薇依论证的结论——人无法神圣化。如果我们之中有什么是神圣的，那它一定属于非人格（impersonal）层面：“一个人可称之为神圣的都与其人格相去甚远，它是其非人格的部分。”[2]

从这个时期开始，薇依所有的工作都是在围绕非人格这一概念展开。这一“肯定性”的观念，薇依将用来对抗政治-神学中人格的意义。然而，这一“肯定性”的概念却是一个否定的术语——非人格——薇依对政治的批判有着浓厚的非政治性，而且，她之后的所有作品都涉及了这一概念，甚至包括那些被视为毫无“建设性”的文章（致力于解决政党、代表和多数民主规则的各种问题）。薇依绝非要确立一种政治，她更加是对人格－法律－暴力组合

1 薇依，《人的人格性》，载于《西蒙娜·薇依：作品选》（Weil, “Human Personality”, in *Simone Weil: An Anthology*, 55）。

2 同上，54。

的批判，同时也注意到了这一组合在“历史发展”语言中的重新运用：对作为上帝人格意志的神意神话的极度偶像崇拜。神意，作为“神圣的授意”（divine pedagogy）在历史中的一种形式，它只不过是人格形而上学形式的集体化，即个人扩展到了“生成”（becoming）。生成是属于法律的*动词* [*verbo*]。一方面，法律在历史中生成；另一方面，生成的每一阶段都可以在法律上被标准化，为规范所影响。这种法律、历史和神学的深度融合，就是天主教神意概念的核心内容。政治－神学神意神话的真正目标，是可以从法律上管理生成,任何规范和例外情况都涵盖在内。不过，神奇的是，神意在历史上展开的过程中，与之纠缠在一起的强力却沦为了法条 (*legge*)、秩序和形式。而也正是在对这种偶然性 (contingency) 的敬畏中，政治形式与神学形式相遇并彼此赋予了合法性。实际上，偶然性滋养着法 (the Law; *diritto*)：“作为一种客观秩序，权利观念不能与存在和现实的观念相分离。当义务下降到现实层面上时，这一点就变得尤为清晰；相应地，它也会在一定程度上考量实际给定的状态和特定的情况。”[1] 但是，法律的偶然性又总是会被引回到*法*、*逻格斯*、国家，法律的生成实际也

1　西蒙娜·薇依，《扎根》(Weil, *The Need for Roots*, 2-3)。

承载着国家偶像崇拜的意志。

薇依法律“境况”辩证法的另一面，是义务的无条件性：“义务是无条件的。如果说它以某物为基础，那这一事物无论如何都不是我们世界的一部分。在我们的世界中，它没有任何根基。这种独一无二的义务事关人类事务，不受任何条件的制约。”[1] 法律属于人格命令，而义务则属于非人格命令。它（最难以真正把握的一点）与神意命令毫无不同，但是，“毫无”同时也是“全部”。反过来看，这仍是同一种命令：目光悬置于虚空中，耳朵适应了它的沉默，适应了某人在强力突如其来的打击下发出的哭喊。从这个角度来看，这种强力同时也是“不定”且“有限”的：“蛮横的强力并非这个世界的君王。它本性盲目且不定。世界之王是确定性、界限。永恒智慧将这一宇宙禁锢在一个网络中，禁锢在确定性之网中。宇宙全盘接受。在我们看来至高无上的蛮横的强力，事实上无非是完全的服从。”[2]《扎根》最后，明晰的“现实主义”与极端的“神秘主义”之间的结合（薇依后期的全部作品都展现出了这种特质）达到了顶峰（如果不是彻底的现实主义，那么什么才是神

1　同上，4。

2　同上，279。

秘主义？它是已有 [*what there is*] 的存在）：“世界上，存在的只是强力。这是一个公理。至于非此世的强力，除非以经历某种死亡为代价，不然便接触不到。”[1]

“某种死亡”就是正义 (Justice)，它之所以类似于死亡，是因为它不属于这个世界。在这个世界上，它是非实在的。但它也是实在的：“强力绝对是至高无上的，正义便绝对是非实在的。然而正义却不能如此。”[2] 正义不能绝对地非实在，因为强力并非绝对地至高无上。与那些非实在的事物一样，正义无法反抗强力——甚至都不能相遇。但是，作为实在的事物，它却可以无限延伸，强力却不能。只要正义是非实在，它就只能是强力。而只要正义是实在，它就是强力自身的界限：“一切看得见摸得着的强力都服从一个它们永远无法跨越的不可见的界限。在大海中，一个浪高过一个浪；到了某一点，剩下的只是虚空，它就停止并被迫下降。同样，德军洪流也停在了海峡岸边，谁也不知道为什么。”[3] 这一“点”不是强力之外的力——它是达到自身极限的强力。神意和任何“其他”强力都无法从外部抗衡强力，只有那个内在的、稳如磐石的界限可以规定它，

1 同上，215。译文有改动。

2 同上，237。

3 同上，281。

就像一道坚不可摧的堤坝，阻挡了洪水淹没土地。这些界限就是必然性不可见的面孔，“没有实体却比任何钻石都要坚硬。”[1]

这就是为什么强力不是绝对的至高无上：因为它也屈从于必然性，其强力比任何一种强力都要强大。这种必然性还有一个名字，那就是正义，能够至高无上地压倒任何强力。它的匿名的面孔是非人格，但却比其他任何一种至高权力更加高高在上。它是至高无上权力的君王：“正义是至高权力的至高权力，”一个古老的印度神话中如是说，“这就是为什么弱者的正义一定要等待强者，就像奉王命一样。”[2]这就是正义的神秘之处。它比强力更加强大，但它的强力只是在等待必然性之物。正义就是等待——也是思想。如果思想比“我”更强大，如果它是一种可以沉溺在非“我”的必然性中的思想，那么它同样也能够比强力更加强大。这种必然性转瞬即逝，我们只能在思想与其肉身脱离时产生的虚空中把握：“在这一可感知的宇宙中，必然性是仅有的实在；它是关系的联结，但是，只要我们

1　同上，282。

2　西蒙娜·薇依，《对新宪法草案的评论》，载于《伦敦的作品和最后的信件》(Simone Weil, “Remarques sur le nouveau projet de constitution” , in *Écrits de Londres et dernières lettres*, Paris: Gallimard, 1957, 86)。

不再高度专注于心智来维系，这些关系就会烟消云散。心智构成了我们周围的这一宇宙，同时它又物质性地展现于我们的肉体中。"[1]那么，必然性展露之处，强力消散。它让位于极限处的"被动"权力：隐秘而又充满生机，沉默而又热情洋溢，静止而又动力十足，就像"无形、轻盈"的光，"让树木和麦穗摆脱了重力的束缚，向上攀升。"[2]

---

1 薇依，《扎根》(Weil, *The Need for Roots*, 286)。

2 同上，287。

5 死亡共同体

对预设的批判

1949 年，乔治・巴塔耶在《批评》（*Critique*）上发表了一篇关于《扎根》的文章（正好可以延续我们对西蒙娜・薇依的讨论），一种否定和挪用（appropriation）之间相互交织的逻辑关系贯穿全文始终。[1] 对于巴塔耶而言，它们并非两个相互独立的程式——一方面否定薇依，另一方面又挪用了薇依——而是同一种操作。巴塔耶挪用、吸收了薇依的观点，用他自己的方式再重新加以整合，但他同时又否定了薇依。巴塔耶是如何同时既接受又否定了（反之亦然）薇依？其途径就是否定——批判式的消除（critical demolition）——一种巴塔耶特有的整合方式。两位学者之间短暂而又亲密的交往，似乎也正是源自这种吊诡的关系。他们都曾与《社会批评》（*La Critique Sociale*）杂志合作过，也均对正统共产主义持批判立场——同时也对其他极为重要的政治事件（如法西斯在欧洲的崛起，国家的“含

1　乔治・巴塔耶，《军事的胜利和诅咒的道德破产》，载于《全集》（Georges Bataille, “La victoire militaire et la banqueroute de la morale qui maudit”, in *Oeuvres complètes*, Paris: Gallimard, 1970-, 11:532-549）。

义”）有着自己独特的解释。[1]不过，在一封写给民主共产主义团体（巴塔耶曾邀请她加入过）的信中，薇依曾谈到“完全相反”的出发点和“全然迥异的方法”。[2]巴塔耶曾在评论马尔罗（Malraux）时写道：“在《人的命运》（*Man's Fate*）中，革命表现出一种不同以往的否定性，孕育在一片死亡的氛围中。”[3]薇依的回应则较为辛辣：“一个人如果不热爱生命，那么他就不可能是革命者……革命是反抗所有生命羁绊的战争。它必须是一种手段，否则便毫无意义；如果追逐的目标徒劳无益，那么手段也失去了其价值。”[4]

巴塔耶很快就有了回应。众所周知，他描绘了一幅虚构（但并非牵强附会）的薇依肖像，即《天空之蓝》（*The Blue of Noon*）中的拉扎尔（Lazare）。在此，两个相互对应的形象有着截然相反的立场：在薇依这里，死亡绝非一个可以用来审视革命的范畴，革命与生命同在，而巴塔耶则借助拉扎尔这一形象拉开了薇依与生命的距离，将其推

1 巴塔耶发表于1933年《社会批评》的文章《国家的问题》（“Le problem de l'état”），收于《全集》（*Oeuvres complètes*, Paris: Gallimard, 1970-, 1:332-336）。但与薇依“政治”含义最为接近的文章是《等待大罢工》，载于《全集》（“En attendant la grève générale” in *Oeuvres complètes*, 2:256-263）。

2 参见西蒙娜·佩特雷蒙，《西蒙娜·薇依传》（Simone Pétrement, *Simone Weil: A Life*, trans. Raymond Rosenthal, London: Mowbrays, 1976, 208）。

3 参见乔治·巴塔耶，《安德烈·马尔罗》，载于《全集》（Georges Bataille, “André Malraux”, in *Oeuvres complètes* 1:372-375）。最初发表于《社会批判》（1933）。

4 佩特雷蒙，《西蒙娜·薇依传》（Pétrement, *Simone Weil*, 210）。

给了死亡："她的一切——她梦游般蹒跚的步伐，她的音调，她那令周围陷入静默的能力，她对牺牲的渴望——都让人感觉她似乎与死亡签订了契约。"[1] 拉扎尔完全名不符实，她的外表如同一具尸体，遍观整部小说，"骇人""阴森""惨白"都是描述她的形容词。不过，我们必须注意，这并非一幅清晰且单面的肖像。尽管拉扎尔带着一种死亡或污秽（拉扎尔首先是"肮脏"[dirty; *sale*]）的否定性，但并不意味着她没有肯定性的一面——相反，这可能是其隐藏的驱动力。巴塔耶真正着迷的，是拉扎尔的"兽性"，一个属于巴塔耶所谓的神圣领域的特质。实际上，亨利（Henri）喜爱——甚至"痴迷"——拉扎尔所携带的"医务室的恶臭"，那只黑色的"不祥之鸟"[2]："有那么一瞬间，我怀疑她是不是我所见过的最仁慈的人。但向我逼近的，同时也是一只骇人的老鼠。"[3] 这一表达方式——"但是……同时也"——呈现了某种无法解决的矛盾，将亨利 - 巴塔耶与薇依 - 拉扎尔散发出来的否定性等同在了一起。

面对这一矛盾，我们需要重新回顾一下巴塔耶 1949 年

1 乔治·巴塔耶，《天空之蓝》（Georges Bataille, *The Blue of Noon*, trans. Harry Mathews，London: Marion Boyars, 1986, 34）。

2 同上，19。

3 同上，94-95。

的文章，这里毫无文学虚构的色彩，有的只是巴塔耶纯粹的逻辑论证。不过，这也没有减少他与薇依之间矛盾的关系——双重的语体风格。首先，我们来看一下其中巴塔耶批判的语义，它们在此有了一种肯定性，但还是一种内部的反转：“热情的性格”“非常紧张”“恋爱的激情”，以及更肯定式的“明朗”“勇敢的悲观情绪”和“极度勇敢”。这些特质只是看上去与巴塔耶描述的拉扎尔相反，即她那些死亡性的内容——“有害的方面”“非凡的虚无意志”（marvelous will to inanity）。实际上，它们更加是这一死亡性的结果——对巴塔耶而言，薇依“真正的美”来自她“确凿的丑”。[1] 这并不仅仅只是外表上的问题。巴塔耶对薇依的痴迷还有更多的原因，一些哲学领域的东西，她直到去世都抱有的“虚无意志”（“will to inanity”）、“过剩”以及绝对的极端主义（巴塔耶当然不会忽视）。[2] 实际上，注意到这些元素后不久，巴塔耶就明确表达了自己介于排斥和吸引的矛盾心理（一种吸引的排斥），并在完成（*completion*）的概念中将其放大：“这是一个很好的方法”，巴塔耶写道，“发现作者的真相，那个总是在逃离她的真

1 巴塔耶，《军事的胜利》（Bataille, “La victoire militaire”, 536-537）。

2 同上，537。

相……如果巨细靡遗且热情洋溢地去寻找善，那么它就会在半途迷失，无法看清自己走到了哪里。走自己的路，我可以沉溺于某种诱惑之中，踏上一个与他们完全相反的方向。两个完全对立的精神碰撞融合在一起，其意义自不待言。"[1]这不是两个对立元素简单随意的相加，而是一种挪用，能够通过在对方身上发现的伤口来完成自己的思想，与此同时，它也照亮了对方自身中的真相，由此也完成了对方。这种挪用能够打开对方的话语空间，发掘其无意间透露的本心，或者，它也可以切断话语结论与源起之间的联系，让两者对立起来。

在 1949 年的文章中，巴塔耶挪用了薇依话语的"源起"——或者，巴塔耶本人一直就有？我们暂且将其放在一边。那么，西蒙娜·薇依的思想（以及形象）中究竟什么如此地吸引巴塔耶？在前一章中，我们分析了反－偶像崇拜立场在薇依思想中绝对的核心地位，她既反对罗马天主教中的"人格"观念，同时也极为抵制作为上帝人格行为的天意。实际上，这只是她后来更具危险性的操作的第一步，一种从神学角度完全无法接受的观点：否认作为在场的上帝。《重负与神恩》（*Gravity and Grace*）有一部

1　同上，539。

分的标题就是“应爱的人不在场”（“He Whom We Must Love Is Absent”）。[1]我们应当完全从字面上来解读这一命题，在《札记》中，薇依多次强调，我们必须“相信上帝，万事万物的真正的上帝，但是，他并不存在，因为我们还没有抵达上帝存在之处。”[2]上帝是一种非存在，薇依的反神学态度在此达到了极致。而也正是由于这种观念，她认为对神的预设绝不能从神－学（*theo*-logical）的角度出发去推演。因此，薇依沿着这条无神学（atheological）之路走向了无神论或反宗教（irreligious）的神秘主义，其实，她自己也很清楚：“作为一种安慰剂，宗教其实有碍真正的信仰；从这个角度来看，无神论才是一种净化。就我的一部分而言，我必须是一个无神论者，因为它并非由上帝所造。对于那些心中超自然部分尚未觉醒的人们而言，无神论者是正确的，信徒则是错误的。”[3]

当然，这并非薇依思想的全部，作为一位天主教研究者，她思想中还有另外一些完全相异的内容。即便如此，她的这一立场还是没有逃过《无神学大全》（*Summa*

1 西蒙娜·薇依，《重负与神恩》（Simone Weil, *Gravity and Grace*, trans. Emma Crawford and Mario von der Ruhr, London: Routledge, 2002, 109-113）。

2 西蒙娜·薇依，《西蒙娜·薇依札记》（Simone Weil, *The Notebooks of Simone Weil*, trans. Arthur Wills, New York: G. P. Putnam's Sons, 1956, 1:151）。

3 同上，238。

Atheologica）作者的注意。两人第一次达成了共识，除此之外，他们还在另一个更深层、更令人惊讶的问题上找到了共同点——同样也与薇依对偶像崇拜的批判有关，即至善与权力的混同。表面看来，这种批判只是否定了行使至善的不可能。作为一种纯粹超自然事物，至善并不在我们的权力范围之中——任何坚信至善蕴于我们权力的人，都会陷入最为典型的偶像崇拜。实际上，偶像崇拜是伪装成善的恶。它有两方面的意义。首先，至善本身是不可能的，尽管人类必须践行这一不可能性："所有真正的善的条件都是自相矛盾的"，薇依写道，"因此，它是不可能的。人们只有切实注意到这种不可能性并做出行动，他才能实现真正的善。"[1]从这个角度来看，薇依的思想是一种不可能的思想（但与巴塔耶不同）："我们能在将注意力和意图全部集中在纯粹不可能的善的同时，还做出善的行动，在这一过程中，任何虚幻之物都无法蒙蔽我们，不管是纯粹善的吸引力还是其不可能性。"[2]

我们还需要特别注意这一观点的另一层内容，略微带有巴塔耶色彩的结论。由于我们必须时刻注意至善的不可

1 薇依，《重负与神恩》(Weil, *Gravity and Grace*, 98)。

2 同上，97。

能性，避免将善与恶混淆在一起（误将恶当作善），所以，渴求恶（desire evil）也是必要的。薇依认为，反偶像崇拜有一个前提，即善同恶的相似度，高于善同真正的至善的相似度："从恶的层面被思考的善，从善与恶的对抗来被衡量的善，这种善是一种刑法秩序的善。在此之上还有一种善，比起这种低级形式的善，它在某种程度上更像是恶。"[1] 她继续在一个更加危险的方向上论述道："恶必须被净化——否则生命就不可能存在。只有上帝才能做到。"[2] 实际上，爱上帝，恰恰是因为他的在场保证了恶的存在："我们必须在这样的恶中爱上帝：通过我们憎恨的恶来爱上帝，同时还要憎恨恶：上帝创造了我们憎恶的恶，要爱这样的上帝。"[3] 最终，在薇依第三部札记中，两条"巴塔耶式"的思想脉络汇聚在了一起——不可能性与恶的创造性——产生了匪夷所思的激烈结果："不可能性是导向上帝的唯一的出路。（立足这一矛盾。希望不可能。爱恶。）（To posit the contradictory. To want the impossible. To love evil.）。我们必须爱这样的恶。"[4] 这似乎仍属于一种薇依

1 同上，70-71。

2 同上，77。

3 同上，75。译文有改动。

4 薇依，《札记》(Weil, *Notebooks*, 2:431)。

对主祷文的阐释,但已经距离巴塔耶式的无神论不远了:“我的父，你行在地上，我诞生自你的恶。我是你堕落的诱惑。侮辱我，就像我侮辱爱我的人。怨恨的饮食，每日都赐予我。我的意志既不在天上也不在地上。我虚弱不堪，无力挣脱。我的名字叫黯淡。”[1]

至此，我们不难理解为何对于巴塔耶而言，薇依有着一种说不清道不明的吸引力，让他不管不顾地沉溺其中。这种否定性意向（*intentio*）是关键——她拒绝一切对至善的肯定性表述——最终使薇依将善纳入了恶的领域。不过，上文中已指出，两者在概念和语言上的趋同，只会出现在他们极度的分歧中。什么造就了不同？两者在趋同之时，何处又会有差异？巴塔耶将其归为“义务”(obligation)观，在巴塔耶看来，这种观念让薇依倒退回了一种过时的道德路线中。[2]可以看到，薇依用“责任”（duty; *obbligo*）观对抗权利 (right; *diritto*) 观，责任由此成为她重建社会政治空间的坚实基础，这正是《扎根》的明确目标。

巴塔耶坚决反对薇依这种重建、建构、义务论式的努力，认为她的文本——起初，她完全否定一种偶像崇拜式的、

1　乔治・巴塔耶,《内在体验》(Georges Bataille, *Inner Experience*, trans. Leslie Anne Boldt, Albany: State University of New York Press, 1988, 131)。

2　巴塔耶,《军事的胜利》(Bataille, “La victoire militaire”, 539)。

盲从的伦理－政治语言——赋予了自身一种价值，因而变成了一种直接的肯定。“有时——如《扎根》，或当她触及一些难缠的主题时，”布朗肖在论及薇依时写道，“肯定就生硬僵化地变成了一种空洞的强力：进而，确定性就不再高高悬挂在天上，它掉落了下来，强迫而非劝服着我们；精神上的不宽容由此开始。”[1] 由此，布朗肖——他的判断一直都与巴塔耶相同——所关注的是《扎根》（同样也包括伦敦的随笔）中狭隘乃至专断的元素，一些根植于“扎根”——这一概念与薇依作品内在的去根化目标相对立——的逻辑的内容。扎根此世，扎根传统，但首要的是扎根过去——不是恢复过去，而是接受过去精神的“流溢”（emanation）。[2]

这就是薇依批评者（尤其是马克思主义批评者）所称的“保守”立场，他们认为薇依无意中转向了温和甚至贝当主义（Petainist）式的政治立场。但是，这种解释并不准确，他们所设想的这种政治－传记架构，实际只是“关系”观

1　出自莫里斯·布朗肖，《肯定（欲望、苦厄）》，载于《无尽的谈话》（Maurice Blanchot, “Affirmation (desire, affliction)”, in *The Infinite Conversation*, trans. Susan Hansort, Minneapolis: University of Minnesota Press, 1993, 108）。

2　薇依，《札记》（Weil, *Notebooks*, 2:334-335）。“过去——它构成了世界现实的一部分，但这是一个我们完全无法企及的现实，甚至都无法向其迈出一步，我们所能做的只是面向它，从而有可能触碰到它的流溢。因此，它是一种典型的外部的、超自然的现实形象。”

念——薇依偶像崇拜批判的强大支柱——造就的一种概念上的自相矛盾。关系（桥梁或居间 [*metaxù*]）反对一切虚假的绝对。它将现实各种不同的层面集聚在一起，使其彼此交融于一体：自然与超自然、必然性与精神、政治与神圣。但是，问题在于，真理与政治的结合在某种程度上动摇了反－偶像崇拜的立场——这一关系观念的缘起。对薇依而言，从历史上看，这种神奇的结合十分罕见（一个是西班牙反威尼斯的阴谋，另一个是清洁派分崩瓦解之时）。这个“例外”的观点与其所源起的严格意义上的二元论有着微妙的矛盾。它的出现似乎都伴随着一种类比和再现的手法（绝对是天主教式的方案），认定有一种超自然均衡的形象可以在政治均衡上得到体现。换言之，薇依的立场表明，现世与永恒、政治与神圣在某个时刻能够再次碰撞在一起。这是一种政治－神学的残余，它保证了在伦理层面重建城市的可能性，但其途径并非城（*civitas*）（利益关系）固有的各种冲突，而是城邦（*polis*）（正义与信仰）的整体性。

重要的是——巴塔耶很清楚——薇依返归重建的想法并非其研究中激进式否定性的残余，亦非一种突然的反转。它更加是其研究的结论，其二元论视角的结果（实际上，薇依思想的很大一部分，都是以一种肯定性与排斥式否定性的对立告终）。从这个角度来看，这种肯定性是确定无疑（如《扎根》中）抑或只是简单的假设（薇依其他的作品），两者并无区别；我们是唤起上帝和其承担的责任，还是只让其归于沉默，两者也没有什么不同。无论何时，探讨都会陷入一种自我肯定自我的境地，而薇依对政治的非政治批判也变成了一种新的政治程式（在此，它表现为一种能够扎根的共同体整体）。

巴塔耶整部《内在体验》（*Inner Experience*）都在坚持说明这一点，客观上我们可将其视为一种对薇依"神秘主义"论点的回应（也就是说，这并非作者的主观意图）。众所周知，巴塔耶的"神秘主义"十分复杂。他不仅重新将其界定为"新型神秘主义"（*nouveau mystique*）[1]，同时还声称自己的神秘主义倾向肇始于《内在体验》（"我所理解的内在体验，就是人们通常所说的神秘主义体验"[2]）；他经常提到埃克哈特大师、圣伊格内修斯（Saint Ignatius）、阿维拉的特蕾莎（Teresa of Avila），以及福利尼奥的安吉拉（Angela of Foligno）。那么，巴塔耶会力图维护和完善

1　让－保罗·萨特，《新型神秘主义》，载于《批评文集（情境 1）》（Jean-Paul Sartre, "A New Mystic", in *Critical Essays* [*Situations I*], trans. Chris Turner, London: Seagull Books, 2010）。

2　巴塔耶，《内在体验》（Bataille, *Inner Experience*, 3）。

薇依的神秘主义维度也就不足为奇了。[1]不过，尽管总的来看巴塔耶对神秘主义持一种肯定的态度，但也有一些内容是他坚决抵制的。我们可以总结如下：尽管神秘主义（至少对神秘主义者薇依而言）与神学完全对立，但它注定还是会成为神学的牺牲品，因其保留了二元论的设定。如果说《内在体验》中存在一个无解难题，那么其核心论点就是摧毁这一设定——或是类似的设定——打破这种将“此在”（being-there）与某些无法想象、无法言说、外在的事物联系在一起的机制。

我们可以从另一个角度来阐述这个问题。神秘主义囿于 (*limited*) 对其体验过程终点的了解，同时也受制于这一“过程”本身；它实际被重新设定成了一种筹划（尽管是一种否定的形式）。就其本身而言，神秘主义方法永远都是一种拯救而非毁灭的途径，因为人们抛弃自身，仅仅只是为了得救。在此，苦修必然有着一种建设性（constructive; *progettuale*）的目标：“如果说苦修是一种牺牲，那么它也只是牺牲了自身的一部分，是在拆东墙补西墙，”[2]这就是

1 巴塔耶，《军事的胜利》(Bataille, “La victoire militaire”, 546)。“薇依本人知道基督教的真理并不在于公共的善，而是其神秘主义者揭示的那些。她自己接受‘善行’表演的诱惑；但尽管如此，她还是像一个神秘主义者一样证实了恶。在薇依‘善行’之上，她无疑还痴迷着恶以及不幸对事物秩序的破坏。”

2 巴塔耶，《内在体验》(Bataille, *Inner Experience*, 23)。

为什么巴塔耶会说，苦修“只能借助一种筹划的形式来组织”[1]。因此，对巴塔耶而言，苦修只要还是一项救赎的工作，那我们就必须将它连同“专注”（在薇依看来，这是苦修不可或缺的工具）一起克服掉：“确实，”巴塔耶承认，“在苦修中，我失去了自己，进入了一个‘不可知’的存在中，但我的专注对于丰富性（plentitude）而言是必要的，对‘不可知’在场的自我关注只会部分上失去自我——同时也与之一分为二。”[2]不过，预先设定的“有限”性才是关键。在此，苦修必须在其自身的终点处完结，一个苦修行为预先设定而非临时宣布的终点。如果神秘主义始终都知道本身的构成，那它必然无法变成非知（nonknowledge）——巴塔耶眼中唯一能克服主体性的形式。

我们很清楚薇依对主体－个人强烈的批判态度，巴塔耶也是如此。我们也知道，“专注”是薇依一种独特的“内在体验”，她也正是借此提出了主体性的某种客体化：主体依附于万物的必然性，借此将作为意志主体的自我消耗掉。然而，这种情况仅对意志的主体有效，而非意识或知识的主体。在此，巴塔耶也是在“完成”薇依的思考，

1　同上。

2　同上，113-114。

并在这一过程中改变了它：面对主体性的界限，一般主体（*subjectum*）的形而上规定，只要我们丢弃作为（*qua*）意识主体的主体，将其知识变成一种绝对的非知，它们就会被打破。“体验最终会达到客体与主体的融合，变成一种非知的主体和不可知的客体，”[1]由此，在巴塔耶对薇依“界限”观的讨论中，主客关系才是其最为重要的背景。（同时，这也是对薇依诺斯替主义的批判——尽管从某种角度来看，这一批判本身也并非完全没有受到诺斯替主义的影响。在这一问题上，我们有必要对薇依和巴塔耶进行一些比较，因为在某种程度上他们都评论过诺斯替主义的两大分支：苦修与放荡）。主体的压制——对薇依而言，不是借助主体的萎缩，而是通过迷狂破坏主体构成的界限——是“唯一不会导致主体占有客体的方法，避免主体自身（*ipse*）愚蠢地妄图变成一切”[2]。

在此，主体性的虚无主义特质暴露无遗，相形之下，巴塔耶的反－虚无主义倾向也轮廓尽显。主体通过权力意志拓展自身，通过呈现掌控客体，将其显现为一种存在（或一种巴塔耶所谓的“事物”“存在物”[existing]）。“主体、

1 同上，9。
2 同上，53。

客体都只是怠惰时所用的视角，意向客体是主体自身意欲变成一切的想法的投射，所有对客体的表现都是这种愚蠢、惯有之意志所造成的幻觉（假定客体是一种无关紧要的事物或存在物），它最后必然会涉及交流（communication），而交流则会将客体与主体一起推翻（这是在交流最活跃之时，即同一种主体和客体、两个细胞以及两个个体之间有了交流）。”[1]

在此，巴塔耶从主客关系无缝转换到了两个主体之间的共处（严格来说，我们在此不应再使用“主体”这个词）。在驳斥“界限”观念（同时也必然涉及了代表）的过程中，主体之间的关系是巴塔耶最为关注的问题。或者说，他更加是反转了“界限”，以此强调主体之间的联系而非分离或排斥。实际上，使用“联系”这个词也不够准确，因为事物之间的联系并非是要形成一个单一的统一体，而是要保持两者之间的差异（首先是与自身的差异）。不过，联系也确立了一种独特的自我－他者关系，巴塔耶称之为“交流”（或“共同体”）：“在体验中”，他写道，“有限的存在消失了。一个人与他人之间没有任何区别：在他身上涌动的消失于他者之中。律令很简单：‘成

1 同上，54。

为大海’，与极端界限（*extreme limit*）相连，同时让人成为诸众，成为沙漠。”[1] 界限问题又回来了，它就位于巴塔耶研究生涯的十字路口上——也是巴塔耶研究的转折点。界限位于主体（或曾是主体）之中，因而可以打碎所有的主体统一体；但同时，它又会被反转，因为其主体分享（*share; condivisione*)（法语原词为 *partage*）的是一个连续体（*continuum*）——脱胎于主体认同的辩证差异性，同时又返归为一种绝对的差异（一种不再服务于在场的差异）。巴塔耶所谓的连续体很难解释。身处连续体，就意味着跨越敞开（the Open）的反转、跨越生命无差别的反转以及跨越太阳光辉的反转：它就位于以匠人（*Homo faber*）或生产之人（productive man）为典型的分界线内（其边界可以让我们识别自身，区别自身与客体——包括其他那些被视为客体的主体）。不过，它同时也打破了二元对立原则。

讨论的内容在此已经无法用语言来描述，从这个角度来看，我们研究范畴的根本目标——非政治以及它与政治的区别——似乎有所突破。然而，这并不是指我们“超越”或“实现”了目标，而是指非政治自身的否定性占据并掏空了非政治。进而，巴塔耶与薇依及其政治神学的非政治

1　同上，27。

批判之间的不同有了另一种考察路径。尽管巴塔耶全盘接受了薇依的批判，但这一批判却并不充分：《扎根》表明，它有变成同样专制的建构式筹划的风险。不过，重要的是，巴塔耶从未站在指向无力的虚无主义角度来反驳这一建构视角，但奇怪的是——尤其是对那些习惯以某种方式来看待这个词的人——他却将其方式称之为“决断精神”：“尽管如此，我还是想说，我不会带着否定情绪（病恹恹、无精打采）来反驳这一筹划，相反，这是决断精神。”[1]“仅仅是在这种原则下：‘内在体验自身就是权威（authority）’，我以此摆脱了这种无力。智识（intelligence）破坏了体验必需的权威：在这样的决定下，人们可重新掌控自己的‘可能’”[2]（意即巴塔耶所谓的不可能）。我们绝不能错误地从传统的施密特式角度来理解这一决断。严格看来，它更加是海德格尔式的，但尤其与切割（incision）——分享（*sharing*）——有关，撕裂并“决定”着决断的主体。因此，它并没有重复薇依批判过的那些古老的政治词汇；巴塔耶也没有安逸地躺在非政治领域之中。“政治”与“非政治”之间的对立似乎不存在了，两者之间出现了一条短路，消

1　同上，6。

2　同上，8。

除对立的同时将它们结合在了一起，但保留着两者的异质性。这种融合并没有“自我局限”在两者的对立，而更加是认为两者始终相辅相成。

这是一场语言深层次的变革，思想不再只是简单地局限在概念选择上的不同。雅克·德里达同样涉及了这种反向对称的断裂，他写道：“主权的运作既非肯定亦非否定，它是非保留的地带（*point of nonreserve*）。它无法刻写在话语中，除非删除那些谓词，或者抛开哲学逻辑而实行（practicing; *sic*）一种矛盾的叠加。”[1] 德里达继续阐述道，“此种反向对称的断裂必然会影响到整个话语链条。对普遍书写（general writing）概念的读解 (*read*)，只有在这种对称的二选一之外才能实现，但它们似乎都来自这些对称选择，同时还勉勉强强地必须留在其中。”[2] 在巴塔耶这里，政治与非政治的二元选择也经历同样的换置——以及对称关系同样巨大的破裂。这样的破裂并不会让我们回到古典政治学，它自身同样也基于一种反向对称关系（朋友与敌人、秩序与冲突等），并且会避免相对应的非政治的否定

1 雅克·德里达，《从有限经济到普遍经济：无保留的黑格尔主义》，载于《书写与差异》（Jacques Derrida, “From Restricted to General Economy: A Hegelianism without Reserve”, *Writing and Difference,* trans. Alan Bass, Chicago: University of Chicago Press, 1978, 251-277, 259）。

2 同上，272。

性。这是理解巴塔耶决断观念的关键。在《内在体验》中，决断发生在“人们命运危在旦夕之时……每一次悲惨的失序都需要毫不犹豫的决断”[1]。但是，决断并不会在命运选择（命运自身的选择）的光芒照耀下熠熠生辉，而是笼罩在朦朦胧胧的夜色之中：“没有黑夜，就没有人需要做出决断，但在虚假的光芒中——承受……决断的秘密——最私密的——最终只能出现在黑夜中，在痛苦中（决断会将其终止）。”[2]黑夜——当然，它并非与白天对称对立，而是查拉图斯特拉所教导的“同样也是太阳”[3]——与共同体问题有关，而这正是我们研究最终必须要讨论的问题。

智者之书与亚历山大之剑

然而，在此之前，我们必须先看一下“历史终结”主题的当代意义空间——一个更加是空洞而非实质性的空间，它是共同体领域及其逻辑前提。这一概念有着多种解释——意义截然相反——它们在 1920 年代和 1930 年代的法国得到了广泛的关注。1960 年代和 1970 年代，学术界发掘了

1 巴塔耶，《内在体验》(Bataille, *Inner Experience*, 26)。

2 同上，26。

3 这句话是《内在体验》首页上的题词。同上，xxx。

其哲学上的深刻内核——不仅得到了揭示，同时还变得越来越肤浅，并最终消失在了后现代式的论调中。这一哲学内核最早可追溯到亚历山大·科耶夫对黑格尔《现象学》（*Phenomenology*）的精彩解读，不仅是对黑格尔的全新阐释，同时也是当时最重要的黑格尔介绍者。[1]

我们需要深入其中对科耶夫的作品加以分析——而且还要小心谨慎，因为其论述太过博大精深，将“阅读它的人置入了黑夜的虚空中，呼啸而过的风掩盖了[它的]言语”[2]。在对科耶夫观点的论述中，巴塔耶之于科耶夫的作品，就像科耶夫之于黑格尔，最终都以相同的方式背离了对方：这就是黑格尔式的做法（也是所有后黑格尔思想的宿命）。黑格尔原文本中“被掩盖的声音”是什么？它未被听闻的暴虐的真相又是什么？巴塔耶给了一个现成的答案。它是人性的“黑夜、空洞的虚无（Nothingness）”，

1 亚历山大·科耶夫，《黑格尔导读》（Alexandre Kojève, *Introduction à la lecture de Hegel: Leçons sur la phénoménologie de l'esprit, profèssées de 1933 à 1939 à l'École des Hautes-Études*, ed. Raymond Queneau, Paris: Gallimard, 1947）。部分翻译也可见于英译版《黑格尔导读》（Alexandre Kojève, *Introduction to the Reading of Hegel: Lectures on the Phenomenology of Spirit*, ed. Harold Bloom, trans. James H. Nichols Jr., New York: Basic Books, 1969）。英译版中并没有出现埃斯波西托所涉及的内容，因而所有的引文都出自法文原版。

2 乔治·巴塔耶，《黑格尔、人与历史》，载于《全集》（Georges Bataille, “Hegel, l' homme et l' histoire”, in *Oeuvres complètes*, 12:349-369, at 359）。此文最早发表于1956年的《新世界报》（*Le monde nouveau paru*）。

构成了“‘黑格尔哲学的核心、最终的论点’，即‘人的现实性（*Wirklichkeit*）与定在（*Dasein*）的根基和源泉都是虚无，它表现为一种否定或创造性的活动，自由和自我意识。’”[1]而也正是这一原则，这种“行动是否定，否定性的行动”[2]的观念，赋予了黑格尔哲学一种双重性，既是死亡哲学，同时又是无神论哲学。之所以是死亡哲学，因为它否定人是自然的一部分，认为人在自然中的存在，就“如同处于光明之中的黑夜，如同一种处于自在（*in themselves*）万物外在性中的亲密性——如同一片幻境，其中万物无形，烟消云散，无物显现，销声匿迹，这里什么都不存在，它们只会不停地沉入在时间的湮灭（annihilation）中，只能在此描绘梦幻的美景”[3]。这是一种无神论哲学，人类在此取代了上帝，人类学替代了神学。当然，在神学传统中，精神仅只是一种先验感知，但对黑格尔而言，精神存在则必然是此世的、有限的。由此，我们绕了一圈又回到了死亡的功用上。没有死亡，没有死亡的苦痛，人类就会堕落为一种动物的生命。只有否定——对死亡的恐惧

1 乔治·巴塔耶，《黑格尔、死亡与献祭》，载于《耶鲁法国研究》（Georges Bataille, “Hegel, Death and Sacrifice”, *Yale French Studies* 78, 1990: 9-28, at 9-10）。

2 同上，10。

3 同上。

和渴望——才能将人类投入历史进程中，进而改变了人类和历史自身。“只有历史”，巴塔耶总结道，“才有力量结束所是，在时间的流逝中将其终结。因此，从这个角度来看，上帝万古不变，这种观点只会暂时终结，它还会继续存在下去，等待着更好的事物的出现。只有完结的历史和（黑格尔的）智者之精神——在他身上，历史完整揭示了存在的发展和其生成的全部——才可获得至高无上的地位，成为统治者，而上帝只是暂时拥有过。”[1]

由此，否定的问题与历史终结的问题结合在了一起，也进而得到了完善。但需要强调的是，在此之前所讨论的一切，实际都假设了存在着这样的终结。没有历史的终结（如果历史一直延续下去），话语整体的一致性就会饱受质疑，因为只有当其存在终点时，它才拥有意义。实际上，对于黑格尔而言，绝对（Absolute）只有在整个进程结束之时才能得到认知，而非在开端之处。确实，开端是被揭示的事物，但揭示的发生却只在结束之时：“因而，‘进程’的结束也是同一（*Identity*），就像其开端一样。在终点处，概念（Concept）揭示了同一。‘进程’，或曰历史，终究是一个通过话语揭示存在的过程，只有在终点处才能抵达开端：

1 同上，12。

只有历史的终结才能实现人类的同一以及为（*for*）人类而存在的世界（人类话语所揭示的世界的存在）的同一。历史有开端，也必然就有终结：这一终点用话语揭示了其开端。”[1]

我们必须注意——这也正是巴塔耶观点的不同之处——对科耶夫而言，这一终点绝对不能等同于一个新的开端。他写道：“实际上，人类与世界的同一是对欲望的压制，而欲望却恰恰是历史、人类和时间的开端。时间的循环只能运行一次；历史终结，它绝不会重启；人类灭亡，就不会再生（至少不会再是人类）。”[2]

在此，排除了回到过去（以及任何迈向未来）的可能性之后，科耶夫将他的注意力转向了后人类（posthumous）的时间；时间终结所产生的没有时间的时间。首先，这是真理的时间，就像历史只是错误的时间。只有人类才会保留错误——也只有错误才能维持人类。当停止了犯错，当错误转变为真理，当“现实与话语实现了统一，当人类不再有欲望，不再跨过现实的局限，因而不再犯错之时，历史就停止了”[3]。历史时间之后是智慧的时间，一个没有时

1 科耶夫，《黑格尔导读》（Kojève, *Introduction à la lecture de Hegel*, 392）。

2 同上，392。

3 同上，419。

间的时间（time-without-time），一个注定终结了欲望和积极（Action）的时间。智者并没有忘记欲望和积极——相反，对两者相关的记忆让他成为真正的智者，能够“冲破最后一层，抛弃那种将自在存在（Being-in-itself）的时间或此种当下性（Temporality）的哲学式沉思（其中空空如也），与智慧（让我们只需匆匆一瞥，就能拥抱完整宇宙具体的总体性)一分为二的做法。”[1]但也正因为它们仅是一种记忆，积极和欲望被留在了过去，只能重读（所依据的条件是语词－概念的重复）而不可重启。历史时间是一个圆环，它的终结是一次性的，而科学的时间则是周期性的（黑格尔的《逻辑学》着重介绍过），因为它会永不停歇地重复：[2]“因此，在其终结之处，我们有必要重读（或重新思考）那本书；循环周而复始，永不停歇。”[3]

终结的时间是真理的时间和重复的时间，但它首先是同质性的时间（“没有新讯息，就没有差异”可说明这一

1 亚历山大·科耶夫，《智慧小说》，载于《批评》（Alexandre Kojève, “Les romans de la sagesse”, *Critique* 60, 1952: 387-397, at 396）。（指的是格诺的三部小说：《皮埃罗，我的朋友》[*Pierrot mon ami*]、《远离吕厄伊》[*Loin de Rueil*]、《生命的星期天》[*Le dimanche de la vie*]。）

2 相关论述，参见科耶夫的导言：亚历山大·科耶夫，《异教哲学史论》（Alexandre Kojève, *Essai d'une histoire raisonnée de la philosophie païenne (Vol. I)*, Paris: Gallimard, 1968, 3:88-89）。

3 科耶夫，《黑格尔导读》（Kojève, *Introduction à la lecture de Hegel*, 393）。

点）。一个人与另一个人的不同，个人与自我的区别，它们是欲望的原因和结果，同时也是欲望所产生的不幸。同样的道理也可以反过来说，欲望最终实现所获得的幸福会产生同质性，这正是雷蒙·格诺（Raymond Queneau）（巴塔耶之外科耶夫另一位伟大的“学生”）那句尖刻评语所言之事：“这是不言而喻的。换句话说：幸福千篇一律，而不幸则千差万别。被载入史册的永远都不是丰收年——有的只是荒歉。”[1]这句话摘自他一部思想集，名为《一部模式化的历史》（*Une histoire modèle*）（关于后历史的问题，我们同时还应读一下《蓝花》[*The Blue Flowers*, 1965]，另外还有三部“智慧小说”[*Les romans de la sagesse*]：《皮埃罗》[*Pierrot*, 1942]、《梦想的皮肤》[*The Skin of Dreams*, 1944][2]、《生命的星期天》[*The Sunday of Life*, 1952]，它们得到了科耶夫哲学上的认可）。[3]实际上，这部思想集的开篇便是交织在一起的两个词组，即“历史—不幸”“历史的终结—幸福”：“如果没有战争或革命，就不会有历史；没

1 雷蒙·格诺，《一部模式化的历史》（Raymond Queneau, *Une histoire modèle*, Paris: Gallimard, 1966, 15）。

2 又名《远离吕厄伊》（*Loin de Rueil*）。——译者注

3 参见科耶夫，《智慧小说》（Kojève, *Les romans de la sagesse*, 387-397）。对科耶夫讲座的文化和传记式描述，参见雷蒙·格诺，《与黑格尔的初次交锋》，载于《批评》（Raymond Queneau, “Premières confrontations avec Hegel”, *Critique* 19, nos. 195-196, 1963: 694-700）。

有历史资料；历史也就没有对象。最多就是个编年史。谚语有云：幸福的人们没有历史。历史是人类不幸的科学。”[1]

巴塔耶也持同样的论点，却是在一个更加成熟的哲学层面，他认为，战争全面终结所产生的拉平效应（leveling effect），以及完结与同质性之间的紧密联系，都可在后历史（posthistorical）之人身上得到体现：“如果说存在一种新人，那他享有的唯一的新颖之处就是将全部人性都划入了完结的境地。它并非一个难以阐释的领域。毫无疑问，这是一种有着多样化的文化，但其中的不同仅仅只涉及数量，而并没有真正的质的差异。”[2]不过，巴塔耶在此对科耶夫观点的评论却在含义上远远超出了他的本义，颠覆了其观点的推论，进而也拉开了与科耶夫式黑格尔解读的距离[3]——起初有点难以确定，但后来就相当清晰了——首先是抛弃了那种中性、说明性的语调：

> 有一种文化能够处理这种根基性的同质性，同时还能与其各个层次的构成元素相互理解，它就是技术

1 格诺，《一部模式化的历史》（Queneau, *Une histoire modèle*, 9）。

2 巴塔耶，《黑格尔、人与历史》（Bataille, “Hegel, l’ homme et l’ histoire”, 363-364）。

3 有大量信件可以证明科耶夫感觉与巴塔耶之间存在距离——尽管他们有着同样的独特动机，其中两封的一部分由吉奥乔·阿甘本收录在《语言与死亡：否定之地》（Giorgio Agamben, *Language and Death: The Place of Negativity*, Minneapolis: University of Minnesota Press, 1991, 49-53）。

> 文化。工人没有工程师的知识，但对他而言，这种知识的价值却并没有消失，而超现实主义作家可能就会对此失去兴趣，但两者完全不同。这并不是一个新的更优越的价值尺度，也不是无私价值的蔑视；相反，它更加是一种迫使人们整合在一起，同时还能压制那些可将其加以区分的东西。一直以来人们所遵循的运动轨迹被反转了。由此开始，每个个体都能在其自身中窥探到人性，都在其中变得与其他人一模一样，然而，我们的人性，其根基却是那些让我们有所不同的价值。[1]

巴塔耶所说的文化并不属于他自己，但却是他那个时代的文化（或他的非时间 [non-time]、非历史 [non-history] 的文化）。我们暂且将巴塔耶关于“技术”和“工人”的（反黑格尔式）结论放一边，先来看另一位历史终结论（*finis historiae*）学者的观点，以此通过对比来阐明巴塔耶的立场。在说出这位学者的名字之前——他也充满了历史和传奇——我们有必要再重申一下科耶夫关于后历史同质性的观点：[2] 在哲学层面，这是黑格尔《逻辑学》的终极问

1　巴塔耶，《黑格尔、人与历史》(Bataille, “Hegel, l’homme et l’histoire” , 36)。

2　关于这一主题，参见亚历山大·科耶夫，《最新的新世界》，载于《视差》(Alexandre Kojève, “The Latest New World” , *Parallax* 3, no. 1, 1997: 23-27)，以及亚历山大·科耶夫，《吉尔 · 拉布什采访科耶夫》，载于《文学半月刊》(“L’entretien avec Gilles Lapouge” , *La Quinzaine Litteraire* 3, 1968: 18-20)。

题，但在现世层面，科耶夫认为拿破仑帝国（Napoleonic Empire）首次预兆了"普遍同质化"国家的出现，最终在当前美国资本主义和苏联社会主义的"全球"融合下，它变成了现实。"从某种角度来看，美国已经进入了马克思主义式'共产主义'的最终阶段，因为几乎其'无阶级社会'的所有成员都可以予取予求，不需要付出过多的劳作。"[1]

与巴塔耶相比，恩斯特·云格尔将普遍国家的主题与历史终结结合在了一起，塑造了一个单一的概念图式。令人惊讶的是，云格尔与科耶夫一脉（以及尼采所启示的）法国哲学之间明确的联系，在这两个领域的相关研究中居然都遭到了普遍的忽略。在一篇文章中，云格尔提出了一种新的统一超国家（superstatal）构型来解释俄美对立的问题，这与科耶夫和巴塔耶的观点十分相近。[2]不过，云格尔也增加了一些新的内容，尤其是深入分析了这一整合所带来的质的巨变；即权力从一种静态象征物（宫殿、王座以及王冠和权杖）转变为动态象征物（如太空旅行）。这种变化表明，我们已经从真实权力构建象征地位的阶段进入

---

1 这一段落出自第一版《黑格尔导读》436 页的注释，在 1962 年第二版中位于 434 页。

2 参见恩斯特·云格尔，《世界国家：企业和组织》，载于《全集》（Ernst Jünger, *Der Weltstaat: Organismus und Organisation*, Stuttgart: Klett, 1960, in *Sämtliche Werke*, Stuttgart: Klett-Cotta, 1980, 7:481-526）。

了一个象征地位支撑真实权力的阶段。[1]

然而，“阶段的演变”其实并不能真正反映现实的情况。我们也不应说有什么灾难性的变化，因为从来就没有改变人类特定结构的灾难——至少就我们所知最久远的时代开始就没有，但似乎现在看起来有这个可能。由此，诸如“和平”“战争”和“传统”等历史－政治概念完全不足以描述正在发生的变化，因为这种变化也影响了历史和政治开始萌发时最原初的根基。准确说来，这一变化就是历史的枯竭，它比我们所熟知的各种根本现象还要根本。云格尔《在时间墙上》（*An der Zeitmauer*）探讨的就是此事件的现象，此书开篇就提出了“历史的大厦开始崩塌”。[2] 他形容当代人的处境，在时间上，一年就跨过了十年，顺便也度过了一个世纪，一千年；在空间上，“一个边境－居民，一步就能离开房间，同时也迈出了他的房子甚至他的国家。”[3] 就此而言，云格尔认为人与当时正从神话世界望向历史世界的希罗多德（Herodotus）的处境一样。就像希罗多德将目光从神话之夜转向历史微蒙的曙光，我们直到昨天还深

1　同上，493-495。

2　参见恩斯特·云格尔，《在时间墙上》(Ernst Jünger, *An der Zeitmauer,* Stuttgart: Ernst Klett Verlag, 1959, 13)。

3　同上，88。

陷在炫目的亮光中，现在却被抛入了一片新的黑夜，密布着黑暗的征兆。

然而，云格尔也警告说，我们必须小心不要有所误解。历史世界的终结并不会带来神话的盛大回归；希罗多德经历的转变只是一个类比，而非对应。历史的终结可能会孕育神话元素，但这只是部分上恢复了神话，能够对历史的断裂点——历史垂死躯体上布满了伤口，已无法重建其原有的力量——有所作用。为了神话的复归，我们需要一个深邃的黑夜，就像当年希罗多德目光穿透的那个一样。但这一黑夜还没有到来。天已昏暗，但它并非原初黑夜的重现：

> 今天，在光芒的照耀下，神话的力量无法重获统治，也无法在人和物质层面令我们信服。伴随着希罗多德之后黎明的到来，古老的黑夜消失了。在历史意识的光芒下，古老的形象越来越模糊、纤弱。只有在意识微弱，在睡梦中，在创造性的迷狂中，或在动荡的时代，它们才会显露。但是，步出历史的场域绝非一种意识的减弱；相反，批判性的机能仍在不断上升，仍在反对着神话的复归。[1]

1　同上，106-107。

云格尔与科耶夫（黑格尔）之间的不同在此段落的最后几句话中得到了展现。对于科耶夫而言，循环将开端与结束结合在一起，排除了新的开端，而云格尔的结束——它不是其（神话式）开端，因而也并不完全为循环——则是事物重新开始。然而，需要注意的是，云格尔的论述中也并非完全没有循环的身影，但它始终被视为——借助一个咬着自己尾巴的铜蛇形象——我们所面临的最大的风险，我们必须在某个时刻上决然斩断蛇的盘绕，克服这一风险。[1]不过，决定会受到两方面的约束。其一，“绳结”每次形成都要重复作出决定（也就是永远），其二，只有在当下真正耗尽时才能作出决定。云格尔在提到第二种情况时警告说，“海格力斯灯塔（the pillars of Hercules）在新的金苹果园（Garden of the Hesperides）出现之前就必在我们这里崩塌，”[2]“夜至深之时，露珠才会落在草上。”[3]我们

1　关于决断的问题，云格尔《光辉》(*Strahlungen*)中与卡尔·施密特讨论时提及了它的必要性(和风险)：恩斯特·云格尔,《光辉 1》，载于《全集》(Ernst Jünger, "Strahlungen I", *Sämlichte Werke*, 2:265)："在特罗卡德罗(Trocadéro)，沿着塞纳河右岸散步，讨论问题。卡尔·施密特认为，真正的问题在于，在自由意志领域下，某种层面开始从人类积累和沉淀的事物中分离出来，正如动物是人类形象的面具一样。人类正在把一种新的动物秩序从自身驱逐出去，这一过程中真切的危险也随之而来。我补充说,这一固化的过程早已在《旧约》铜蛇的象征中有所体现。今天是技术，而那时是法律。"

2　云格尔,《在时间墙上》(Jünger, *An der Zeitmauer*, 111)。

3　同上，129。

的境况有着一种自相矛盾的架构。这就是为什么时间墙上映出暮色就会被认为灾难将近——但与此同时，也正是由于这个原因，它也带来了新的希望。与布洛赫一样，云格尔也将其视为零点、原点（*Nullpunkt*），一个空无和绝对的他者。黑夜的终结是黎明的开端。危险就是拯救。

在这一矛盾的原则下，虚无主义本身就蕴含着自我克服的种子，它是如何独特地整合在云格尔的思想中的？它是依然处于最后的虚无主义阶段，还是早已超越了自身？海德格尔提出的这个极为尖锐的问题，我们很难给出答案。[1]可以说，云格尔这里存在两股相互伴随的意图趋势或“目光”（但确切而言，它们也是在相互交替和重叠）：一个是神话式的，积极的，完全处于“虚空的权力”中，另一个则是反虚无主义的（如果事实并非如此，但至少有这种意图）。历史终结的主题隐秘地从一个过渡到了另一个。然而，我们并不能认为其中第一个（至少它曾出现在讨论工人 [Worker; *Arbeiter*] 的著作中）背靠着历史决定论，而另

1　马丁·海德格尔，《论“线”》，载于《恩斯特·云格尔 60 岁生日纪念文集》（Martin Heidegger, “Über ‘Die Linie’”, in *Freundschaftliche Begegnungen Festschrift für Ernst Jünger zum 60. Geburtstag*, Frankfurt: Klostermann, 1955, 9-45）。众所周知，海德格尔的文章是对云格尔一篇文章的回应：云格尔，《论线》，载于《海德格尔 60 岁生日纪念文集》（Jünger, “Über die Linie”, in *Anteile: Martin Heidegger zum 60. Geburtstag*, Frankfurt: Klostermann, 1951），现收于《全集》（*An der Zeitmauer*, 7:237-280）。

一个则克服了这一点。相反，深究起来，历史本身其实被视为了一种非存在物——或者，它只是一种永恒存在的基本物质副现象（epiphenomenal）的投影，而这种基本物质“以神秘的方式让世界保持着活力”[1]（这就是云格尔整个思想中乐观主义基调的来源——即使是在持灾变论之时）。

从工人这一基本形象开始，云格尔探讨的所有问题都立足于这一物质。在其研究过程中，随着他对技术本质越来越复杂的理解，这种物质对主体与其历史表现形式之间关系的影响也发生了变化。以工人为例，在工人与工作、“技术人员”与“技术”之间的关系中，前者必然是以后者形象为模板，因为“无论在哪，人们都会受到技术的辖制，会发现自己面对的永远都是一种非此即彼的局面。他只有一个选择：要么接受技术奇怪的工具，说它的语言，要么溺亡。[2]因而，在技术这里，拯救的可能不是借助它去克服什么，而是它的“完美”。[3]技术对旧价值的破坏组成并建

1 恩斯特·云格尔，《戈尔迪之结》（Ernst Jünger, *Der Gordische Knoten*, Frankfurt: Kloster-mann, 1953, 146）。

2 恩斯特·云格尔，《工人：控制与形象》，载于《全集》（Ernst Jünger, *Der Arbeiter: Herrs-chaft und Gestalt*, Hamburg: Hanseatische Verlagsanstalt, 1932, in *An der Zeitmauer*, 8:170）

3 这恰好是云格尔哥哥弗里德里希·格奥尔格著作的标题，《技术的完美》（Friedrich Georg, *Die Perfektion der Technik*, Frankfurt: Klostermann, 1946）。此书 1939 年完成时实际用了一个更明晰的题目：《技术的幻觉》（*Illusion der Technik*）。

构了新的形象、类别和秩序。正因为如此，虚无主义成为其“带动”[1]的主体的固有特质，不仅如此，这种虚无主义还带有主动性、英雄主义和政治色彩。不可否认，技术的确主导着这一政治阶段，但实际上却是这种“主导性”打造了其普在性，而后者归根结底属于政治：权力意志。“破坏性阶段之后是真实可见的秩序，而这种秩序的到来也就是一个种族掌权之时，它所使用的新的语言已不再是纯粹的智力工具——进步、实用、商品的工具——而是一种基础语言（elementary language）。”[2]

在云格尔战后的作品中，工人与工作，技术与政治，主体和意志之间紧密的关联松动了。随着时间的推移，云格尔远离了自己早期作品中的“现代神话学”；[3]在概念的使用上从“完成”（completion）转变成了“克服”（overcoming）。他的虚无主义仍是我们这个时代的界标，但现在看起来却似乎有了一种“分裂”的趋势，而其本身的命运也因此浮出了水面——虚无主义内在的虚无几乎分

---

1 恩斯特·云格尔，《总动员》，载于《海德格尔论辩集》(Ernst Jünger, “Total Mobili-zation” , in *The Heidegger Controversy: A Critical Reader*, ed. Richard Wolin, Cambridge, Mass.: MIT Press, 1993)。

2 云格尔，《工人》(Jünger, *Der Arbeiter*, 173)。

3 这是费鲁吉欧·马西尼的观点：费鲁吉欧·马西尼，《恩斯特·云格尔：从“工人”到无政府主义》，载于《磨坊》(Ferruccio Masini, “Ernst Junger: Dall ‘Arbeiter’ all ‘anarcha’” , *Il Mulino* 34, no. 301, 1985: 787-801, at 797)。

裂成了两部分,每一个都在试图消除另一个。在云格尔这里,一切反对虚无的元素都源自虚无本身,没有任何怀旧或回溯式的倒退(这必然会陷入海德格尔所谓的“反应式虚无主义”[reactive nihilism])。相反,云格尔认为所有的“平静”都只是“风暴之眼”,拯救的可能都蕴于痛苦折磨的经历中。

牺牲的必要性,在1934年《论痛苦》(*Über den Schm-erz*)中已初见端倪,后来又成为《论线》(*Über die Linie*)的核心内容,而其针对的正是陀思妥耶夫斯基的拉斯柯尼科夫(Raskolnikov)的牺牲。这里可能就是云格尔最接近非政治轨道的地方。他一旦放弃了所有对新秩序诞生的积极乐观态度,剩下的唯一的逃跑路线就是否定性的划除。与否定性广袤荒漠相对的,不是海洋,也不是耸立的山峰——只有其自身产生和滋养的绿洲,一种“利维坦无法进入的花园,所以它只能在四周愤怒地踱步。”[1]建设性的“政治”权力意志已经激活了与工人结合在一起的破坏力(*destructio*),使其具有了生产性,因此,随之而来的就是非政治式绿洲的沉默,它远离着主权者的目光。现在,自由可在历史之外找到;在那些超然物外的历史废墟观察者那里,也在无差别的精神-物质统一体之中。而这就是

1 云格尔,《论线》(Jünger, “Über die Linie”, 273)。

为什么，施密特会认为云格尔“满足于一挥而就地解决问题”完全不具可能性。[1] 他认为云格尔“最后的那些话并非一种‘非此即彼’，而是‘几乎同样’；一种相互的碰撞，一种试探性地敲门，也是一种交流和均衡，回归时间中的永恒，回到‘东方能给我们的隐秘的答案。’”[2] 施密特提到的东方——西方的未 - 被选（*un*-chosen）——就是东方一直都蕴含着的大地之灵（Spirit of the Earth）。但与此同时，它也是决断之不可能的密码，有着一种亚历山大火焰剑——假如它不愿让生命窒息——都无法真正斩断的绳结。生命的真相就蕴含于大地之灵内在的不可分割性中，一种差异的共现（copresencing）而非否定。由此，云格尔将父亲阿波罗式“决断”秩序向母亲冥神式（chthonic）无差别秩序的转变，视为一种对政治一神论（political monotheism）的告别以及对“新型诸神”的非政治式的等待。[3]

1　卡尔·施密特，《当前世界东西方对立的历史结构》，载于《恩斯特·云格尔 60 岁生日纪念文集》（“Die Geschichtliche Struktur des Heutigen Welt-Gegensatzes von Ost und West”, in *Freundschaftliche Begegnungen Festschrift für Ernst Jünger zum 60. Geburtstag*, Frankfurt: Klostermann, 1955, 136）。施密特的这篇文章最早发表于 1953 年的《墨丘利》（*Merkur*）。

2　同上，137。

3　参见吉尔·拉布什对云格尔的访谈：《恩斯特·云格尔：“我们进入水瓶座时代”》，载于《文学半月刊》（“Ernst Jünger: ‘Nous entrons dans l'ere du verseau’”, *La Quinzaine Littéraire* 319, no. 16, February 1980: 5-6, at 6）。

然而，与政治神学的决裂却并未真正摆脱原本想远离的虚无主义。云格尔的非政治依然牢牢地扎根在虚无主义范围之内，而这正是它试图克服的地方。在海德格尔看来，克服这一目标其实遵循着“筹划”的挪用性，因而，正是在这种“克服”的筹划下，云格尔与尼采权力意志式形而上学融合在了一起。海德格尔认为，拯救之成分并非与其解脱出来的事物相对立——甚至都不是完全不同的东西。这就是海德格尔指责云格尔使用药物－治疗范式（尽管两人的动机极为相近）时所言之事。他之所以如此，并不仅仅因为虚无主义“无药可救”，而是因为“治疗”这种观念本身就是虚无主义：“本质上，虚无主义既非可治愈亦非不可治愈。它不需要拯救，但也正是由于这个原因，它自身就包含着某种特定的得救。”[1]

云格尔与海德格尔之间的区别同样也是他与巴塔耶的不同之处。而这种不同并不在于“拯救”的多样性，而是拯救的目的。对于云格尔而言，痛苦、否定和牺牲均指向拯救，人们的牺牲行为都是在积攒“债权”：“不适更加是源于缺乏而非源于已存在之物。由此，不适是无法避免的，因为舒适和权力的增长永远都赶不上需求，而需求却必须

1　海德格尔，《论“线”》(Heidegger, “Über ‘Die Linie’” , 9-45, at 11)。

得到满足。这就意味着，所得补偿不了所失：我们都是债权者。总是在牺牲，总是在奉献，付出一直都未得到回报。”[1] 云格尔将逃离虚无主义的可能交给了“增长”或“收益”的弃绝，而这种债权和“投资”却在虚无主义层面上否定了这一选择。

显然，这是一个一般主体（*subjectum*）的问题——在云格尔这里一直都保持着很好的债权状况，同时还在禁欲与丧失中不断加强（尽管要接受静止、退却和被动的治疗）。《尤梅斯维尔》（*Eumeswil*）中的“反叛者”（anarch）就是如此，一个最接近巴塔耶主权者形象的人物——但也正是由于有着这样一种稳固的主体性，它与巴塔耶主权者之间还是有着根本的不同。叛乱者出现在“晚期的过量”中，[2] 此时，“历史的材料已在消耗自身”[3]“可能性的目录似乎到了尽头”[4]。对他而言，“超越历史”也就意味着“超越意志”：他是实体（Substance）之人，而非意志。这是他在最后边界上的优势，能够巨细靡遗地观察历史的废墟，既超脱于政治，也不受其价值判断的约束。自由正是反叛

1 云格尔，《在时间墙上》（Jünger, *An der Zeitmauer*, 188）。

2 恩斯特·云格尔，《尤梅斯维尔》（Ernst Jünger, *Eumeswil*, trans. Joachim Neugroschel, New York: Marsilio Publishers, 1993, 73）。

3 同上，50。

4 同上，73。

者与“无政府主义者”和“森林游民”（forest fleer）的不同之处，不仅增强了他的主体性身份，也使其成为“自己的主人”：“森林游民被驱逐出了社会，而反叛者则是将社会从自我之中驱逐。他无论何时都是自己的主人。”[1]他属于非政治式的“缺席”，但却是一种虚无主义、自我赋权式的非政治——就像他所掌握的至高权力也是自我赋权和虚无主义式的：“他是至高无上的。因而，他是一种相对于国家和社会的中立权力。”[2]他要做的不是让自己作为主体的本质崩塌或去中心化，而是越来越强调其中心性：[3]“每一个人都是世界的中心，他无条件的自由打开了一条裂缝，尊重和自我尊重在此得以相互平衡。”[4]

反叛者的“风格”是保持距离，但这种距离只是要确立中心性：“反叛者视自己为中心。”[5]因而，他和太阳一样稳定地占据着中心位置（“人不应是太阳的朋友，而是太阳本身”[6]），可能会在完全的自给自足中放弃他者：

1 同上，147。

2 同上，249。

3 参见云格尔自己对此事的确认，朱利安·何维尔，《时间的细节：恩斯特·云格尔谈话录》（Julien Hervier, *The Details of Time: Conversations with Ernst Jünger*, trans. Joachim Neugroschel, New York: Marsilio Publishers, 1995, 81-83）。

4 云格尔，《尤梅斯维尔》（Jünger, *Eumeswil*, 259）。

5 同上，280。

6 同上，253。

“他足以成为自己的尺度；自由并非其目标；而是他的属性。”[1]尽管反叛者既不被认为是个人主义者也不是唯我论者，但实际上，他完全贴合占有性个人主义（possessive individualism）的传统——甚至是在他与世隔绝的“监狱”中：“由此，监狱变成了孤岛，自由意志的庇护所，一种属性。”[2]实际上，他的属性仅仅就是这种“自由意志”，希望自由意味着力量（*potenza*），而力量则保证了意志。在此，反叛者非常接近施蒂纳（Stirner）的唯一者（Unique），尽管并非完全一致。他并不关心真理，但只是因为他可对其任意处理：“‘真理？不关我的事。’它是他的所有物。他不接受它，也不想为它服务；相反，他可以自由处置它。”[3]他不会争取权力，因为他厌恶政治：“他不会为其前后奔忙，因为他拥有它，可任意享用。”[4]他的权力来自其自身的主体性，在历史结尾之处得到了丰富和扩展：一个有意避免权力之人的权力。他无意权力，因为如果他这样做了，他就会占据、终结或“填满”某种意志：而这种意志的力量来自保持作为一个虚空，在此虚空中它可无限地追求自己。

1 同上，280。

2 同上，279。

3 同上，332。

4 同上，334。

权力或实在

然而，巴塔耶所处的是一个完全不同的虚空。实际上，历史终结作为一种概念范式，其范畴上的不同点主要体现在权力意志的反虚无主义批判之中——黑格尔—科耶夫一脉是其一，除此之外还有云格尔“克服”观。在《有用的限度》（“La limite de l’utile”）一文中，巴塔耶简短地用战争讨论了云格尔的这一观点，在此，他借助云格尔的语词（罗杰·凯约瓦在讨论战争的神秘性时也有所涉及）组织并完善了自己关于战争的“有限性”观点。[1]在战争中，激情得到了前所未有得强烈释放——革命都无法企及，因其仍会被功利主义目的所约束、“限制”。战争——和平有所不同，它表现为能量的不－消耗与无用的排除——是唯一一种可将社会从其生产纽带中解放出来的事物，致力于过剩能量的非生产性消耗，将它们毫无保留的牺牲掉。在巴塔耶看来，云格尔对战争迷狂、牺牲式事实的关注十分有价值。“我想表明，战争、仪式化献祭和神秘生活完全相同：它们都是“迷狂”和“恐惧”的游戏，可将人拉入天堂的游戏中。但是，战争经常会被背叛：它的荣耀与

1　罗杰·凯约瓦，《贝络娜或战争的倾向》（Roger Caillois, *Bellone ou la pente de la guerre*, Paris: Nizet-Renaissance du Livre, 1963, 179-180）。

厌恶会被隐藏。这就是为什么我会引用到云格尔，他毫无遗漏。”[1]

不过，战争与献祭（牺牲，sacrifice）间的“血缘关系”[2]（云格尔并没有回避这一问题，相反，他的相关介绍非常详细）同时也造就了两者之间巨大的差距，并潜在地展示了两位研究者的不同。“现实”问题是第一个不同之处。战争要付诸现实行动，而宗教献祭则仅仅表现为一种象征行为。但是，这种非现实性却能够赋予献祭一种强度、内在性和“深度”，战争则毫无可能。军事大屠杀有一种宗教大屠杀缺乏的具象性（concrete quality）；与宗教式的虚构相比，它们有着一种可以实现真理的天赋。但也正是这种真理——战胜敌人的目标——军事战争不会将自我暴露给他者，而后者才是巴塔耶眼中献祭的意义所在。它与死亡有关，也与死亡包含的生命有关。对士兵——云格尔的“前线士兵”——而言，这只是偶然，而对献祭之人而言，压倒受害者，这就是命运：“士兵们愿意说：‘死亡来临。

1 乔治·巴塔耶，《有用的限度》，载于《全集》（Georges Bataille, “La limite de l’utile”, *Oeuvres complètes*, 7:181-280, at 251）。巴塔耶在本文中讨论的是云格尔的《战争是一种内在体验》（*Der Kampf ais Inneres Erlebnis*, Berlin: E. S. Mittler, 1922），法译本题为《战争，我们的母亲》（*La guerre, notre mère*）。

2 参见乔治·巴塔耶，《宗教理论》（Georges Bataille, *Theory of Religion*, trans. Robert Hurley, New York: Zone Books, 1989, 57-61）。

你不要多想，坦然面对，大声嘲笑。’而献祭之人则让死亡成为必然的命运。当他面对‘死亡来临’，简单的抗议，不快与否都毫无意义，因为必须要有死亡。”[1]

知道和渴望死亡，使献祭之人成为悲剧之人。为了揭示存在的悲剧特质，他做了士兵所做不到的事：创造人类，而工具就是那唯一可使人成其为人的话：“你是悲剧。”[2]战争必然要寻求胜利，献祭“则是一种强烈要求有所失去的结果。而由此它首当其冲所威胁的就是献祭之人。”[3]无论如何，这种运作中毫无真实之处；它仍是纯粹的虚构。云格尔的前线士兵无论是杀人还是被杀，他自始至终都是一个个体，而献祭的虚构则能让他人（other）——或共同的他人们（others）——在死亡行为中感受到眩晕：“个人生命在一个更广阔的现实中逝去，就像一道波纹消失跌落进了包裹它的水流中。”[4]整个相关讨论所立足的就是这种凭空而来的根基（the ground-without-groud of the entire debate）。战争尽管会造成种种现实中的巨变，但它终究还是一种权力意志（付出是为了回报，杀戮是为了胜利），

1 乔治·巴塔耶，《献祭》，载于《全集》（Georges Bataille, “Le Sacrifice”, *Oeuvres complètes*, 2:238-243, at 238）。

2 同上，239。

3 巴塔耶，《有用的限度》（Bataille, “La limite de l’utile”, 257）。

4 同上，259。

而献祭却是这样一种场域（仅适用于巴塔耶），权力会不断延伸至失去自我，使得权力意志变成了亏损意志（will to loss）；意志的亏损。

众所周知，巴塔耶对虚无主义式权力意志的批判主要集中在其论尼采的作品中。实际上，这些作品都有着双重的尼采性：一方面，它们都讨论尼采；另一方面，它们的观点都经由或来自（*from within*）尼采。借助这种小把戏，巴塔耶克服了一个明显无法解决的问题：如何处理一个在普通语境中无法解释和“实现”的思想？尼采是无法解释的，因为他下定义的方式就是抽空意义，让所有形式的阐释都黯然失色。当然，我们更无法想象尝试去“实现”他的思想，因为其中毫无行动的理论[1]——甚至还挑衅式地提出了一种消极（inaction）的理论（或说“实践”更好）。在此，我们无法去追溯巴塔耶与尼采之间的联系，但仍可将其作为探讨本书根本问题时最需关注的一点：尼采，消极的哲学

---

1 我们需要注意，巴塔耶尤其注意让尼采从卡尔·施密特（顺便说一下，巴塔耶并不太知道施密特）的“后人类”的阴影摆脱出来。参见乔治·巴塔耶，《尼采与法西斯主义》，载于《过剩的视野：1927—1939 年文选》（Georges Bataille, “Nietzsche and the Fascists”, in *Visions of Excess: Selected Writings, 1927-1939*, trans. Allan Stoekl, Carl R. Lovitt, and Donald M. Leslie, Minneapolis: University of Minnesota Press, 1985, 189）：“国家社会主义有时比想象中的更倾向莫拉斯主义（Maurrassian），而非浪漫主义；而且，我们也不能忘了，罗森伯格在其意识形态的阐述中最接近尼采；法学家 Carl Schmidt（原文如此！）在这一方面与罗森伯格所做的几乎一样，他非常接近查尔斯·莫拉斯，还有着天主教背景，完全没有受到尼采的影响。”

家，也是非政治的哲学家。不过，这一问题相当复杂，我们应该慢慢探讨（很复杂，同时也很矛盾：“最真实的”尼采就在于他与自己的矛盾中）。巴塔耶十分抵触左右两派对尼采的工具化。他认为，尼采的思想轨迹是一座“迷宫”[1]，打破了左右两派全部的拓扑结构；以及伴随的“当前政治立场各种可能的根基”。[2]所以，将尼采的思想置于一个“祖国”（甚至诸如列维纳斯等一些伟大的阐释者都如此），[3]一个土地和鲜血构成的统一共同体之中的错误做法完全不可饶恕。尼采思想更加是对祖国的去根化，一种没有祖国的空间（与祖国 [*Vaterland*] 相对立的孩童之国 [*Kinderland*]）。的确，在巴塔耶这里，“我们这些无家可归者”（We Who Are Homeless）以最有力的方式阐述了尼采式“克服”政治的路径：“那种构成生命的热情激昂的运动，同时也满足了生命对陌生、新奇、失去的需要，但似乎有时却会被政治行为裹挟而去——这只是一个短暂的幻觉。生命运动只是在某些清晰可辨的情形下，才会融入有限的政治形态的运动；在另外一些情形下，它远远超越了后者，

1 同上，187。

2 同上，184。

3 巴塔耶所涉及的文章（同上，192-193）为伊曼努尔·列维纳斯，《对希特勒主义哲学的反思》，载于《批评探索》（Emmanuel Levinas, “Reflections on the Philosophy of Hitlerism”, *Critical Inquiry* 17, 1990: 62-71）。

进入了尼采所关注的领域。”[1]

卡尔·雅斯贝尔斯是唯一强调过尼采这种激进的非政治特质的阐释者，巴塔耶曾大段引用过他。对于雅斯贝尔斯而言，尼采思想的独特之处在于，它抛弃了其他政治思想家对政治的有限的定义。他认为，马基雅维利式的“权力”和黑格尔式的“体系”都囿于这种局限性中，而尼采则完全跳脱之外，将视野覆盖到了人的境况，但并没有试图提出一种包罗万象的原理：

> 他设想了政治事件的决定性起源，但没有按部就班地将之注入具体的政治活动现实中（显现于日常权力和人际斗争中）。他希望发起一场运动，激活人类存在的最终根基，期盼他的思想可以激励那些听见和理解他的人走进这场运动。不过，他并没有从政治、人种或社会层面上限定这场运动的内容。相反，在他看来，奠定和确立一切判断的内容，都来自对存在 (being) 整体的态度。它不再仅仅是政治，而是哲学，其基础不是理性原则，而是可能性的丰富性，尝试着用对立和矛盾的方法探索拯救和增强人类存在的思想。[2]

---

1 巴塔耶，《过剩的视野》(Bataille, *Visions of Excess*, 193)。

2 卡尔·雅斯贝尔斯，《尼采：其人其说》(Karl Jaspers, *Nietzsche: An Introduction to the Understanding of His Philosophical Activity*, trans. Charles F. Wallraff and Frederick J. Schmitz, Tucson: University of Arizona Press, 1965, 252-253)。

寥寥数语可能很难解释清楚雅斯贝尔斯与尼采思想之间复杂的联系。但有一点需要重点强调一下，这就是之前段落开头和结尾之间的关系：探寻“政治事件的决定性起源”与尝试（或沉迷）来自“可能性的丰富性”（与真实权力相对）的“对立和矛盾的方法”。正是在这里，尼采思想中的激进性反转了非政治与政治的不同之处：不同在自身的领域中遭到了反转，而界限——通过区别来整合同时也可通过整合来加以区别——由此也陷入了质疑之中。换言之，界限在此变成了一种分享（*sharing; condividere*）的原则。《论尼采》（*On Nietzsche*）中有一段话与此有关，它通过雅斯贝尔斯的“整全之人”（complete man）观阐述了非政治式的消极（inactive）标准：

> 积极之人无法成为整全的人，即使这种成见如通常所认为地那样为真，那么，整全的人也仍会保留着积极的可能性。不过，前提是积极要简化为某些符合人的（或合理的）原则和目的。整全的人不能让积极凌驾其上（即束缚），因为它会由此而失去其总体性（totality）。它也不能凌驾积极之上（让其符合自己的目的），因为它会借此将自身视为一种动机，从而陷入并消泯在一种动力机制中。我们有两个完全不同

> 的世界，一个是动机的世界，万事万物皆有意义（理性），另一个是非意义的（无意义）世界 (the [senseless] world of non-sense) 。我们有时属于第一个世界，有时又会属于另一个。我们只有在无知时才会意识到并清楚地分辨出属于哪个世界。对我而言，理性只会被自身所限制。如果我们行动，我们就偏离了公平的动机以及合理的行动规则。两个世界之间只有一种关系是可能的：积极必须受到自由原则的合理限制。
>
> 剩下的就是沉默。[1]

可以看到，巴塔耶通过尼采在政治与非政治“传统的”区别中引入了一种双重的“僭越”（transgression）（我们也不能忽视其中的吊诡之处，巴塔耶是这一区别最激进的阐释者，但也正是由于这个原因，他也是最不忠实于此的一个）。僭越发挥作用的地方，正是巴塔耶将政治与非政治的两分法转换为“动机世界”与“非意义世界”的分裂之处。这是一个巨大的转变，因为非意义的世界与非政治并不完全对应，后者实际会生产意义（尽管是否定式的）。不过，经由第二次僭越，越过分割“两个世界”（假设确有两个而非一个，仅受其“不是一切”的限制——要记得：

1 乔治·巴塔耶，《论尼采》(Georges Bataille, *On Nietzsche*, trans. Bruce Boone, London: Continuum, 2004, xxx)。

“理性……只会被其自身所限制……剩下的就是沉默”）的栏杆，这一转换就变得颇为深刻了。它与“自由原则”有关，自然应属于非政治的沉默的“世界”，但巴塔耶却部分地将其转向了“政治理性”。自由，原本为哲学和政治的共同所有物，它是一条穿过政治与非政治的道路（正因为如此，从上文来看，它也是政治与非政治相互重叠——“分享”——的道路）。巴塔耶论主权的著作中对此有所阐释：“尼采要求自由，同时也明白崩溃会随之而来。自由首先是一种政治现实：在此，它回应的是一个阶级对另一个阶级的压迫。（它也可以是一个哲学喋喋不休的领域，貌似进入形而上学的层面也没法让无知直接闭嘴）。但除了政治和有效的行为之外，自由所展现的只是主权在合理价值观领域的一种态度（我可以为了自由而有所行动，但这种行动转而就会夺走我响应激情的自由）。”[1]

我们在巴塔耶其他的作品中也能见到“有效行动”与“主权态度”的对立，其中将主权与权力进行了对比。众所周知，巴塔耶指责尼采阐释者（某种程度上也包括尼采本人）混淆了权力与主权。权力是一种行为模式，指向某种目标，

1 乔治·巴塔耶，《被诅咒的部分》（Georges Bataille, *The Accursed Share*, Volumes 2 & 3, trans. Robert Hurley, New York: Zone Books, 1991, 409）。

巴塔耶由此认为它与主权完全对立，因为主权之所以至高无上，恰在于其没有目标。在这一点上，我们也必须谨慎，因为事情并不像看上去那么简单。我们可以再来看一下巴塔耶晚期关于主权的作品，尤其是其中的某些段落，巴塔耶在此指出了一些尼采明确归之主权，而我们却将其当作权力的错误。两者“并不一样”，“主权可能需要权力，但追逐权力却需要人屈身付诸行动；这完全与主权相反。”[1] 在此，主权 / 权力的对立并非是对称的：权力不是主权——它更加是其对立面——但主权却需要权力。这一复杂的情形又将我们带回到之前涉及过的决断问题。“权力”类似于决断，是一个“政治”用语，在巴塔耶看来，只要剔除了其语义中的虚无主义内容，它就能被主权架构所接受，甚至成为必要的了。

至此，我们已经远离了“非政治学者们”常用的划分和反对模式——同时还彻底改变了。不管怎样，这些学者的研究始终都在关注知识，但现在这种知识遭到了质疑——尤其是作为权力的知识。实际上，与作为知识、预告或算计意志的权力相反，巴塔耶的主权权力本质上是一种偶然意志（will to *chance*）。它是偶然的权力：“尼采展示的

1 同上，384。

是一种开放式运作的原理，其中发生超出既定（*occurrence exceeds the given*）。‘为什么’，查拉图斯特拉说道，‘狮子要变成孩童？’孩童是纯洁和遗忘，一个新的开端，一种游戏，一个自转的轮子，一个肇始的运动，一种神圣的‘肯定’。权力意志是狮子：但孩童就不能是偶然意志吗？”[1] 巴塔耶在尼采那里发现的独特之处——它们的破坏力而非对立——极为复杂，它们都拒绝那种简单的二元论逻辑。孩童象征着肯定，对偶然性游戏的绝对的确信，但肯定首先是“神圣的”。对于巴塔耶而言，这相当于一个警告，提醒人们不要天真地从反形而上学角度解读尼采的思想。尼采思想中所有对形而上学根基的批判——首当其冲的就是那句名言：上帝死了——都没有从“启蒙”的角度终结神圣性。而此种解读只是在重复形而上学根基中始终存在的虚无主义（或者更糟，借助与权力意志同样的扩张主义方式［妄图变成一切］，将其放大）。因此，巴塔耶认为：“尼采是一个关心上帝的无神论者，因为他知道，上帝不存在所留下的空白，会使一切都走向毁灭。”[2] 这也正是让·瓦尔（Jean Wahl）的观点，他认为（与雅斯贝尔斯的《尼采》

1 乔治·巴塔耶，《论尼采》（Georges Bataille, *On Nietzsche*, 145）。

2 乔治·巴塔耶，《被诅咒的部分》（Georges Bataille, *The Accursed Share*, 409）。

[*Nietzsche*] 有关），尼采“是在神圣性的缺席中”进行哲学思考，“在他这里，上帝缺席的思想并未废止上帝创造的本能。”[1] 在尼采这里，对神圣性的批判并不等于世俗化：“他从未停止那项伟大的事业——苏格拉底和道德，基督教和上帝都是其代表——一劳永逸地整合人类所有相互冲突的可能性。”

这也是巴塔耶的事业。对巴塔耶而言，一次性解决“人类所有相互冲突的可能性”[2] 意味着要认识到（就像尼采之前做的那样）“投身于或此或彼方向的悖论式的不可能。”[3] 我们之前讨论过的学者都明白“或此或彼方向”中的风险。首先就是薇依式的预设（Presupposition），其中以沉默的形式保留了他者、差异。非政治真正的本质就在于这种预设之中，即它不可化约为某种存在的东西。第二个风险是黑格尔—科耶夫的完结（Completion）。与第一种相反，主奴辩证法中的完结是一种被视为政治终结（*End*）的政治原理[4]。它是自我创造的形而上学的圆环，没有任何预先

1　让・瓦尔，《尼采与上帝之死。雅斯贝尔斯的〈尼采〉笔记》，载于《无头》(Jean Wahl, “Nietzsche et la mort de Dieu. Note à propos du ‘Nietzsche’ de Jaspers” , *Acéphale* 2 [1937]: 22-23)。

2　乔治・巴塔耶，《被诅咒的部分》(Georges Bataille, *The Accursed Share*, 410)。

3　同上，409。

4　意大利语中 principio 涵盖了英语中 principle 与 principal（意为第一、最初或开始）两种意思。——英译本注

设定的他异性（Alterity）：[1] 具体而言，它是一种绝对的知识，排除了一切外在事物的可能性（使其成为不可能），因而成为至高的权力意志。

巴塔耶的“鼹鼠”正是在这种不可能性的土地上挖掘。他不是从正面展开批评——德里达明确强调过这一点——而是一种破坏，用黑格尔自己的“把戏”和“牌”来对付黑格尔，形成了一种模棱两可的状态。巴塔耶很清楚，黑格尔思想在逻辑上是无从反驳的。也正是由于这个原因，他没有直接攻击，而是一直在等待，等到话语完结，逃离逻辑的全面把控之时。这一时刻就是历史的终结，巴塔耶接受了其现象，但却推翻其结论。“我承认（作为一种可能的假设），”巴塔耶在给科耶夫（他指责巴塔耶只相信自己的诡计，完全就像个巫师的学徒）的回信中有所改善，“历史到此是终结了……”[2] 但这种承认只是巴塔耶翻转完结话语的关键，以便将其重启并重新导向未来（或者更加是其超验的可能性）：“然而，我看待问题的方式有些

1 巴塔耶，《内在体验》（Bataille, *Inner Experience*, 81）。

2 巴塔耶写给科耶夫的信是在 1937 年 10 月 6 日，收于乔治·巴塔耶，《全集》（Georges Bataille, *Oeuvres complètes*, 5:369-371, at 369），以及丹尼斯·霍勒（Denis Hollier）的社会学学院卷。英文版参见于丹尼斯·霍勒编，《社会学学院（1937—1939）》（Denis Hollier, *The College of Sociology, 1937-1939*, trans. Betsy Wing, Minneapolis: University of Minnesota Press, 1988, 89-93, at 90）。

不同，”巴塔耶继续论述道，“在遥远的未来，一切又都会重新开始，这并不是不可能的。”[1]在他看来，完结导向新起点的可能性源自一种对其自身生命的关涉，它轻而易举地就超越了黑格尔的辩证法：“我想，我的生命——或者更加是它的中止，我的生命就是开放性的伤口——本身就构成了对黑格尔封闭体系的反驳。”[2]巴塔耶将自己的生命视为一种无用（without use; *sans emploi*）的否定；一种纯粹的否定，它不会成为一种新的肯定。正是经由这种否定，终结才能产生——或自身成为——一种新的开始：“跃出即生命。报复即死亡。如果历史停止，我就会死。或者……除了报复，有没有新的跃出的可能？如果历史结束，我们还能不能跃出这个时代，这个我不断喊着‘颠倒混乱的时代’（*Time is out of joint*）。”[3]此时，“抵达思想的极限需要思想的献祭或死亡。在我看来，这就是尼采作品和生命的意义所在。”[4]（此段引自“尼采的思想，黑格尔的思想以及我的”[The thought of Nietzsche, that of Hegel, and my own]一节）。“尼采之于黑格尔，就像是一个破壳而出的

1 同上。

2 同上。

3 乔治·巴塔耶，《论尼采》（Georges Bataille, *On Nietzsche*, 79）。

4 乔治·巴塔耶，《被诅咒的部分》（Georges Bataille, *The Accursed Share*, 37）。

小鸟，开心地汲取了其内部的营养”[1]：他从完结中发掘开端的鲜活的可能性。

开端是尼采的“礼物”：“生命在当下的重塑”。[2]瞬间是时间终结剩余的时间；唯一至高无上的时间，一个脱离了绵延的有限经济（它不会是亏损的时间）的时间，偶然的时间：“过剩的爱与亏损之欲（实际为持续不断的亏损状态）的结合，**它是时间，也是偶然**（IS TIME AND IS CHANCE）——尽管这显然只是一种极为罕见的情形。”[3]我们必须对待这一问题。瞬间之中时间的倒转（或时间的终结），绝非某种对微不足道和转瞬即逝的抛弃。瞬间只有在神圣时才是有价值的。因而，这种瞬间抗拒生成，绝不委身于此。它是对时间的接纳，但同时也是对时间的救赎。在巴塔耶对尼采的理解中，对预设的批判并不能完全视为一种对世间（*saeculum*）的礼赞。当然，与一切超验上帝的信仰相反，表象、偶然以及事件都是真实的，但真实的原因仅在于其自身的神圣性。它们沉浸于时间之中，同时

1 引自丹尼斯·霍勒，《从黑格尔到尼采的缺席》，载于《巴塔耶》（Denis Hollier, “De l'au-delà de Hegel à l'absence de Nietzsche”, in *Bataille*, ed. Philippe Sollers, Cerisy: Centre Culturel de Cerisy La Salle, 1973, 75-96）。

2 乔治·巴塔耶，《被诅咒的部分》（Georges Bataille, *The Accursed Share*, 371）。

3 乔治·巴塔耶，《论尼采》（Georges Bataille, *On Nietzsche*, 125）。

却又超越了它。

巴塔耶的“永恒轮回”观也充满了同样的矛盾（我们可以看到，矛盾是巴塔耶所有概念的典型特质）。它也脱离了其常用的理解方式，移植到了瞬间的意义范畴中：

> 在此，我认为永恒轮回的观念也需要转变。它不是一个无限重复、令人痛苦的承诺：而是让轮回内在的每一刻都突然成为目的。不要忘记，所有的体系之中，这些时刻都被视为和赋予了意义。所有的道德体系都声称“应激发生命的每一刻”。轮回卸下了时刻的根由，让生命摆脱了目的——因此，它首先是摧毁了时刻。轮回是某种戏剧，整全之人的面具，一片人类的荒漠，其中每一刻都毫无动机。[1]

在此，瞬间的无动机性（unmotivated quality）与轮回的“内在性”（immanence）紧密联系在一起——轮回有内在性，因为它打破了基督教的线性时间，也摧毁了时间赋予其事件的独特性。过去所谓独特的事物现在陷入了无限的重复中。然而，巴塔耶马上又提醒到，仅此一点并不能展示永恒轮回真正的意义所在，因为它仅说明了“轮回”

1 同上，xxix。

而没有涉及“永恒”。轮回首先就必为永恒，[1]舍斯托夫（Shestov）在讨论尼采时就提出了这一点，并极大地影响了巴塔耶的理解。[2]永恒也是它所抓住的瞬间。永恒从意义的世界中攫取了瞬间；从生成之流中拯救了它——但并未从中将其“抽离”而出。永恒打破了蛇的盘绕，它的决断不再根植于权力意志，而是建立在瞬间永恒的开放性之中。这就是为什么永恒之决断可与必然性共存。实际上，偶然就是爱命运（*Amor Fati*）美好的一面；一种对已存在之物的爱，一种对其不变的可能性的肯定。爱命运与偶然，必然性与决断。已存在事物的意志会在未来轮回，因为它就悬置在瞬间的永恒之中。由此，世界就悬置在其内在的超越性（*immanent transcendence*）中：“雅斯贝尔斯告诉我们，

1　参见克罗索夫斯基（Klossowski）对洛维特（Löwith）《尼采》的评论：皮埃尔·克罗索夫斯基，《洛维特的〈尼采（尼采的相同者永恒轮回哲学）〉》，载于《无头》（Pierre Klossowski, “Löwith ‘Nietzsche (Nietzsches Philosophie der ewigen Wiederkunft des Gleichen’”, *Acéphale* 2 (1937): 30）。卡尔·洛维特，《尼采的相同者永恒轮回哲学》（Karl Löwith, *Nietzsche's Philosophy of the Eternal Recurrence of the Same*, trans. J. Harvey Lomax, Berkeley: University of Califamia Press, 1997）。这一主题还可参见皮埃尔·克罗索夫斯基，《尼采上帝之死的体验与乔治·巴塔耶真实体验的怀念》，载于《萨德，我的邻居》（Pierre Klossowski, “L'expérience de la mort de Dieu chez Nietzsche et la nostalgie d'une expérience authentique chez Georges Bataille”, in *Sade Mon Prochain*, Paris: Éditions du Seuil, 1947, partieularly from 174）。这里引用的是法文原版，英文译本中并没有收录本文。皮埃尔·克罗索夫斯基，《萨德，我的邻居》（Pierre Klossowski, *Sade My Neighbor*, trans. Alphonso Lingis, Evanston, Ill.: Northwestem University Press, 1991）。

2　参见列夫·舍斯托夫，《悲剧的哲学：陀思妥耶夫斯基与尼采》（Lev Shestov, *La philosophie de la tragédie: Dostoïewsky et Nietzsche*,trans. Boris de Schloezer, Paris: J. Schiffrin, 1926）。巴塔耶本人对这一观点的重视可参见乔治·巴塔耶，《全集》（Georges Bataille, *Oeuvres complètes*, 8:563）。

尼采的哲学”——让·瓦尔认为——“从根本上肯定了世界是一种纯粹的内在。”但是，“尼采又会被他所拒绝的超越性观念动摇、折磨……否定可以在激进中，在自身的狂热中变成肯定，而虚无主义，强者的虚无主义不会再是弱者的虚无主义，它可以变成一种肯定的哲学。”[1]

至于内在性与超越性的关系，我们无法从二元对立的角度来界定。巴塔耶并未简单地将内在性与超越性对立起来；他也没有从虚无主义角度取消超越的行为。超越性更加是一道空洞的光，映出了内在性完满的剪影：“啊，喜剧的巅峰！被束缚的我们必须逃离无限内在的空虚（微不足道），疯狂地将自己交给超越性的谎言！但在疯狂中，这个谎言又照亮了内在性的无限。这种无限不再是纯粹的非意义或空虚，而是完满存在的基础，一个在此之前超越性的虚无耗散的真正根基。如果我们不先建构超越性，然后将其放弃、拆散，那我们就永远都无法了解超越性（对于我们而言，这完全是不可能的——但这可能是它得以存在的唯一的途径）。（你能追随我至此吗？）。”[2] 处死超越性照亮了内在性。但真正得以照亮的，是内在性必须不断从内部超越自身。建构——不仅是围绕——内在性的是

1　瓦尔，《尼采与上帝之死》（Wahl, “Nietzsche et la mort de Dieu”, 22-23）。

2　乔治·巴塔耶，《论尼采》（Georges Bataille, *On Nietzsche*, 156）。

一道切口，将它与其所非，与其自身之间的不同一分为二。没有这种超越性——它不再是一种超－本质的实质性的实体，而是此种实体的死亡——内在性就会成为一种绝对的事物，复原了一种形而上学的同一性，而这正是巴塔耶全部思想意欲挑战的对象。

努曼提亚的狂喜

因此，巴塔耶的思想并非是要走向一种绝对的内在性。他对世俗化的批判就是明证，而透过尼采的视角，这种批判也造就了他对现代的理解方式。在此，世俗化的批判需要重建一种“神圣”辩证法；这是社会学学院（Collège de sociologie）三位主任（巴塔耶、莱里斯 [Leiris]、凯约瓦）彼此共处与争执的理论焦点，而他们也都是莫斯（Mauss）[1]、奥托（Otto）[2]、涂尔干（Durkheim）[3]（K. T. 普鲁斯 [K.

---

1 主要指的是马歇尔·莫斯，《礼物》（Marcel Mauss, *The Gift*, trans. Ian Cunnison, London: Cohen & West, 1966）；其研究基础是布罗尼斯拉夫·马林诺夫斯基，《西太平洋上的航海者：美拉尼西亚新几内亚群岛土著人之事业及冒险活动》（Bronislaw Malinowski, *Argonauts of the Western Pacifie: An Account of Native Enterprise and Adventure in the Archipelagoes ofMelanesian New Guinea*, New York: Dutton, 1961）。

2 鲁道夫·奥托的《论神圣》（*Das Heilige*）1929 年翻译为法语。鲁道夫·奥托，《论神圣：神圣概念中的非理性元素及其与理性的关系》（Rudolf Otto，*Le sacré: L'élément non rationnel dans l'idée du divin et sa relation avec le rationnel*, trans. André Jundt, Paris: Payot, 1969）。

3 参见涂尔干，《宗教生活的基本形式》（Durkheim, *The Elementary Forms of Religious Life*, New York: Free Press, 1995）。

T. Preuss][1]，当然还有弗洛伊德的分析）人类–社会学（anthropo-sociology）的后继者。三位学者之间根本的不同我们留待后文分析，先来看一下他们的共同之处：划分了“神圣性”与“世俗性”（profane）（在某种程度上源于“异质性”与“同质性”的不同），以及神圣的“纯洁”（pure; *droit*）与“不纯”（impure; *gauche*）。[2]不过，最为重要的是，除有着多重含义之外，这些二元对立的概念之间还有着一种互补的关系（凯约瓦的《人与神圣性》[*Man and the Sacred*] 中有相关的解释），是神圣性构成最为坚实的“句法规则”（syntax）[3]。所谓互补，指的是神圣性与世俗性之间（一方是另一方的反转）不仅有对立，同时还存在着一种永无止境的交换机制，所以“纯洁”与“不纯”之间的对立也会像钟摆一样，不断地将前者转换为后者，反之亦然。

尽管从外部来看，它们似乎是相互隔离和对立的两

1 K. T. 普鲁斯，《宗教与艺术的起源》，载于《世界》(K. T. Preuss, “Der Ursprung der Religion und Kunst” , published in Globus 86 [1904] and 87 [1905])其中，巴塔耶最为关注和提及的是神圣性与排泄功能之间的关系。

2 参见巴塔耶的两篇关于“吸引与排斥”(“Attraction and Repulsion”)的文章(发表于 1938 年 1 月 22 日周六及 2 月 5 日周六)，收于霍勒，《社会学学院(1937—1939)》(Hollier, *The College of Sociology, 1937-1939*, 103-124)。

3 罗杰·凯约瓦，《人与神圣性》(Roger Caillois, *Man and the Sacred*, trans. Meyer Barash, Chicago: University of Illinois Press, 2001, 1)。

极——一个令人着迷，如痴如醉，另一个则令人排斥，深恶痛绝——但两者其实是一枚硬币的两面，它们在词源上都是有着双重意义的词，即希腊人的 ἄγος 和罗马人的 *sacer*。这种意义结构上的双重性在其他语言中也存在，如波利尼西亚人的 *tapu*，马来人的 *pamali*，达科他人的 *wakan*，以及日本人的 *kami*；这些词都同时可表达污秽（*souillure*）与圣洁（*sainteté*），着迷（*fascinans*）与敬畏（*tremendum*）之意。[1] 巴塔耶尤为重视这种逻辑，因为他可借此将历史-社会的发展法则视为一种从低级异质性（不纯）向高级异质性（纯洁）的转变，其工具就是圣礼原初的内核（an originary sacral nucleus）。实际上，对巴塔耶而言，圣礼最具效力的装置，即凝聚社会的黏合剂是一种犯罪：杀死国王。而在西方想象世界，其中最主要的就是耶稣受难（Crucifixion）。它产生了“不洁且不可触碰”（*gauches et intouchables*）之神圣事物的罪行，同时也将它们改造成一种同样神圣，但却“纯洁且荣耀”（*droit et glorieuse*）的力量——不过它自身还会受到随之而来的新罪行的威胁。[2]

---

1 同上，35-36。

2 参见巴塔耶 1938 年 2 月 19 日于社会学学院代替病中的凯约瓦发表的文章《权力》（“Power”），载于霍勒，《社会学学院（1937—1939）》（Hollier, *The College of Sociology, 1937-1939*, 125-136）。

不过，这种社会 - 圣礼的补偿机制并非一成不变。大概就是在进入现代之时，它就变得失效了。这或许是现代性导致的结果，但对巴塔耶而言，其变化的根源却可追溯到过去，存在于基督教时代的经验中。这就是耶稣受难，王室罪行的原型，其开启的世俗化道路导致了现代的去神圣化（desacralization）——与其说是神圣性的终结，不如说是悲剧的终结。在这条道路上，基督教迈出的第一步是选择认同于罪行的受害者而非罪犯，原初的“悲剧精神”在此也开始破碎。但是，这里还有一个更深层的原因，即某种直接替代了悲剧的事物的扩展：权力 [power; *potere*]。权力也是圣礼内核的产物，但它最终会导致社会辩证法的瘫痪，在此，犯罪被完全彻底地消灭了，取而代之的是权力自身的威胁。由此，冲突也渐渐消失。这种去神圣化的结果就是现代的个人主义，同时还包括个人主义所带来的凝聚力的丧失和颇有些自相矛盾的大众的同质化。面对这样的事态，社会再生产急需重塑一种最小化的凝聚力：采用技术 - 行政机制，改造政治，让其适应代议制民主内在的去政治化及无冲突形势；采用官僚 - 军事机制，将社会强制整合在一起，以此应对社会纽带的崩溃。

随着“法西斯主义”解决方案的出现，神圣辩证法现象学层面上的内容最终都得到了揭示，主要有三种不同的体现。首先，悲剧之人——承载了存在中所有最本真的冲突，他一方面与“法律和话语之人”（消灭冲突）对立，另一方面也与“军事之人”（将冲突从自身排除，转移到敌人身上，从而使之具象化）相反。[1]巴塔耶有一篇分析法西斯主义的文章十分重要，也颇具原创性（在主权的性质方面还是有一些犹豫），发表于《社会批判》（*Critique Sociale*），后来他又在《无头》（*Acéphale*）上发表了多篇相关的论文。法西斯主义就位于一个悲剧式公共剧场（*theatrum*）与民主式代表剧场的居间位置。后者将社会分解成了个体，而法西斯主义则重塑了一种新型的强制性的凝聚力（从词源上看，法西斯也表示团结、聚合），对此，巴塔耶的分析极具洞察力。简言之，巴塔耶认为，革命是通过斩首国王来达成一种凝聚力，而法西斯式的凝聚力本质上却是一种政治－神学。实际上，对巴塔耶而言，法西斯主义就是政治神学的终极形式。

巴塔耶将法西斯主义与政治神学联系在一起，主要是基于这样一种事实，即法西斯主义将同质性与异质性结合

1　参见巴塔耶 1938 年 3 月 19 日再次代替凯约瓦发表的文章《兄弟会、修道会、秘密社团、教会》（“Brotherhoods, Orders, Secret Societies, Churches”）：同上，147。

在了一起，并将其目的升华为国家价值。需要注意的是，这种结合早在君主命令（imperative）的形式中就已经出现了，它“将同质性的存在置于异质性存在之中”。[1]但法西斯主义在此却有了质的飞跃，将古典时代命令所依赖的军事力量与宗教力量的统一推向了极致。“它从一开始就将自身展现为一种完成了的聚合（concentration），”[2]因为法西斯主义“一方面汲取了某些来自内向投射式同质性的特质，如责任、纪律和服务，另一方面也有着某些来自根本上为异质性的特质：命令式暴力、将元首视为集体情感的超越性对象。”[3]不过，这一融合中占据主导地位的元素仍然是宗教——其政治 - 神学的一面，而非神学 - 政治的一面：“元首实际只是某种原则的体现，即国家存在的荣耀来自一种神圣力量……元首（在德语中，该词有时也会用于宗教领域，即牧师）是国家的人格化（incarnated），而国家与安拉（Allah）在伊斯兰教中的角色一样，默罕默德（Mahomet）或哈里发（Khalif）就是其人格化。”[4]类似于伊斯兰教，法西斯主义也是一种促成聚合的至高力量。

1 乔治·巴塔耶，《法西斯主义的心理结构》，载于《新德国评论》（Georges Bataille, “The Psychological Structure of Fascism”, *New German Critique* 16 [1979]: 64-87, at 75）。

2 同上，81。

3 同上。

4 同上。

但也不同于伊斯兰教，它并非一种抽象或绝对的聚合；而更加是由国家所产生并塑造了国家的事物——它的国家。因此，法西斯主义是国家层面的政治神学：它是一种国家神学。[1]

从这一反 - 政治 - 神学的视角出发，巴塔耶借助尼采——尼采所展现的增殖与剥夺——来抵制法西斯主义的“寡头”（monocephalic）性：

> 民主基于一种相对自由与微弱对抗的平衡；它排斥任何爆炸式的凝聚。寡头社会是人类自然规律自由发展的结果，但它始终都是一种次要的构架，展现了存在毁灭性的萎缩和绝迹。
>
> 唯一充满生命和力量的社会，唯一自由的社会是双头 - 或多头 - 社会（*the bi-or poly-cephalic society*），它让生命中永远都爆炸式地涌现着根本的冲突，不过，这种社会有着极为丰富的形式。
>
> 头的二元或多元化倾向于同时实现存在的无头（*acephalic*）化，因为头的原则就是归约为整一，将世界归约为上帝。[2]

1　同上，83。

2　巴塔耶，《过剩的视野》(Bataille, *Visions of Excess*, 199)。引文来自巴塔耶，《法西斯主义的主张》，载于《全集》(Bataille, “Propositions on Fascism”，*Oeuvres complètes*, 1:467-470)，原文最初发表于 1937 年《无头》。

这些段落尤为重要，因为它们是巴塔耶从政治转向非政治维度的关键节点。[1]两个维度争论的焦点是法西斯政治哲学的化约为一（*reductio ad unum*）。不过，针对这种寡头社会，巴塔耶所提出的似乎是一种双头或多头结构，但同时也是一种无头（意味着头彻底的消除）结构。最为奇特的是，这种双重的可能性——政治（多头）的可能性或非政治（无头）的可能性——实际上可以共存。因而，在无头的情况下，主体的消溶既可理解为对政治的替代，同时也可视为政治极端的后果。政治在此不仅仅是难以实现自己的目标，同时还完全与之对立——所有革命（“随后通常都会有社会结构与社会之头的重构”[2]）的失败都证明了这一点。《无头》中的这些文章之所以会被极为简单地归为纯粹的无政府－自由主义，原因恰在于此。我们不仅必须砍掉国王－父亲的头颅（弗洛伊德《图腾与禁忌》中的比喻）——这肯定曾出现在巴塔耶的想象中——但最重要的是，我们必须砍掉自己的头颅。因此，唯一能从政治

1　关于巴塔耶与政治，参见雅克林·里赛特编，《乔治·巴塔耶：政治与神圣性》（Jacqueline Risset, ed., *Georges Bataille: Il politico e il sacro*, Napoli: Liguori, 1987）；佛朗西斯·马尔芒德，《乔治·巴塔耶的政治》（Francis Marmande, *Georges Bataille politique*, Lyon: Presses Universitaires de Lyon, 1985）；丹尼斯·霍勒，《反建筑：乔治·巴塔耶的作品》（Denis Hollier, *Against Architecture: The Writings of Georges Bataille*, trans. Betsy Wing, Cambridge, Mass.: MIT Press, 1989）。

2　巴塔耶，《过剩的视野》（Bataille, *Visions of Excess*, 199）。

一神论离开的逃逸线就是非政治，我们已经在布洛赫、卡内蒂和薇依那里见到了。然而，巴塔耶与这几位学者有所不同，他消除（或遮蔽）了政治与非政治的界线：将其推到了极限——砍掉自己的头颅，无头的状态——非政治由此重新发现了一种政治配置（*configuration*），也看到（或想象）了其与政治"决裂"之前原初的地带。这是一个完全不可呈现的地带，但其不可呈现性却可以得到呈现。当然，这只能以与一切在场模式都毫无关系的方式呈现，但无论如何也依然被呈现了。

这种不可呈现的呈现就是巴塔耶所谓的"共同体"（community）。实际上，正是当巴塔耶作品自身的政治维度消耗殆尽，并且当其尼采评论作品中内在的非政治反思令人目眩地出场时，共同体就自然而然的出现了（或在其作品中占据了更重的分量）——这并非巧合。对巴塔耶而言，尼采-狄俄尼索斯不仅仅唤起了共同体，它就是一个共同体："我与尼采相伴的生活是一个共同体。我的书就是这个共同体。"[1]为探讨这一共同体，我们最后再看一下巴塔耶与另外两位学院主任之间奇怪的决裂——学院成立尚不足两年（1937年11月—1939年6月）。巴塔耶与

1　乔治·巴塔耶，《论尼采》(George Bataille, *On Nietzsche*, 9)。

莱里斯分歧并不在于神圣性的本质，而是其“用途”，对莱里斯而言，它介于一种主观的、自传式－叙事与纯粹的单纯描述性分类（根据一种详尽的方法论标准对事件加以分类）之间。而巴塔耶——这也是莱里斯斥他为异端的原因[1]——则彻底抛弃了神圣性的社会学意味，越来越注重于其存在的意义，即便是在社会学学院期间。对他而言，从字面意义上来看，神圣性的存在就是将存在置于一种共有的死亡的必然中，从而使存在得以实现。[2]就此而言，克莱特·贝诺（Colette Peignot）（“罗尔”[Laure]）对神圣性的理解与巴塔耶最为相似，他认为神圣性有两个相互关联的元素：“死亡的观念”以及“与他人分享”。[3]这两个元素紧密交织在一起，从这个角度来看，“与他人分享的”，创造共同体的是死亡。

这一共同体是社会学学院研究的主要目标。我们甚至都可以说，学院本身就是不可能的共同体，注定失败的共

1　莱里斯反对巴塔耶的另一个原因，是他希望在界定教义之前先确立一种秩序。参见莱里斯 1939 年 7 月 3 日写给巴塔耶的信，见霍勒，《社会学学院（1937—1939）》（Hollier, *The College of Sociology, 1937-1939*, 355）。

2　参见乔治·巴塔耶，《神圣性》，载于《艺术手册》（Georges Bataille, “Le sacré”, *Cahiers d'Art* 1-4, 1939: 47-50），收于巴塔耶，《全集》（Bataille, *Oeuvres complètes*, 1:559-563）。

3　罗尔，《罗尔作品选》（Laure, *Laure: The Collected Writings*, trans. Jeanine Herman, San Francisco: City Lights Books, 1995, 44）。

同体——其成员尝试思考的对象。[1]在这一问题上，他们的分歧更大。巴塔耶在神圣性的理解上与莱里斯有所不同，同时又在共同体的认识上与凯约瓦大相径庭。不过，两位学者并不乏相似之处（他们各自也都公开承认过）：[2]首先，他们都重视社会政治行为中的直觉、情感和非理性因素，因而都偏离了传统政治范畴中左右派对立的立场。也正是从这一角度出发，两者都认为，在神圣性逐步消逝的时代，共同体是唯一能够重新激活神圣性的形式。然而，他们也正是在这一主题上有了分歧——也许比他们本人意识到的还要严重。实际上，凯约瓦开始时与巴塔耶一样，都认为共同体这一概念与两种事物截然对立："构成法西斯政权的事实上的共同体（地理或种族上的事实），以及事实上缺失共同体的民主政体。"[3]然而，凯约瓦坚信应当立足自身与敌人作战——巴塔耶也同样认同这一点——使其共同体的概念带有了精英主义[4]和一神论色彩。相应地，他所倡

1　参见巴塔耶 1939 年 7 月 4 日周二对学院的评价。霍勒，《社会学学院（1937—1939）》（Hollier, *The College of Sociology, 1937-1939*, 333-341）。

2　参见凯约瓦，《人与神圣性》（Caillois, *Man and the Sacred*, 15）；巴塔耶，《被诅咒的部分》（Bataille, *The Accursed Share*, 438-439）。

3　霍勒，《社会学学院（1937—1939）》（Hollier, *The College of Sociology, 1937-1939*, 73）。

4　精英是塑造教派的条件，关于这一点，参见罗杰·凯约瓦，《本能与社会：当代社会学随笔》（Roger Caillois, *Instincts et société: Essais de sociologie contemporaine*, Genève: Gonthier, 1964, 111）。

导的不是"亵渎"，而是要将共有的"加以神圣化"，[1]要求加入一种"超社会化"（*sursocialization*）[2]之物——完全与巴塔耶的"无头"相反。

无头基于其所带来的匮乏，而凯约瓦选择性共同体（elective community）则有着一种强劲、牢固且统一的架构。很大程度上，它类似于耶稣会（Society of Jesus），一种活跃的修道会,甚至是一个"坚定而清醒"之人的准军事单位。[3]关键在于，这一共同体不仅是统一的精英分子，同时在根本上还秉持着鲜明的行动主义。实际上，"理智所把握的思想中都蕴含着一种无限拓展之意志，其中的攻击性"[4]在《神话与人》（*Le mythe et l'homme*）中变成了某种具体的事物——号称"正统……它披着某种强制性吸引力的外衣

---

1 参见罗杰·凯约瓦,《冬天的风》，载于霍勒,《社会学学院（1937—1939）》（Roger Caillois, "The Winter Wind", in Hollier, *The College of Sociology, 1937-1939*, 36）。

2 同上，36，401。霍勒的注释认为这个新词来自凯约瓦,《神圣的毒药，神的迷醉》，载于《南方手册》（Caillois's text "Poisons sacrés, ivresses divines", published in April 1937 in *Cahiers du Sud*）。

3 罗杰·凯约瓦,《存在的等级》，载于《志愿者》（Roger Caillois, "La hierarchie des etres", *Les Volontaires* 5, 1939: 317-326, at 323）。

4 罗杰·凯约瓦,《作为一种价值观的攻击性》，载于《新秩序》（Roger Caillois, "Aggress-iveness as a Value", *L'Ordre Nouveau* in 1937），现收于罗杰·凯约瓦,《超现实主义的边缘：罗杰·凯约瓦读本》（Roger Caillois, *The Edge of Surrealism: A Roger Caillois Reader*, ed. Claudine Frank, trans. Claudine Frank and Camille Naish, Durham, N.C.: Duke University Press, 2003, 163）。

且能够立刻将其动员起来”[1]——由此表明，凯约瓦的思考已经从“观察”变为了“决断”，从“指涉”变为了“命令”，从“概念”变为了“执行”。[2]“动员”一词（连同其他一些因素）很接近早期云格尔积极的虚无主义，[3]凯约瓦在此受索雷尔（Sorel）[4]和杜梅泽尔（Dumézil）[5]的影响很大。整体而言，他反对左派的言论[6]（更符合密陀罗 [Mitra]，却也无力切断伐楼那 [Varuna] 与右派的联系）不仅催生了一种更加具有现实意义的权力理解方式（不是合法性建立了权力，而是权力创造了合法性），甚至还暧昧地为权力辩护。因此，凯约瓦与巴塔耶在权力意志问题以及反对

1 罗杰·凯约瓦，《神话与人》（Roger Caillois, *Le mythe et l'homme*, Paris: Gallimard, 1938, 181-182）。

2 同上，11-12。

3 凯约瓦在《战争与神圣性》主题中多次引用过云格尔，如凯约瓦，《人与神圣性》（Caillois, *Man and the Sacred*, 168-173）。但我们在其另一部作品《皮埃尔》（*Pierres*, Paris: Gallimard, 1966）中却也看到了隐含的后－历史视域。

4 凯约瓦在 1936 年 4 月《新法兰西评论》（*Nouvelle Revue Française*）的一处注释中明确提到了索雷尔。

5 《无头》中《神话》整体的建构与弗洛伊德《图腾与禁忌》有着密切的关系，除此之外，它与乔治·杜梅泽尔的一部著作也有着特殊的联系，参见乔治·杜梅泽尔，《乌拉诺斯－伐楼那：印欧神话比较研究》（Georges Dumézil, *Ouranos-Varuna: Étude de mythologie comparée indo-européene*, Paris: Adrien-Maisonneuve, 1934）。凯约瓦的相关评论发表在 1935 年 6 月的《南方手册》。

6 参见凯约瓦对莱昂·布鲁姆（Léon Blum）《权力的运用》（*L'exercice du pouvoir*）的评论，1937 年 10 月发表于《新法兰西评论》。涉及杜梅泽尔的部分来自乔治·杜梅泽尔，《密陀罗－伐楼那：论印欧主权的两种表现》（Georges Dumézil, *Mitra-Varuna: An Essay on Two Indo-European Representations of Sovereignty, trans. Derek Coltman*, New York: Zone Books, 1988）。

“悲剧意志”上爆发争执，也就不足为奇了：“换言之”——这些是巴塔耶替凯约瓦说的，但却是在反对他——“权力逃离了激活人类共同体的‘总体行动’所需要的悲剧——但具体来看，它逃离悲剧，却只是将其强力引向了有利于自己的地方。”[1]

从上述文字出发，我们可以将注意力集中于巴塔耶在权力问题上的新立场。他原则上不反对权力，但却从根本上厌恶任何有损共同体能量的权力——这就是以虚无主义的方式与运作的权力。为了反抗权力的“积极”性，巴塔耶祭出了“被动”的悲剧力量；它是激情、苦痛，可以将存在“聚在一起”，但却要不断从他们身上夺走一些东西。由此，巴塔耶将共同体分为了“为行动而生的”（formed to act）以及“为存在而生的”（formed to exist）两类。[2] 在这一点上，《冬天的风》（*The Winter Wind*）中有一段文字清晰地展现了凯约瓦与巴塔耶之间的不同：

> 一种原初且不可化约的自我经验构成了无政府个人主义的基本动力，而集体工作中同样也存在着某

1 巴塔耶，《权力》，载自霍勒，《社会学学院（1937—1939）》（Bataille, “Power”, in Hollier, *The College of Sociology, 1937-1939*, 132）。

2 巴塔耶，《兄弟会、修道会、秘密社团、教会》（“Brotherhoods, Orders, Secret Societies, Churches”），同上，154。

> 种类似的牢不可破的基础。但后者绝非一种情感式的基础，绝不是某种完全可追溯、事实上可确认的事物——种族或语言，历史疆域或传统，一些国家所依存且滋养着爱国主义的东西……我们所讨论的这种社会核心必须以某种性质完全不同的元素为基础。有意共同完成同一项工作中蕴含着一种选择性亲和(elective affinity)，它可独自引导一个共同体形成聚合。[1]

巴塔耶的共同体概念完全与这一模式相反。对于凯约瓦而言，“有意共同完成同一项工作”可将自我的个体经验与“共同的”事业联系在一起（不能使用语义上有些过重的“社群主义”[communitarian]）。而另一方面，巴塔耶则拒绝将共同体与个体领域相提并论，因为它是功效的缺席（*absence of task*；*assenza d'opera*）。正是这种缺席——让-吕克·南希（Jean-Luc Nancy）在这一主题上有一部最具哲学说服力的著作[2]——拉开了共同体与个人主义和共产

1　罗杰·凯约瓦，《冬天的风》(“The Winter Wind”)，同上，37。

2　让-吕克·南希，《非功效的共同体》(Jean-Luc Nancy, *The Inoperative Community*, trans. Peter Connor, Lisa Garbus, Michael Holland, and Simona Sawhney, Minneapolis: University of Minnesota Press, 1991)。后文的许多内容都与南希的研究有关——吉奥乔·阿甘本(Giorgio Agamben)也指出了这一点，参见《巴塔耶与主权的悖论》(“Bataille and the Paradox of Sovereignty”)，收于里塞，《乔治·巴塔耶》(Risset, *Georges Bataille*, 115-119)。相似的内容可参见吉奥乔·阿甘本，《神圣人：至高权力与赤裸生命》(Giorgio Agamben, *Homo Sacer: Sovereign Power and Bare Life*, trans. Daniel Heller-Roazen, Stanford: Stanford University Press, 1998, 112-115)。

主义传统之间的距离。据我们所知，巴塔耶认为共产主义不仅是他那个时代最重要的政治体验，同时也是唯一肯定可将他的时代“结束”的事物。对他而言，正是这种“终结”，使得共产主义成为一种熵式理性（entropic rationality）的标志，生命及其对死亡的超越，都在此服从于一种等效原则（principle of equivalence）。从这一角度来看，共产主义标志着死亡的毁灭，即死亡他异性效能的终结，因为它使生命完全内在于了自身之中。[1]

生命的内在性是绝对的。（实际上，所谓绝对，作为与自身之外毫无关联的事物，它如此这般就是内在性。）它源自某种人类和社会（人文主义式）的定义，即人类是在自己的工作中生产了自身的本质，而社会则是人类共同的工作。此种生产性的人文主义就镌刻在个人主义文化（一个包含了理性和自身存在意义的原子，由此产生了不可剥夺的权利）和社群主义传统（在后者的两个版本中都可以见得：前现代的礼俗社会 [*Gemeinschaft*] 以及后启蒙和后康德末期的理性共同体 [rational community]——如在哈贝马

1 从这个角度来看，巴塔耶讨论主权的著作的第二、三、四部分有着决定性的意义（参见巴塔耶，《被诅咒的部分》）。

斯 [Habermas] 那里）之中。[1]但不管何种情况，让我们魂牵梦绕的共同体——不论是过去或未来的——都是其自身的绝对在场的内在式共同体；一个所有人都可通过认同于共同体，进而认同他人的封闭的宇宙。这一认同——或其塑造的内在完整性——保护着其成员个体的"绝对性"免遭侵害：必死的有限性。死亡不会使人文主义者（不管是个人主义者还是共产主义者）不安，因为他已经死了：死于其超越的可能性，同时，他由于属于一个不能如此死亡的有机体，而被排除在了死亡之外。

这一传统的各个层面都可在对死亡的驱魔中找到共同点（相应地，也是对他们工作的绝对化）；与此相反，巴塔耶的内心共同体（*communauté de coeur*）则首先是一种死亡的共同体："目睹了自己同胞的死亡，活着的人只有出离自身之外（*outside himself*）才能存活……从那时起，我们每个人都被自己的人格压得密不透风，同时在他的共同体中尽可能地迷失自我。这就是为什么，共同生活必须在死亡之维（*at the level of death*）才能存续。一大群个体的

1　在这一点上，我们只能认为哈贝马斯《现代性的哲学话语》中涉及巴塔耶的部分是完全错误的。哈贝马斯的问题是如何解释斯大林主义向至高权力的转变，而这完全不是巴塔耶的问题。参见尤尔根·哈贝马斯，《现代性的哲学话语：十二篇讲稿》(Jürgen Habermas, *The Philosophical Discourse of Modernity: Twelve Lectures*, trans. Frederick Lawrence (Cambridge, Mass.: MIT Press, 1987, 211-237), 特别是第 234 页。

生命注定是渺小的。但共同体却只能在死亡的强度中持存；当其失去这一巨大的威胁时，它就会解体。”[1]对巴塔耶而言，共同体内在于自身之中，死亡则会将其从中解放出来；但却完全不会借助传统的超越性方式（需要一种外部更高的存在）。共同体没有借助一种集体性的原质（hypostasis），通过其不朽来弥补共同体成员的有限性，超越于其成员之上。相反，它更加是一种工具，有限性可借其变成存在的构成要素，而共同体正是由这些不同的存在所组成。在此，他们不是通过某种纽带组成共同体的（如凯约瓦所想），更加是通过一种共同的、被分享的他异性组成了共同体。由此，分享的并非存在的在场，而是缺席，因为我的缺失只会被他者的缺失（作为缺失的他者）所强化：[2]“能够超越我之存在的首先是虚无。这一缺席，我只能在缺失带来的伤害和痛苦中才能察觉到：它揭示了另一个个体的在场。然而，这一在场却只有在他者同样濒临虚无边缘，或掉入其中（死亡）之时才能完全显露。而也只有当两个人冒着危险，都被撕裂、悬置，高据于共同的虚无之上时，‘交流’

---

1 巴塔耶，《有用的限度》（Bataille, “La limite de l’utile”, 181-280, at 245-246）。

2 莫里斯·布朗肖著作第一部分中对这一主题的论述篇幅之长，实属罕见，参见莫里斯·布朗肖，《不可言明的共同体》（Maurice Blanchot, *The Unavowable Community*, trans. Pierre Joris, Barrytown, N.Y.: Station Hill Press, 1988）。

（Communication）才能够发生。”[1]

这就是为什么巴塔耶的共同体反对一切主体间性理论。主体间性式的共同体——或者就是一个简单的交流领域，涉及多重和双重关系——原则上必须排除“他者”才能将主体联系在一起。而对巴塔耶而言，相反地，恰恰是他者的在场——缺席、差异、区别的在场——创造了共同体。而且，主体间性的架构需要主体的在场：主体相互之间的在场，甚至在此之前，主体还需要对自身在场。然而，共同体形成的条件就是要破除主体身份（自我 [*ipse*] 和第二自我 [*alter ego*]）。它的构成要素不是一系列主体，而是那些面临失去主体性的主体。而共同体分享的正是这种主体性的失去，它将主体——其意愿难免会被篡改——变成了简单的存在。因此，共同体是一种分享着——*partagée*——有限性的存在。或者，我们也可以说：一种存在的分享（*partage*）。如果说有一种共同体的主体（从共同体起源的角度来看），那它就是分享：暴露－表象（exposure-appearance; *l'exposition-comparition*），这就是任何一个出离在场之存在物的命运。“‘交流’不是从一个完整无缺的个体到另一个个体。它所需要的是其个体存在处于风险中

1 乔治·巴塔耶，《论尼采》（George Bataille, *On Nietzsche*, 21）。

的个体，濒临死亡和虚无的极限；道德的顶峰是承担风险之时，它是高悬于自身之上的存在，处在虚无的极限之处。”[1]

从这一角度来看，共同体并非自我与他者的对立，它更加是一种两者的重叠。他者主体的身份一旦可以被分享，他者也就是自我。或者，它是一种自我的“自我”超越：不是一种外部的超越，而是对自我内在性的抵抗——内在的超越。他异性的内化使得主体间性变得不可能，同时也否定了一切认知或呈现观念。死亡是共同体中极为特殊的一个场域，具体而言：沉淀于共同体中的，是一种他者死亡与自我死亡可能性之间的关系。然而，这一关系并非是某种“认知”——因为自我在他者中寻求的不是他们（或自我）的身份，而是他们（或自我）的断裂，而且，在另一个人的死亡中，也没有什么可认知的事物。死亡更加是反认知的（Unrecognizable）；它无法成为一种自我和他者的知识（knowledge; *conoscenza*）。死亡只属于个体（或者，个体只属于死亡），它是个体无法分割给其他人的一部分。然而，共同体却成就了这种分割。不过，这种分割却无法找到那些部分并将其整合在一起；它更加是在无限分离它们。我无法在他者的死亡中认知自身，但他者的死亡却可

1 同上，19。

以将我与他联系（associates; *acconuma*）在一起（在我远离他的在场时），这一点很容易理解。这两种情况都不适合他者：死亡的他者无法再确认或占有自身的死亡；实际上，他正是在这种不可能性中，在与自身死亡不可逾越的距离中死去。他不可能有意识地死亡，也不可能活在自身的死亡中。因而，共同体分享的正是这种不可能性，这种孤独——他最为“专有”的孤独，确切无疑的“所有物”——而非死亡自身。共同体是死于自身死亡之不可能性的分享。在某种意义上，这就是共同体之所以不可能的原因。所以，它永远都是不可能的共同体——不可能共通（commonality）的共同体。关于这种共同体，没有什么是可以表现的（甚至它的距离，它作为 [being] 一种距离也均不可）；它也无法成为在场。如果事实并非如此，如果这一共同体有东西可以表现，如果共同体让渡出了一个可以表现部分，那它就会消失（消散在绝对的内在性或绝对的超越性之中）。从这个角度来看，共同体实际是非政治的极端形象：不可交流，也无法简化为一个共同的地带。

巴塔耶并没有满足于此。他的全部工作似乎都是在竭力打破各种禁忌，而这可能是其衡量成功的唯一标准。所以，他又试图与这种不可交流的共通性去交流，尝试呈现不可呈现之物。或者，我们也可以说，巴塔耶甚至拒绝认同非政治，在此，他将非政治置入一种内在的超越过程中，迫使其在临界点上反转，回到了它自身的反面（它与自身的不同）。因而，巴塔耶的共同体观念排斥任何——固定性和绝对性的——“定义”。非政治在此似乎被不断的自我否定推向了自身之外。但是，“之外”所指的并非其外部边界的跨越，而是其内在虚空边界的渗透，非政治由此对至高的肯定（*affirmation*）不再设限。[1]] 这里的肯定不是否定出现危机或疲软的结果，而是其绝对激进性的产物。肯定是激进的否定性。《肯定和否定思想的激情》（“Affirmation and the passion of negative thought”），这是布朗肖一篇论巴塔耶文章的标题，其中布朗肖认为这种权力－激情，这一“非权力不是简单的否定权力”[2]：“对于思想而言，极限－体验（limit-experience）所展示的像是一个新的起点。它带给思想的是一份至关重要的礼物，富足的肯定；肯定第一次不再是一种产品（双重否定的结

1　这就是德里达警示的题中之义：“主权并非中立的，即使它可以在话语中消除所有古典逻辑下的矛盾和对立。这种中立产生于知识和书写的句法，但它与某种至高无上的、僭越式的肯定有关。”德里达，《从有限经济到普遍经济：无保留的黑格尔主义》，载于《书写与差异》（Jacques Derrida, “From Restricted to General Economy: A Hegelianism without Reserve”, *Writing and Difference*, trans. Alan Bass, Chicago: University of Chicago Press, 1978, 251-277, 27）。

2　布朗肖，《无尽的谈话》（Blanchot, *The Infinite Conversation*, 208）。

果），由此，它逃离了辩证理性的各种运动、对立和反转，后者在这一肯定之前已经宣告完结，无法再统御肯定。这个问题很难界定。内在体验是肯定；它是纯粹的肯定，除了肯定之外什么也不是。它甚至不会肯定自身，因为这样它就会从属于自身：它更加是对肯定的肯定。”[1]

对巴塔耶而言，这一肯定就是共同体的命运（而非任务），它是对“肯定胜于被肯定”的肯定，这一“胜于”（more）肯定了“只有通过一种肯定的过剩”，或“无需任何被肯定”（最后“终于没有什么可以肯定”）[2]。巴塔耶有一篇文章——提交给了《无头》——可以为本章和本书作结。它展现了呈现的失败以及失败的呈现。文章是《努曼提亚的表演［呈现］》（“the performance [*répresentation*] of *Numantia*”），讨论了塞万提斯（Cervantes）的一部戏剧，该剧讲述了“罗马将军西庇阿发动了镇压努曼提亚起义的残酷战争，努曼提亚人被他包围，精疲力尽后宁可自戕也不投降”[3]。因此，这里所表现的不可呈现的对象就是共同死亡之决断；一个在死亡中被决断的共同体。从两个

1　同上，208-209。

2　同上，209。

3　引文出自巴塔耶，《尼采纪事》，载于《过剩的视野》（Bataille, “Nietzschean Chronicle”, *Visions of Excess*, 212），是一段文本中附带的舞台指引。

方面来看，这一决断都处在非政治的极限——因而也是起源——之处。一方面，它是与政治的城市（城 [*civitas*]）（罗马）相对的城市边缘事物，摧毁并消泯了它不允许存留的东西，除了在场的黑夜："罗马人的指令来自领袖不可动摇的权威以及太阳的荣耀，而努曼提亚人却没有领袖，也没有首领，他们位于黑夜和大地之域，一个悲剧－母亲（Tragedy-Mother）的幽灵在此游荡。"[1] 努曼提亚悲剧是罗马太阳的黑暗面。但这种黑暗——光的缺席——自身却是一种"形象""表达"，是遮蔽"一切"的肯定："只要痛苦和死亡进入了城市，这座城市就会变成世界上各种要求博爱的形象；只要这座城市死去，所有对逝去世界的怀旧就都寄托在了这一名字上，努曼提亚。"[2] 但那个世界已经消失，它只是与一个虚幻的单纯的名字联系在一起，而这正是非政治永恒否定、"无用"的明证。消失的世界是政治的虚空 (void; *nulla*)；在这一空洞、满目疮痍的空间中，非政治的否定性轮廓鲜明地展现了出来。

1　同上，207。海德格尔在 1942—1943 年关于巴门尼德（Parmenides）的课程中指出了罗马政治准则的特质与统帅功能的职责（"命令" [imperium]）："我们将'政治'当作了罗马式的，即帝国。"参见马丁・海德格尔，《巴门尼德》（Martin Heidegger, *Parmenides*, trans. André Schuwer and Richard Rojcewicz, Bloomington: Indiana University Press, 1992, 43）。

2　巴塔耶，《过剩的视野》（Bataille, *Visions of Excess*, 207-208）。

我们目前只解决了第一个层面的问题——死亡，尚没有涉及“共同的”(in *common*) 死亡。这种共通性，而非死亡本身，才是不可呈现的对象：

> 努曼提亚是一出伟大的悲剧，因为我们在此面对的不仅仅是一定数量的人的死亡，同时还有死亡对整座城市的侵入：它不是个人的死亡，而是整个人群。这肯定令人十分不安，努曼提亚由此也会变得难以接近，因为命运与人的游戏，只能对带着个体存在的亮色的大多数人显现。更重要的是，如果谈论集体存在的话，我们目前讨论的应该是人们所能想到的最悲惨的事，而且，死亡是人们共同（communal）行动的根本目标，人们生产的是死亡而非食物或产品，这可能是最令人不安的呈现。[1]

在努曼提亚的呈现中，最不可呈现的方面就是其非政治性的共通性（commonality）——正因为如此（尽管所有的证据指向其反面），这同时也是一种其非政治性的政治性。的确，其呈现中滋生的“激情”——焦土上的另一种共同的死亡——是一种“政治”激情：“实际上，对于身处其中的人而言，努曼提亚的意义与个体遭际无关，也与民族

1 同上，208。

感情无关，它所涉及的是政治激情。西班牙战争就是明证。这明显是个悖论，此种困惑源于缺乏意义，围城期间上演了一出悲剧的萨拉戈萨(Saragossa)居民可能也有此种困惑。今天，在巴黎，在西班牙，在烧毁的教堂中，努曼提亚都在上演，这里没有任何布景，只有火的痕迹，也没有任何演员，只有红色的民兵。”[1] 努曼提亚式的非政治悲剧（非政治的悲剧）留下的是一种政治的印迹，就像其政治激情注定就是非政治。巴塔耶在文章的最后问道，我们应如何思考这一未知的联系，如何面对这种差异的整合？我们如何用政治的耳朵聆听所有政治对立之外、政治之外、敌对双方的冲突之外的声音？答案——在现实中，其实是一个问题——取决于思想的存在能否接受“与常识完全对立的观念”：

> 然而，这一表象的背后却是一种与存在最有力量的秘密有关的现实；所有愿意走进这一现实的人，都只需要接受与常识完全对立的观念。如果说努曼提亚的形象表现了人民反抗权力压迫的伟大，那么它同时也表明当前的斗争往往缺乏任何伟大之处：反法西斯运动——如将其与努曼提亚相比——似乎是无知的乌

1 同上，209。

> 合之众，分崩离析的人群，他们之间的联系仅仅只是他们拒绝的事物。[1]

在这种拒绝的外部，一个朝向肯定（*affirmation*）的空间打开了。它杳无人迹；是的，它不适宜居住。但这种肯定，这种极端的“肯定”似乎还关联着一条无形的脉络，还有另一种肯定——尽管是一个非政治尚无法成就的肯定：“努曼提亚的赞美中只有幻觉和安慰，因为人们从中看到了当前斗争的景象。但是，面对悲剧，政治世界有着一个不容置疑的事实：只有当法西斯式的苦难，除了令人不安的否定性之外，还面临着其他一种事物——努曼提亚形象所代表的内心共同体——时，加入这场战争才会有意义，也才会有效。”[2]

1 同上。

2 同上，209-210。

图书在版编目 (CIP) 数据

非政治的范畴 / （意）罗伯托 · 埃斯波西托著；张凯译.-- 武汉：长江文艺出版社，2021.5

（拜德雅. 人文丛书）

ISBN 978-7-5702-2003-8

Ⅰ. ①非… Ⅱ. ①罗…②张… Ⅲ. ①政治哲学 Ⅳ. ① D0–02

中国版本图书馆 CIP 数据核字（2021）第 026187 号

拜德雅 · 人文丛书

非政治的范畴

FEIZHENGZHI DE FANCHOU

［意］罗伯托 · 埃斯波西托　著

张　凯　译

特约策划：拜德雅　　特约编辑：林　杉

责任编辑：程　婕　　责任校对：张　晗

封面设计：左　旋　　责任印制：李雨萌

出版：长江出版传媒 | 长江文艺出版社

地址：武汉市雄楚大街 268 号　　邮编：430070

发行：长江文艺出版社

http://www.cjlap.com

印刷：湖北新华印务有限公司

开本：1092mm × 787mm　1/32　印张：13.625

版次：2021 年 5 月第 1 版　　2021 年 5 月第 1 次印刷

字数：218 千字

定价：72.00 元

Categorie dell'impolitico, by Roberto Esposito, ISBN: 9788815068066

版贸核渝字（2016）第 156 号

拜德雅
Paideia
人文丛书

（已出书目）

语言的圣礼：誓言考古学（“神圣人”系列二之三）	[意]吉奥乔·阿甘本 著
宁芙	[意]吉奥乔·阿甘本 著
奇遇	[意]吉奥乔·阿甘本 著
普尔奇内拉或献给孩童的嬉游曲	[意]吉奥乔·阿甘本 著
品味	[意]吉奥乔·阿甘本 著
什么是哲学？	[意]吉奥乔·阿甘本 著
什么是真实？物理天才马约拉纳的失踪	[意]吉奥乔·阿甘本 著
海德格尔：纳粹主义、女人和哲学	[法]阿兰·巴迪欧&[法]芭芭拉·卡桑 著
苏格拉底的第二次审判	[法]阿兰·巴迪欧 著
追寻消失的真实	[法]阿兰·巴迪欧 著
不可言明的共通体	[法]莫里斯·布朗肖 著
什么是批判？自我的文化：福柯的两次演讲及问答录	[法]米歇尔·福柯 著
自我解释学的起源：福柯1980年在达特茅斯学院的演讲	[法]米歇尔·福柯 著
自我坦白：福柯1982年在多伦多大学维多利亚学院的演讲	[法]米歇尔·福柯 著
铃与哨：更思辨的实在论	[美]格拉汉姆·哈曼 著
迈向思辨实在论：论文与讲座	[美]格拉汉姆·哈曼 著
福柯的最后一课：关于新自由主义，理论和政治	[法]乔弗鲁瓦·德·拉加斯纳里 著
非人：漫谈时间	[法]让-弗朗索瓦·利奥塔 著
从康吉莱姆到福柯：规范的力量	[法]皮埃尔·马舍雷 著
艺术与诸众：论艺术的九封信	[意]安东尼奥·奈格里 著
批评的功能	[英]特里·伊格尔顿 著
走出黑暗：写给《索尔之子》	[法]乔治·迪迪-于贝尔曼 著

时间与他者	[法] 伊曼努尔 · 列维纳斯　著
声音中的另一种语言	[法] 伊夫 · 博纳富瓦　著
风险社会学	[德] 尼克拉斯 · 卢曼　著
动物与人二讲	[法] 吉尔伯特 · 西蒙东　著
非政治的范畴	[意] 罗伯托 · 埃斯波西托　著
“绝对”的制图学：图绘资本主义	[英] 阿尔伯特 · 托斯卡诺 & [美] 杰夫 · 金科　著